天下‧文化 **35** 週年
Believe in Reading 相信閱讀

mindset
心態致勝
全新成功心理學
THE NEW PSYCHOLOGY OF SUCCESS

史丹佛大學心理學教授

卡蘿・杜維克 博士 Carol S. Dweck, Ph.D. 著

李芳齡 譯

目 錄

前言
本書緣起

　　有一天，我的學生和我懇談，認真敦促我撰寫這本書，他們希望人們能夠使用我們的研究結果來改善生活。其實，我想做這件事已經很久了，但學生的敦促使它變成我的第一要務。

　　我的研究屬於心理學的一個傳統領域，旨在證明人類信念的力量。我們可能覺察這些信念，可能並未覺察，但它們顯著影響我們的期望，以及我們能否成功達成這些期望。這個傳統心理學的領域也證明，改變人們的信念，哪怕是最簡單的信念，能夠產生深刻的影響。

　　在這本書中，各位將會學到，一個有關你自身的簡單信念，操縱你人生很大的部分，這是我們在研究中獲得的發現。事實上，這個簡單信念滲透你生活中的每一部分，你對自身性格的認知，有很大部分其實是源自「心態」（mindset），那些阻礙你發揮潛能的東西，很多也可能是源自心態。

　　過去，從未有書籍解釋這種心態，教人們在生活中善用它的力量。閱讀本書後，你將突然能夠了解那些在科學、藝術、

運動、商業等各領域的傑出人士，以及那些原本能夠、但最終未能有傑出表現的人何以至此。你將更了解你的伴侶、主管、親友、孩子，學習如何釋放你與孩子的潛能。

能和各位分享我的這些研究發現，我感到非常榮幸。除了研究對象，我在本書每一章加入很多取自新聞報導的故事，也包括我自己的生活體驗，幫助各位更了解心態的實際作用。在多數例子中，為了匿名原則，我把當事人姓名和個資加以修改；在一些例子中，為了更明確闡述一項要點，我把多人結合成一人。有些交談內容是根據我的記憶來撰寫的，我盡所能忠於原本內容。

在每章的最後，我附上一些指導技巧與方法，告訴各位如何應用該章學到的東西，辨察在背地裡操縱著你的人生的心態，了解心態如何發揮作用，以及若想改變心態的話，應該如何做。

在此，稍微提及有關書中文法的部分。我懂文法，也愛文法，但我在本書並未一貫遵循傳統文法，有時出於不拘泥和直接，希望非常講究文法的人能夠原諒這點。

我也在此對此一增訂版做出一些說明。出於必要，我在一些章節中加入了新的資訊。第 5 章（企業界）加入我們對組織心態的最新研究成果——是的，組織整體也有心態。我在第 7 章（父母、師長與教練的部分）增加了一節，探討「偽成長心態」，因為我發現人們用許多有創意的方式來解讀、實行成長

心態，但方法未必正確。我在第 8 章（改變心態）中，加入「邁
向成長心態的旅程」這一節，這純粹因應讀者需求，很多人要
求我提供相關資訊。我希望這些更新部分，能對讀者有所幫
助。

最後，我想利用這個機會，向所有幫助過我的研究工作和
協助本書出版的人致謝。我的學生使我的研究生涯變得趣味盎
然，我從他們身上學到非常多的東西，希望他們也有同樣的感
覺。感謝支持我們的研究工作的組織，包含：威廉・格蘭特基
金會（William T. Grant Foundation）、美國國家科學基金會
（National Science Foundation）、美國教育部、美國國家心理衛
生研究院（National Institute of Mental Health）、美國國家兒童
健康與人類發展研究院（National Institute of Child Health and
Human Development）、史賓瑟基金會（Spencer Foundation），
以及雷克斯基金會（Raikes Foundation）。

藍燈書屋（Random House）出版公司提供了我所能期待
的最佳支援團隊：韋伯斯特・楊斯(Webster Younce)、丹尼爾・
門納克（Daniel Menaker）、湯姆・裴利（Tom Perry），最重要
的是我的編輯卡洛琳・薩頓（Caroline Sutton）和珍妮佛・賀
薛（Jennifer Hershey）。你們對我的著作的期待，以及你們的
出色建議，使一切變得大大不同。感謝我那超級優秀的經紀人
吉爾斯・安德森（Giles Anderson），以及幫助我和安德森保持
聯繫的海蒂・格蘭特（Heidi Grant）。

感謝所有提供我建議與反饋意見的人，特別感謝寶莉·蘇爾曼（Polly Shulman）、理查·杜維克（Richard Dweck），以及瑪莉安·佩斯金（Maryann Peshkin）提供大量精闢的評語。最後，我要感謝我的先生大衛，他的愛與熱情讓我的人生擁有特別的一面，他對本書的研究與撰寫提供了無比的支持。

我的研究工作聚焦於人的成長，它幫助我本身的成長，希望這本書也能幫助你成長。

第 1 章
心態

　　在我年輕、剛展開研究工作生涯時，發生了一件事，改變了我的人生。當時，我很想了解人們如何應付失敗，便決定從觀察學生如何應付難題著手。[1]於是，我去學童就讀的學校，一次一位，把他們請到一個房間，使他們感到自在、放鬆之後，讓他們解答一些謎題。

　　頭幾道謎題相當容易，接下來的就比較難。在學生絞盡腦汁解題的同時，我在一旁觀察他們的表現，探索他們正在想什麼、有什麼感覺。我原本就預期他們在應付困難時會有不同表現，但我觀察到我從未預期到的現象。

　　在面對費解謎題時，一位十歲男孩把椅子往前拉，搓揉雙手，咂嘴喊道：「我愛挑戰！」另一個孩子在為難題傷腦筋時，抬起頭，露出愉悅表情，自信地說：「妳知道嗎？我原本就期待這會很有教育性！」

　　我不禁納悶：他們怎麼了？我一直認為，你要不就是能夠應付失敗，要不就是不能夠應付失敗，我從未想到有人會「喜

愛」失敗。這些孩子異於常人嗎？抑或這其中另有文章？

每一個人都有其模範——在人生的重要時刻提供指引的人。這些孩子是我的模範，他們顯然懂一些我不懂的東西，我決心查明，我決心了解到底是怎樣的心態，會把失敗當作一份禮物。

他們到底懂什麼呢？他們知道，人的素質，例如心智技能（intellectual skills），是可以培養的。這就是他們在做的事——變得更聰慧。他們不但不會因為失敗而灰心喪志，他們甚至不認為自己失敗，而是認為自己在「學習」。

當時之前的我是這樣認為的：人的素質無法改變，你要不就是聰慧，或是不聰慧；失敗意味你不聰慧，就是這麼簡單。如果你能夠設法成功，盡一切所能避免失敗，你就可以一直保持聰慧。至於掙扎、犯錯、堅持不懈，這些全都不是影響你聰慧與否的因素。

人類素質究竟是可以培養的東西，抑或是無法改變的東西，這是一個存在已久的探討議題。然而，這些信念對你有何影響，卻是一個新的探討議題：若你認為智力或性格是可以發展的東西，而非固定不變、根深蒂固的特質，這樣的信念會產生什麼影響呢？我們先來看看存在已久、有關人類性格的熱烈辯論，再回頭探討這些信念對你有何影響。

人為何會有差異？

混沌初開以來，人就有不同思維、不同行為，擁有不同發展。因此，必然有人提出疑問：人類為何會有不同，為何有些人較聰慧、較有品德，是否有什麼因素造成他們必然有所不同？專家大致分成兩個陣營，有些專家認為，這些差異有其堅實的生理基礎，使它們無可避免、也無法改變。多年下來，專家們聲稱的這些生理差異，包括頭蓋骨的凸塊（顱相學）、頭蓋骨的大小與形狀（顱骨學），以及現今的基因學。[2]

也有專家指出，這些差異源自每個人的背景、經驗、訓練或學習方式的顯著差異。你可能會感到詫異，發明智力測驗的阿爾佛列德・比奈（Alfred Binet），竟然是這派論點的頭號中堅人物。智力測驗不是用來測量孩子無法改變的智力程度嗎？其實不然。法國心理學家比奈在 20 世紀初期於巴黎設計出這項測驗，目的是要鑑識出未能從巴黎公立學校教育受益的學生，以便設計新的課程，使那些孩子可以獲得更有成效的教育。比奈並不否認個別孩子的智力程度有別，但他相信，教育和練習可以對智力造成根本改變。[3]

下文節錄自比奈的重要著作《有關孩童的現代觀念》（*Modern Ideas About Children*），總結他研究數百名有學習困難的兒童後產生的心得：

一些現代哲學家斷言，個人的智力程度是固定不變

的，無法提高。我們必須駁斥與反對這種殘酷的悲觀
論點……。經由練習和訓練，最重要的是選擇正確的
方法，我們可以提高我們的注意力、記憶力及判斷
力，變得比以往更聰明。[4]

究竟哪一派的論點才正確？現在，多數專家都贊同，這兩
派的論點並非絕然一方正確、另一方錯誤；人的智力程度並非
完全取決於天生或後天培養，並非完全取決於基因或環境，打
從娘胎開始，這兩者之間就一直存在著施與受的關係。事實
上，如同著名的神經科學家吉爾伯特・高利柏（Gilbert
Gottlieb）所言，在我們的發展過程中，基因與環境不僅協作，
而且基因需要環境提供的要素，才能適當運作。[5]

在此同時，科學家也發現，人的終身學習能力和頭腦的發
展潛能，遠遠大於他們的想像。當然，每一個人有與生俱來的
獨特基因，人的天生性格與資質或許不同，但經驗、訓練與個
人努力，顯然大幅影響後天發展。智力研究領域的當代權威羅
伯・史登柏格（Robert Sternberg）指出，一個人能否獲得領域
專長，主要的因素在於：「不是擁有某種固有能力，而是有目
的地努力。」[6]或者，如同他的前輩比奈所說的：開頭時最聰
慧的人，未必是最終時最聰慧的人。

這對你有何含義？兩種心態

權威之士提出科學研究觀點是一回事，了解這些觀點如何應用在自己身上，這是另一回事。三十年來，我的研究顯示，你本身採納的觀點，將會顯著影響你的生活方式。它可能決定你是否成為自己想要成為的那種人，也決定你能否達成自己重視的事情。為何如此？一個簡單的信念，何以有如此大的力量，可以改變你的心理，進而改變你的人生？

相信你的素質是無法改變的，這是「定型心態」（fixed mindset），這種心態使你總是急切於一再證明自己。若你只有一定程度的智力、一種特定性格、一種特定品行，那你最好證明自己的這些基本特質有「足夠」程度，要是看起來或感覺起來程度不足，那可大事不妙。

有些人在人生早年就訓練了這種心態，我從童年開始就注重要成為聰慧的人，但我的定型心態其實是我六年級的老師威爾森女士塑造出來的。不同於比奈，威爾森女士相信，人的智商決定他們是怎樣的人。我們在教室裡的座位，是按照智商來排序的；此外，只有智商最高的學生負責掌旗、清理板擦，或是寫筆記給校長。

威爾森女士的評斷態度，不僅造成我們這些學生緊張得胃痛，還形成一種心態：班上每個人只有一個強烈目標──最好看起來很聰明，不能一副呆瓜樣。每當她給我們考試，或是在

課堂上點名要我們回答問題時，大家都很緊張她如何評斷，在這種情況下，誰還會在乎或享受學習呢？

我看過太多人在班上、職場上或人際關係中，抱持著這種強烈目標——努力證明自己。他們在每一種境況下都力求證明自己的智能、性格或品格，在每一種境況下都這麼評估：我會成功或失敗？我看起來聰明或笨拙？我將被認可或否定？我感覺起來像個贏家或輸家？

這個社會就是重視智能、性格與品格，不是嗎？想要這些特質，很正常，不是嗎？是的，但是……

還有另一種心態，在這種心態下，這些特質只不過是你手上的一副牌，你總是試圖說服自己和他人，你手上有同花順，儘管你心裡暗自擔心，因為你手上其實只有一對 10。在這種心態下，你手上的牌只是發展的起點，這就是「成長心態」（growth mindset），其基本信念是：你可以透過努力、策略與他人的幫助，培養與加強你的基本素質。雖然每個人初始的天賦、資質、興趣或性格可能不同，但人人都能透過用功和累積經驗而改變、成長。

擁有這種心態的人是相信，任何人都能成就任何事，只要接受適當教育、獲得啟發，大家都能成為愛因斯坦或貝多芬嗎？不是。但他們相信一個人的真實潛能是未知的，而且無法確知的，不可能預知一個人在歷經多年的熱情、用功及訓練後，能夠成就什麼。

　　你可知道，達爾文及托爾斯泰在年少時，被視為資質普通嗎？你可知道，被視為史上最傑出高爾夫球員之一的班・侯根（Ben Hogan），在童年時動作不協調、相當笨拙嗎？你可知道，幾乎所有 20 世紀最重要藝術家名單上都可見其名的攝影師辛蒂・雪曼（Cindy Sherman），在她上的第一堂攝影課程中被當掉嗎？你可知道，美國最傑出的女演員之一傑拉丁・佩吉（Geraldine Page），曾被認為不是吃演員飯的料，被勸放棄這一行嗎？

　　如果你相信重要素質是可以培養、發展的，這種信念將使你產生學習的熱情。如果你可以變得更好，何必浪費時間一再證明自己有多出色？與其掩飾自己的不足，何不設法克服自己的不足？與其尋求那些只會一味顧及你的自尊的朋友或夥伴，何不尋找那些也會挑戰、激勵你成長的朋友或夥伴？為何總是尋找那些已經嘗試過的穩當途徑，不去接受能夠延伸你的能力的挑戰？熱中於自我挑戰、全力以赴，縱使（或尤其是）在不順利時，仍有恆心堅持下去，這就是成長心態的正字標記。使人們在人生中一些最艱難時刻仍然堅毅、茁壯的，正是這種心態。

兩種心態對同一件事的回應[7]

　　為了使你更了解這兩種心態的作用，請你想像自己是個年輕成人：這一天，你過得糟透了，你去上了一堂對你而言非常

重要的課，你很喜歡這堂課，但這天，教授發下期中考卷，你考了 C$^+$（67~69 分），非常沮喪。傍晚回家的路上，你發現自己被開了一張違規停車的罰單，你的心情糟透了，於是打電話給你最要好的朋友吐苦水，想不到他似乎愛理不理、沒有什麼反應。

你作何感想？感覺如何？你會怎麼做？

我詢問定型心態者，他們的回答是：「我會覺得自己被否定了」；「感覺好像很失敗」；「我是個白痴」；「就是魯蛇一條呀」；「我覺得自己很沒用，人人都比我優」；「我好像一坨爛泥。」換言之，他們把發生的這些事情，視為直接衡量他們的能力與價值的項目。

他們對自己人生的想法是：「我的人生很可悲」；「毫無價值可言」；「有人不喜歡我」；「這個世界處處找我麻煩」；「有人想弄我」；「沒人愛我，所有人都討厭我」；「人生不公平呀，所有努力都是白費的」；「人生爛透了！我是個蠢蛋，好事永遠不會發生在我身上」；「我是世界上運氣最背的人。」

拜託，是死人或出現大毀滅了嗎？只不過是一次考試考差了，再吃了一張罰單，然後講了一通無趣的電話而已。

他們是自尊心低的人嗎？抑或是典型的悲觀者？不，在他們沒有遭遇失敗之時，他們跟成長心態者一樣，都是樂觀、開朗、風趣，感覺自己是有用的人。

那麼，他們如何應付失敗呢？在遭遇失敗時，他們的態度

是：「我才不會花那麼多時間和心力把事情做好！」（換言之，別再讓任何人來評量我了）；「我就什麼也不做」；「好好地躺在床上」；「喝個爛醉」；「大吃一頓」；「找到機會的話，就對某人吼叫，把氣出在他身上」；「吃巧克力」；「聽音樂，擺臭臉」；「躲起來」；「找人大吵一架」；「大哭一場」；「摔東西」；「還有什麼可做的？」

還有什麼可做的！你知道嗎？我舉例描述情境時，刻意說你拿了個 C⁺，而非 F（不及格），而且是期中考，不是期末考；你吃的是違規停車罰單，不是把車子撞壞；你的好友在電話上只是愛理不理，不是直接讓你吃閉門羹。也就是說，並非發生什麼大災難或無可挽回之事，但定型心態者卻在這些境況下產生了徹底失敗與癱瘓的感覺。

當我向具有成長心態的人描述相同情境時，他們說自己會這麼想：「之後上課得更用功一點才行，而且停車時得更謹慎一點，還有我那位朋友搞不好也過了很糟的一天」；「C⁺ 的成績告訴我，我得加把勁了，這個學期我還有時間可以努力提升成績。」還有更多類似這樣的回答，但我想你應該明白這些人在遭遇挫折時的感想了。那麼，他們如何應付挫折呢？坦然以對。

「我會先想，自己應該更用功一點，或是換一種學習方式，以準備下一次的考試。我會乖乖繳罰單，下次和我那位最要好的朋友交談時，我會先釐清他的狀況。」

「我會先看那次考試出了什麼問題，然後設法改進。我也會去繳紅單，然後打電話給我的朋友，告訴她，我昨天心情很差。」

「我會努力準備接下來的報告，也會去找老師談談。以後停車時，我會更謹慎一點，或是對罰單提出申訴；我也會去了解我那位朋友怎麼了。」

難過、惱怒，是人的自然情緒，未必與什麼心態有關，誰不曾有過這些情緒呢？考試考糟了，或是被朋友或關愛自己的人冷落，這些都不是有趣的事，沒有人會感覺良好，但那些具有成長心態的人不會對自己貼標籤，兩手一攤，覺得自己無能為力。儘管難過，他們仍然願意冒險，正面迎接挑戰，繼續努力下去。

所以，我們的研究有何新發現？

這是全新的概念嗎？強調冒險與毅力重要性的格言很多，例如：「不入虎穴，焉得虎子」；「一次不成功，再接再厲」；「羅馬不是一天造成的」（得知義大利人也有相同諺語，我挺高興的。）令人詫異的是，定型心態者並不認同這些格言，在他們看來，這些格言應該改成：「不入虎穴，就不會丟了小命」；「一次不成功，你也許根本沒本事」；「如果羅馬不是一天造成的，或許就不應該建造羅馬。」換言之，在他們看來，風險與努力或許可以顯露你的能力不足以勝任。事實上，定型

心態者不相信有志者事竟成或尋求幫助有什麼用，而且他們不相信的程度強烈到令人訝異。

　　研究也發現，人們對於風險和努力的看法，源於他們的更基本心態。有些人重視自我挑戰的價值及努力的重要性，這並非出於偶然。我們的研究顯示，這直接源於成長心態。當我們教導人們成長心態，強調人的素質可以發展、成長時，人們會認為挑戰及努力有其價值。同樣地，有些人不喜歡挑戰與努力，這也不是出於偶然。當我們暫時將人們設為定型心態，並且強調人的特質不變時，他們很快就會開始畏懼挑戰，並且看輕努力的價值。

　　坊間時常出現很多類似《全球最成功人士的十個祕訣》這種書籍，它們可能提供許多有益的訣竅，但通常會列出一連串不相關的清單，例如「更大膽冒險一點」或「相信自己」等。你欽羨那些能夠做到這些事項的人，卻不清楚這些訣竅是如何結合起來的，你要如何才能做到。於是，你把書看完了，受到激勵個幾天，但基本上，那些事項仍是專屬於全球最成功人士的祕訣。

　　當你開始了解定型心態與成長心態時，你將會看出什麼原因產生什麼結果。若你相信人的素質是無法改變的，這種信念將引發你產生許多特定想法與行為；若你相信人的素質是可以培養、發展的，這種信念將引發你產生許多不同的想法與行為，把你帶往截然不同的路途上。獲得這些發現時，是心理學

家所謂的「啊哈！」（Aha!）體驗，我不僅在研究工作教導人
們一種新心態時目睹這種現象，也經常收到讀了我的研究論述
的人們來信回響。

　　他們在信中坦承：「我讀了妳的文章，發現自己不斷地
說：『對，我就是這樣，我就是這樣！』」他們在信中發出共
鳴：「妳的文章令我太震驚了，我感覺好像發現了宇宙的祕密
一樣！」他們覺得自己的心態受到再教育：「我絕對可以說，
我的想法產生革新，感覺很振奮。」他們能把這股新思維化為
對自己或他人的實踐：「妳的研究使我改變對待孩子的方式，
讓我用不同角度看待教育」，或是：「我只是想讓妳知道，妳的
研究對無數學生的個人及實際層面產生了多大的影響。」我也
收到許多教練和企業領導人來信，陳述類似的感想。

誰能正確評估自己的才能與限制？

　　你可能會說，成長心態者雖然並不認為自己是愛因斯坦或
貝多芬，但他們不是比較可能高估自己的能力，嘗試做力有未
逮的事嗎？事實上，研究顯示，人們非常不善於評估自身能
力。[8]最近，我們進行研究，想看看誰在評估自身能力方面做
得最糟，[9]結果發現人們的確經常錯估自己的表現與能力，但
錯估得較為嚴重的人，幾乎都是定型心態者，成長心態者反而
在評估自己的表現與能力時相當正確。

　　仔細想想，這其實是有道理的。如果你和那些成長心態者

一樣，相信自己的能力可以發展，那麼你會以開放心胸看待有關你目前能力的正確資訊，就算那些資訊並不令人滿意，你也會坦然面對。再者，如果你和那些成長心態者一樣，是個學習導向的人，你會需要有關你目前能力的正確資訊，才能有效學習。但如果你和定型心態者一樣，認為任何有關你的特質的資訊不是好消息、就是壞消息，自然會產生扭曲，導致有些資訊被放大、有些資訊被辯解，到頭來，你根本就不知道其實你並不了解自己。

哈佛大學知名發展心理學家霍華德‧嘉納（Howard Gardner）在其著作《超凡心智》（*Extraordinary Minds*）中總結指出：「卓越的人有一種特殊才能，就是能夠辨識自己的長處與弱點。」[10] 有趣的是，那些成長心態者似乎擁有這種才能。

卓越的人似乎還有另一項特殊才能：他們能夠把人生中的挫折，轉化為未來的成功。創意研究人員也贊同這點，一項問卷調查訪問了 143 位創意研究人員，[11] 他們大多認為，創意成就有一項最重要的要素，就是成長心態產生的毅力與韌性。

你可能想問：一種信念如何能夠產生這麼多的正面要素——喜愛挑戰、相信努力的價值，在面對挫折時展現韌性，並且可能獲致更大（且更有創意）的成功？在接下來各章中，你會看到這是如何發生的：心態如何改變人們奮鬥的原因，以及他們對成功的看法；心態如何改變失敗的定義、意義與影響；心態如何改變努力的最深層意義。你將會看到，這些心態

如何在學校、運動領域、職場及人際關係中發揮作用；你也將
會看到，這些心態源自何處，以及如何改變心態。

發展你的心態

　　你具有哪種心態？[12] 請回答下列有關智力的問題，針
對每一項陳述，回答你大致上同意或不同意。

1. 智力是一個人的基本素質，無法有多大改變。
　　□ 同意 □ 不同意

2. 你能夠學習新的東西，但實際上無法改變你的智力水準。
　　□ 同意 □ 不同意

3. 不論你的智力水準如何，你總是能夠多少改變它。
　　□ 同意 □ 不同意

4. 你總是能夠明顯改變你的智力水準。
　　□ 同意 □ 不同意

　　第 1 題及第 2 題反映出定型心態，第 3 題及第 4 題反
映出成長心態。你更贊同哪一種心態？你可能是混合型，
但多數人傾向定型心態或成長心態。

　　你對自己的其他能力也有信念，你可以把上述四道題
目中的「智力」改為「藝術天分」、「運動能力」或「工作
技能」等，再做一次測驗。

　　此外，你不僅對你的能力有信念，也對你的個性特質

有信念。請看下列這些有關性格和特質的陳述，回答你大致上同意或不同意。

1. 你是某種類型的人，而且很難改變。
　　□ 同意 □ 不同意

2. 不論你是哪種類型的人，總是能夠明顯改變。
　　□ 同意 □ 不同意

3. 你能夠用不同方法做事，但關於你個人的重要特質，是無法真正改變的。
　　□ 同意 □ 不同意

4. 你總是能夠改變你這個人的基本特質。
　　□ 同意 □ 不同意

　　第 1 題及第 3 題反映出定型心態，第 2 題及第 4 題反映出成長心態。你更贊同哪一種心態？

　　你的個性心態是否和你的智力心態不同呢？這是有可能的。當情況涉及心智能力時，發揮作用的是你的智力心態。當情況涉及你的個性時，例如為人有多可靠、合作度有多高、多有愛心，或社交能力有多好，發揮作用的是你的個性心態。定型心態使你更關心自己如何被他人評價，成長心態使你更關心自己如何改進。

　　下列是思考心態的更多方式：

- 想想你認識的、充分展現出定型心態的某個人。想想他們如何總是想要證明自己，對於出包或犯錯有多麼敏感？你是否曾經納悶他們為何如此？或是，你本身是否也是如此？現在，你應該比較能夠了解了。

- 想想你認識的、充分展現出成長心態的某個人——了解重要素質可以培養、發展的人。想想他們如何面對阻礙？想想他們如何自我挑戰，竭盡全力去做？有什麼事情是你想要改變，或自我挑戰的？

- 現在，想像你決定學習一種新語言，你已經報名上課。在上了幾堂課之後，老師把你叫到台前，面對全班，問你一連串的問題。

假設你是定型心態者，現在你的能力受到考驗，你是否覺得大家的眼睛正在盯著你瞧？你是否看到老師的臉正在打量你？這使你感到緊張，感覺到自尊心正在膨脹，身體開始顫抖。除此之外，你還有什麼感覺與想法？

現在，假設你是成長心態者，你心想：你本來就是個初學者，所以才來上課。你是來學習的，老師是你的學習資源，這令你的緊張感消退，感覺心胸敞開。

重點在於：你可以改變你的心態。

第 2 章
心態深探

　　年輕時，我想要一個王子般的伴侶，很英俊、很成功，是個大人物。我希望我有一份令人稱羨的職業，但不要太辛苦或太冒險。我希望這一切都能成真，證明我是個成功的人。

　　但是，在過了很多年之後，我才對我的人生感到滿意。我獲得了一位好伴侶，但是當時的他，距離我理想中的王子境界還有好一段距離。我有一份不錯的職業，但天哪！它無時無刻充滿挑戰。一切都得之不易，那麼現在的我，為何會感到滿足呢？因為我改變了我的心態。

　　我的工作使我改變心態。有一天，我和我的博士班學生瑪麗‧班杜拉（Mary Bandura）試圖了解，何以有些學生非常在意證明自己的能力，有些學生則是放鬆，聚焦於學習。突然間，我們認知到，「能力」並非只有一種意義，而是具有兩種意義：一種是需要被證明的定型能力，另一種是可以改變的、可以透過學習來發展的能力。

　　心態就是這麼產生的，我立刻就知道自己向來保持的是哪

一種心態。我了解到自己為何一直那麼在意錯誤與失敗，這是我人生中首次認知到，我其實可以有所選擇。

當你進入一種心態時，就進入了一個全新的世界裡。在素質定型的世界裡，成功就是要證明自己聰明或能幹，用盡一切方法證明自己。在另一個世界裡──人類素質可以持續改變的世界，成功是延伸自我的能力，學習新的東西；成功就是發展自己。

在定型的世界裡，失敗指的是遭遇挫折，可能是成績考差了、輸了一場錦標賽、被炒魷魚、遭到拒絕等，這些事往往象徵你不聰明、不能幹。但是，在另一個世界裡，失敗指的是不成長，不努力爭取自己珍視的東西，它代表的是你並未充分發揮你的潛能。

在定型的世界裡，努力被視為拙劣的代表，因為就像失敗，你不聰明、不能幹，所以才需要努力。在另一個世界裡，努力被視為正確且有必要，因為唯有透過努力，你才能變得更聰明、更能幹。

你可以有所選擇，你的心態其實就是你的信念。雖說它們是強而有力的信念，但它們不過就是你的一種想法，你可以改變自己的想法。在閱讀本書的同時，請思考你希望朝向何處，哪一種心態可以把你帶往那裡？

成功是關乎學習，或是證明你很聰明？

著名的政治理論家班傑明・巴柏（Benjamin Barber）曾說：「我不會把這個世界區分為強與弱、成功與失敗……我會把這個世界區分為學習者與不學習者。」[1]

究竟是什麼使得一個人變成不學習者？人人天生都有強烈的學習傾向，嬰兒每天都拓展他們的技能，而且不是普通的技能，是一生中最難學的事，例如學習走路與說話，他們從不認為太難或不值得為學習這些技能而努力。嬰兒不會擔心犯錯或感覺羞辱，他們學走路，跌倒了，再爬起來，只是一再蹣跚前行。

是什麼終止了這種勇往直前的學習態度？就是定型心態。孩子一旦能夠評估自己時，有的就會開始變得害怕挑戰，害怕自己顯得不夠聰明。我研究過數千名學齡前兒童，看到許多小孩拒絕學習機會，真是令我吃驚。

我們讓四歲小孩做出一個選擇：[2] 可以選擇重玩一次簡單的拼圖遊戲，或是選擇挑戰更難的。縱使在這麼幼小的年紀，那些具有定型心態（相信人的素質固定不變）的小孩，會選擇重玩一次簡單的拼圖。他們告訴我們：天生聰明的小孩，不會去做可能出錯的事。

那些具有成長心態（相信人可以變得更聰明）的小孩則認為，這真是個奇怪的選擇。他們納悶：「請問，妳怎麼會問我這個呢？誰想要一再重玩同樣的拼圖呀？」他們會一再選擇更

難的拼圖來玩，有個小女孩興奮喊道：「我一定要拼出來！」

具有定型心態的小孩想要確保自己成功，他們認為，聰明的人應該總是成功。具有成長心態的小孩則認為，成功就是不斷地自我挑戰，竭盡全力，使自己變得更聰明一點。

一個七年級的女孩這麼總結：[3]「我認為，一個人的智力是必須努力拓展的東西……不是與生俱來的。大多數的小孩若不確定問題的答案，就不會舉手回答問題，但我通常都會舉手回答，因為要是我答錯了，我的錯誤會獲得更正。或者，我會舉手說：『請問，這要如何解答呢？』，或是『我還是不懂，可以幫我解答嗎？』只要這麼做，我就能增長智慧了。」

定型心態使人變成不學習者

放棄答題是一回事，放棄一個對你的未來而言相當重要的機會，則是另一回事。我們想知道是否有人會放棄這樣的機會，便利用一個特殊情況來進行研究。[4]香港大學採用英語教學，教科書全是英文，考試也使用英語，但有些學生在剛進入這所大學時英語並不流利，所以會設法補強英文，這是相當合理的事。

大一新生到校註冊時，我們知道哪些人的英語並非十分流利。我們詢問這些新生一個問題：若學校提供一堂課，幫助改善英語能力，你會來上這堂課嗎？

在此同時，我們也測量他們的心態。我們的做法是，詢問

他們是否同意類似這樣的陳述：「你的智力大致上已經固定，不大能夠改變。」贊同這類陳述的人，具有定型心態的傾向。反之，贊同下列陳述的人，「你總是能夠明顯改變你的智力水準」，則具有成長心態的傾向。

我們檢視哪些人回答願意上英語加強課程後發現，具有成長心態的學生大多樂意上課，具有定型心態的學生對此補強課程則不是很感興趣。具有成長心態的學生相信成功是關乎學習，因此總是把握機會學習。具有定型心態的學生則是不想暴露自己的能力不足，為了在短期內感覺自己還算聰明，他們甘願讓大學生涯的學業表現陷入危險之虞。

定型心態就是如此發揮作用，使人變成不學習者。

腦波也有差異

你甚至可以看出，不同心態者的腦波反應也有差異。[5] 我們邀請兩種不同心態的實驗對象，來到我們位於哥倫比亞大學的腦波實驗室，讓他們回答困難的問題，並且獲得評量反饋。我們觀察他們的腦波，從腦波變化可以看出他們何時最感興趣、注意力最高。

我們發現，定型心態者只有在評量反饋反映他們的能力時才感興趣。他們的腦波顯示，當他們被告知回答正確或錯誤時，他們最為密切注意。當研究人員向他們提出能夠幫助他們學習的資訊時，他們的腦波並未顯示他們對這些資訊感興趣。

縱使當他們的答案不正確時，他們也對得知正確答案是什麼不感興趣。

　　只有那些成長心態者，會高度關注能夠拓展知識的資訊；只有這些人把學習擺在優先。

你心目中的理想伴侶是哪一種？

　　如果讓你有所選擇，你會選擇下列兩者中的哪一個？很多的成功與認可，抑或很多的挑戰？

　　並非只有在智性工作上，人們才需要做出這些選擇；在各種人際關係方面，大家也必須選擇自己想要什麼樣的關係——是能夠維護自尊心的關係，還是能夠激勵成長的關係？誰是你的理想伴侶？我們詢問年輕成人這個問題，下列是其中一些受訪者的回答。[6]

　　定型心態者說，他們的理想伴侶是會把他們擺在第一順位，讓他們感覺自己很完美，並且會崇敬他們的人。換言之，理想伴侶會崇敬他們的定型素質。我先生說，他以前也是這麼想的，他想成為他的伴侶心目中唯一的神，所幸在遇到我之前，他已經拋棄了這種想法。

　　成長心態者希望獲得不同的伴侶，他們表示自己心目中的理想伴侶是：能夠看出自己的缺點、幫助自己改進，而且能夠激勵自己變得更好、鼓勵自己學習新東西的人。當然，成長心態者也不想要挑剔他們或傷害他們自尊心的伴侶，但他們希望

伴侶能夠幫助他們發展與成長，他們並不認為自己已經充分發展、完美無瑕、沒有什麼可以再學習了。

此刻，不知你是否心想：糟了！要是兩個不同心態者結合在一起？一位具有成長心態的女士告訴我們，她和一個具有定型心態的男士結婚：

> 當我開始發現自己犯了個大錯時，我都快瘋了。每次我說：「我們何不多出去走走？」，或「我希望你在做決定之前，能夠先問問我的意見」之類的話時，他的反應總是很大。每次，我們不是好好討論我提出的問題，是我必須花上一個小時的時間修復關係，讓他的心情變好。還有，這件事幾乎每次都會發生，他會打電話給他媽媽，她總是大力給予他需要的讚賞。我們都還年輕，才剛新婚不久，我只是想要溝通。

這個丈夫認為，成功的關係是全然、不加鑑別的接受，但是這個妻子並不這樣認為。她認為，成功的關係是面對問題，但先生並不這樣認為。換言之，甲希望的成長在乙看來，卻是夢魘一場。

CEO 病

說到高高在上的支配欲，以及想被視為完美的需求，你大概並不訝異這通常被稱為「CEO 病」（CEO disease）。李‧艾

科卡（Lee Iacocca）就是個糟糕的例子，[7] 在掌管克萊斯勒汽車（Chrysler Motors）、獲致初步成功後，他活像我在前文中提過的研究對象——那些具有定型心態的四歲小孩，一再推出只有浮淺修改的相同車款；不幸的是，那些車款早已乏人問津。

在此同時，日本的汽車公司徹底重新思考汽車應該是什麼模樣，跑起來應該如何？我們全都熟知這樣的結果了：日本車快速席捲市場。

執行長時常面臨這樣的選擇：應該坦然正視自己的缺點呢？還是創造一個自己是零缺點者的世界？艾科卡選擇後者，他讓身邊充滿了崇敬、阿諛他的人，排除批評他的人，結果他和產業及市場最新趨勢很快就脫節了。簡言之，李‧艾科卡已經變成一個不學習者。

所幸，不是人人都會染上 CEO 病，許多卓越的領導人時常坦然面對自己的缺點，達爾文‧史密斯（Darwin Smith）回顧他領導金百利克拉克（Kimberly-Clark）時期的優異表現時說：「我從未停止努力使自己表現得稱職一點。」[8] 這些人就像那些具有成長心態的香港大學學生一樣，從未停止上補強課程。

執行長還面臨另一種兩難：選擇短期策略，抬升公司股價，使自己看起來像個商業英雄；或是，選擇致力於長期改善，為公司的更長程願景打好健康與成長的基礎，但這麼做可能在短期受到華爾街的唾棄。

　　自我坦承是定型心態者的艾爾・鄧樂普（Albert Dunlap）應聘拯救日光公司（Sunbeam），選擇短期策略，使自己成為華爾街英雄，日光的股價大漲，但最後公司破產。[9]

　　自我坦承是成長心態者的勞・葛斯納（Lou Gerstner）受聘拯救 IBM，致力於推動大舉改造 IBM 文化與政策的艱巨工作，公司股價低迷不振，華爾街對他嗤之以鼻，稱他為失敗者，但幾年後，IBM 再度躋身產業龍頭地位。[10]

不怕挑戰，愈難愈強

　　成長心態者不只尋求挑戰，他們也因為挑戰而愈發強大，挑戰愈大，他們的能力就愈多元，獲得更多成長。這種現象在運動界最明顯不過了，你可以看到運動員如何自我挑戰，傾注全力，不斷成長。

　　米婭・哈姆（Mia Hamm）是她那個年代最傑出的女性足球員，她坦率表示：「我這輩子都在挑戰自己的能力。我跟比我年長、比我強壯、技巧比我好、經驗比我豐富的人踢球；簡單來說，就是比我更優秀的人。」[11] 一開始，她跟她哥哥一起踢球；十歲時，她加入十一歲男孩足球隊；接著，她加入美國第一名的大學足球隊。「我天天都努力達到他們的水準……這使我的進步速度遠快於我夢想的程度。」

　　派翠西雅・米蘭達（Patricia Miranda）是個圓胖、運動細胞不發達的高中生，[12] 她想從事摔角運動，但某日在演練中表

現很差後，她被告知：「妳根本就不是這塊料！」起初，她難過得哭了起來，後來她心想：「沒關係，我就是要下定決心……，我得堅持下去，我必須知道努力、專注、信念及訓練能否使我成為一名合格的摔角選手。」她這種決心打哪兒來的呢？

從小到大，米蘭達的人生未曾遭遇過什麼重大挑戰，但在她十歲那年，她母親於四十歲死於動脈瘤，這使她心生一項人生原則：「一個人若能在臨終時說：『我此生已充分探索過自己』，那是最酷的臨終遺言之一。我母親過世時，我心生這種急迫感。如果你一生只想做些簡單、容易的事，那可真是不好意思。」因此，當摔角運動為她帶來挑戰時，她欣然接受。

米蘭達的努力，最終獲得了回報。二十四歲時，她終於苦盡甘來，贏得美國奧運代表隊她那個體重級的參賽資格，並於2004年雅典奧運中奪得銅牌。接下來呢？她進入耶魯大學法學院。有人建議米蘭達繼續留在她已達巔峰之境的領域，但她覺得再次從基礎奮鬥起，看看自己能夠成長到什麼境界，這樣更刺激、有趣。

有時，成長心態者會極度伸展自己，挑戰一些旁人看來不可能的事。1995年，著名已逝《超人》演員克里斯多福‧李維（Christopher Reeve）在馬術比賽中摔下馬，折斷頸椎，脊椎神經嚴重受損，從頸部以下完全癱瘓。[13]醫學界說：非常遺憾，請接受現實吧。

但李維開始了非常辛苦的復健訓練，在電子刺激的輔助下，他努力活動身體的所有癱瘓部位。為何他不能學習再度活動他的肢體呢？為何他的大腦不能再度指揮他的肢體動作呢？醫生警告，他這是在否認現實，終將徒勞無益，換來失望一場罷了。他們見過不少這樣的病患，這是糟糕的現象，表示他不能接受並適應現實。但說實在的，李維還能用他的時間來做什麼呢？還有更好的計畫嗎？

五年後，李維開始恢復動作，首先是他的手，接著是手臂，然後是腿和軀幹。他離痊癒還遠得很，但腦部掃描顯示，他的大腦能夠再度發出訊號給他的肢體，肢體也對大腦發出的訊號做出反應。李維不僅延伸他的能力，也改變了科學界對於神經系統及其復原潛能的整個思維。他為這個領域的研究開啟了全新遠景，也為脊椎神經受損者開啟了全新的希望之路。

定型心態：不順利就沒興趣

很顯然，成長心態者在自我挑戰與竭盡全力中成長、茁壯，那定型心態者在什麼境況下成功呢？在他們十拿九穩的境況下。當境況的挑戰性太高時，當他們感覺自己不聰明或不能幹時，他們就失去興趣了。

我們在追蹤研究醫學預科生修習第一學期的化學課時，目睹了這種現象。[14] 許多想從醫的學生必須先讀醫學預科，這門課將決定誰有資格進入醫學院，這也是非常難的一門課，每次

考試的平均成績是 C⁺（67~69 分），而這些學生以往鮮少拿 A 以下（85 ～ 89 分）的成績。

多數學生一開始對化學很有興趣，但經過一個學期，情況有了變化。在具有定型心態的學生當中，只有打從一開始就表現不錯的人，才會持續對這門課保持興趣；至於那些感覺課程困難的學生，興趣與學習樂趣都大幅降低。換言之，若不能證明他們的聰慧，他們就無法從課程中獲得樂趣。

一名學生說：「課程愈困難，我就愈得強迫自己為考試讀書及學習。我以前很喜歡化學，現在一想到化學，我就胃痛。」

反觀，具有成長心態的學生，縱使發現課程很難，仍然持續展現相同的高度興趣。有個學生說：「這門課比我想的還要困難很多，但這是我想做的事，所以只會使我更加堅定。當他們說我不行時，我就愈想做到。」對於成長心態者而言，挑戰與興趣相伴相隨。

我們在更年輕的學生身上，也看到相同的現象。¹⁵ 我們讓五年級的學生試著解答幾道有趣的謎題，他們全都很喜歡，但當我們給他們更困難的謎題時，那些具有定型心態的孩子的興趣大幅降低。他們也改變心意，不想把一些題目帶回家練習，例如有個小孩撒了小謊，說：「不用了！妳可以留著，我家已經有這些題目了。」事實上，他們巴不得盡快逃離，就連那些最擅長解答謎題的定型心態小孩也是一樣。也就是說，有解答謎題的才能，也避免不了定型心態作祟。

另一方面，困難的問題阻擋不了具有成長心態的孩子的興趣，他們特別喜愛這些富挑戰性的難題，並且想把它們帶回家。「可以請妳寫下這些題目的名稱給我嗎？等這些解完了，我可以請我媽媽再多買一些給我做」，一個小孩這樣要求。

不久前，我看到一篇有關俄羅斯傑出芭蕾舞家暨教師瑪麗娜・謝米諾娃（Marina Semyonova）的新聞報導，[16] 她設計出一種挑選學生的新奇方法。那是一種很巧妙的心態測試，曾受教於謝米諾娃的一名學生敘述：「當她的學生，首先必須通過一段試驗期。在這段期間內，她會觀察你對讚美與糾正的反應。那些對糾正更積極反應的學生，比較受到她的青睞。」

換言之，謝米諾娃把學生區分為兩類，第一類學生從他們已經嫻熟而容易做到的技巧（因此獲得讚美）中得到振奮與激勵，第二類學生從學習困難的技巧（因此獲得糾正）中得到振奮與激勵。

我永遠也忘不了我初次聽到自己說：「這好難，但很有趣」的那一刻，我在那一刻知道自己改變心態了。

你何時感覺自己聰明？

接下來的情節會稍微「複雜」一點。對定型心態者而言，光是成功還不夠，光是看起來聰明、能幹還不夠，還得近乎零瑕疵，而且是馬上就表現得毫無瑕疵可言。

我們詢問人們，從小學生到年輕人皆有：「你什麼時候覺

得自己聰明？」[17] 受訪者的回答差異甚大。那些定型心態者說：「當我沒有犯任何錯誤時」；「當我快速、完美地完成某件事時」；「當某件事對我來說很容易辦到，但其他人無法做到時。」也就是說，當下的完美表現，才能使定型心態者感覺自己聰明。

那些成長心態者則說：「當事情很困難，我很努力嘗試，能夠做到以前不能做到的事情時」；「當我花很長的時間努力於某件事，開始摸出頭緒時。」成長心態者不在意當下的完美，他們重視的是歷時的學習：迎接挑戰，有所進步。

如果你有能力，為何還需要學習？

定型心態者期望在還未發生任何學習之前，能力就自行展現。他們認為，有能力就是有能力，沒能力就是沒有能力，我經常目睹這種情形。

我曾任教於哥倫比亞大學心理系，每年有來自世界各地的入學申請者，所內每年只收六名新生。這些申請者的測驗成績全都超高，以往的在學成績近乎完美，人人都有卓越學者撰寫大力吹捧的推薦信。此外，他們幾乎全都獲得其他頂尖研究所的招攬。

但是，只消一天的時間，他們當中某些人就感覺自己是十足的冒牌貨。昨天，他們還自命不凡；今天，他們就覺得自己是個失敗者。怎麼回事？他們看著我們這些教授發表的一長串

論文清單，驚嚇地說：「天呀！我做不到。」他們看到學長向期刊投稿，撰寫提案申請補助金，心慌道：「天呀！我做不到。」他們知道如何考試拿 A，但「還」不知道如何做到這些，他們忘了那個「還」字。

這不就是學校要教他們的東西嗎？他們來這裡，就是要學習如何做到這些的。他們來這裡，並不是因為他們已經都懂一切了。

我很好奇，這種情形是否也發生在珍妮特·庫克（Janet Cooke）和史蒂芬·格拉斯（Stephen Glass）身上，他們都是靠著造假的文章暴紅。庫克憑藉她在《華盛頓郵報》（*The Washington Post*）上報導一名八歲染毒男孩的故事，贏得普立茲獎，但這個男孩根本不存在，她的普立茲獎也被取消。格拉斯是《新共和國》（*The New Republic*）雜誌的奇才，他撰寫的報導和資料來源，是所有記者夢寐以求的題材，但後來被揭穿，那些資料來源根本就不存在，他撰寫的內容也是捏造的。

庫克和格拉斯是否都需要「當下的完美」呢？他們是否覺得承認無知，將使他們在同事面前丟臉呢？他們是否認為，應該一上任就馬上表現得像個一流記者，而不是努力學習如何成為一流記者？格拉斯寫道：「我們是明星，早熟的明星，這才是重點。」[18] 社會大眾認為他們是騙子，他們也的確作弊，但我認為他們是有才能的年輕人——被定型心態壓力壓垮、鋌而走險的年輕人。

1960 年代流行過這麼一句話：「演進將好過現狀。」
（"Becoming is better than being."）定型心態不容許人們有發展
演進的餘裕，必須當下就有十足的必要能力。

一試定終身？

我們來更深入了解，何以定型心態者那麼在乎當下的完
美。因為在這種心態下，一試（或一次評量）可能定終身。

二十年前，五歲的蘿莉塔隨家人遷居美國，幾天後，她母
親帶她到新學校，校方隨即讓她接受測驗。接下來，她被編入
一個幼稚園班級上課，但不是精英班。過了一段時間，蘿莉塔
被轉入精英班，一路和這群學生一起讀到高中畢業，期間獲得
許多學業優異獎，但她從來就不覺得自己屬於這群精英。

第一次的考試使蘿莉塔認定，那個鑑定結果才是她的真實
能力，她說自己並不是貨真價實的精英。儘管她當時年僅五
歲，而且初來乍到一個新國家，或者也許精英班那時剛好沒有
名額，又可能學校當時認為先讓她待在程度較低的班級，能夠
幫助她更快適應。總之，那件事及含義可以有很多解讀方式，
不幸的是，蘿莉塔選擇了錯誤的解讀——對定型心態者來說，
你不可能「變成」精英；若你真是個精英，你應該在第一次測
驗時就表現優異，馬上進入精英班就讀。

蘿莉塔是個特例嗎？或是，這種思維比我們所知的更為普
遍呢？為了尋求解答，我們對五年級學生進行了研究。[19] 我們

出示了一個封閉紙盒，告訴這群學生紙盒中有一份測驗，用來評量某項重要的學業能力。就這樣，我們沒有再多說什麼，然後我們開始詢問他們有關這份測驗的問題。首先，我們想確定這些學生接受我們的說詞，因此我們問道：你認為這份測驗真的能夠評量一項重要的學業能力嗎？所有學生都相信我們所言。

接著，我們詢問：你認為這份測驗能夠評量出你有多聰明嗎？你認為這份測驗能夠預測你長大後有多聰明嗎？

具有成長心態的學生相信我們的說詞——這份測驗能夠評量一項重要的學業能力，但他們不認為它能評量他們的聰明程度，當然也不認為它能預測他們長大後的聰明程度。其中一名學生這麼告訴我們：「不可能！沒有測驗可以做到這件事。」

但是，那些具有定型心態的學生不但相信這份測驗能夠評量一項重要的學業能力，也同樣強烈相信它能夠評量他們的聰明程度，還能預測他們長大後的聰明程度。這些定型心態者竟然賦予一項測驗如此強大的效力，斷定測驗能夠評量他們目前及未來的最基本智力程度；他們賦予測驗永久評斷他們的效力，難怪他們如此在乎每一次的成功。

看待潛能的另一種方式

這就把我們帶回「潛能」的概念，測驗或專家能夠評斷我們的潛能、能力，以及我們的未來嗎？定型心態說：能，你可以評量目前的固化能力，並具此預測未來，只要測驗一下或詢

問專家就行了，不需要什麼水晶球。

現在就能預知潛能，這種信念太普遍了，[20] 以至於約瑟夫‧甘迺迪（Joseph P. Kennedy）很有把握地告訴莫頓‧道尼二世（Morton Downey Jr.），他將來會是個失敗者。後來成為著名電視脫口秀節目主持人暨作家的道尼，到底做了什麼事，使得老甘迺迪口出此言呢？唉，也不過就是穿著紅襪子搭配棕皮鞋去時髦的紐約史托克夜總會（Stork Club）而已。

老甘迺迪告訴他：「道尼，我這輩子從未見過穿紅襪子配棕皮鞋的人後來成功、有出息。年輕人，我告訴你，你現在的確引人注目，但不要用別人不會欣賞的方式引人注目。」[21]

我們那個年代許多最有成就的人，都曾被專家視為不會有前途，比方說，美國抽象派畫家傑克遜‧波洛克（Jackson Pollock）、法國作家馬塞爾‧普魯斯特（Marcel Proust）、「貓王」艾維斯‧普里斯萊（Elvis Presley）、靈魂樂大師雷‧查爾斯（Ray Charles）、著名女演員露西兒‧鮑爾（Lucille Ball）、達爾文，他們全都曾被視為在自己選擇從事的領域沒什麼潛能，而他們當中有些人很可能在初期的確不出眾。

但是，所謂的「潛能」，不就是指某人能夠歷經時日，在努力與訓練之下「發展」出來的技能嗎？這才是重點，我們哪知道努力、訓練與時間，將使一個人發展到什麼樣的境界呢？誰曉得？說不定專家並沒有看錯波洛克、普魯斯特、貓王、雷‧查爾斯及鮑爾等人當年的技能水準，因為他們當時可能還

沒有發展出日後的技能水準呀！

某次，我去參觀在倫敦展出的保羅・塞尚（Paul Cézanne）的早年畫作。在前往的途中，我很好奇塞尚在成名前是怎樣的人，畫作如何？我非常好奇，是因為塞尚是我最喜愛的畫家之一，而且他是現代藝術的主要奠基者。在我觀賞完畫作之後，我的發現是：其中一些畫作的水準相當差，景象過於匠氣、不自然，有些很粗獷，人物很生硬。雖然其中一些畫作已經預示了後來的塞尚，但許多早期畫作遠低於塞尚名作的水準。是早年的塞尚欠缺才華嗎？抑或只是需要時間，好讓塞尚成為塞尚呢？

成長心態者知道，需要歷經時日，潛能才會大幅盛開。最近，我收到一位接受我們問卷調查的教師寫來的憤怒信，我們這項問卷調查描繪一名虛擬學生珍妮佛，她在一次數學測驗中獲得位居第 65 個百分位的成績，我們請受訪的教師告訴我們，如果珍妮佛是他們的學生，他們會如何看待她？[22]

具有定型心態的教師很樂意回答我們的問題，他們覺得，在看到珍妮佛的成績之後，他們很能了解她的能力，也提出了很多建議。但這位里奧丹先生非常生氣，寫來了下列的信。

敬啟者：

　　在我完成你們最近的問卷調查中的教師部分後，我必須要求你們把我提供的作答剔除，我認為這項研

究本身有科學上的謬誤……

　　很不幸地，這項問卷使用了一個錯誤的前提，要求教師只根據一張紙上的一個數字，對某個學生做出假設……你不能用一次的評量來評斷一個人的表現，這就好比你不能只用一個點來決定一條線的斜率，因為一個點無法構成一條線。單一一個時間點無法顯示趨勢、進步、欠缺努力或數學能力……。

　　　　　　麥克‧里奧丹（Michael D. Riordan）敬上

　　我很高興看到里奧丹先生的批評，而且我對他的見解再認同不過了。一個時間點的評量，根本無助於了解一個人的能力，更遑論評斷此人未來的成功潛力。但是，看到這麼多教師抱持相反想法，令人感到不安，這正是我們這項研究想要凸顯的重點。

　　認為一次評量可以永久評斷一個人，這種觀念導致定型心態者的急迫感，也是他們為何認為必須完美、當下就成功的原因。當一切取決於當下時，誰還有餘裕努力隨著時間成長呢？

　　難道還有別的方法，可以判斷一個人的潛能嗎？[23] 美國航太總署認為有。他們在延攬太空人才時，拒絕那些過去只有成功紀錄、不曾失敗過的人，選擇那些曾經遭遇重大失敗或挫折、但能夠從中振作的人。全球知名前奇異（General Electric）執行長傑克‧威爾許（Jack Welch）在挑選高階主管

時，使用的評選標準之一是他們的「伸展台」（runway），亦即
他們的「成長能力」有多大。[24] 如前所述，著名的俄羅斯芭蕾
舞教師謝米諾娃，挑選的是那些被糾正與批評激勵的學生。這
些人全都揚棄能力固化的觀念，以心態當作遴選依據。

證明你很特別：我知道，那感覺很好

當定型心態者選擇當下的成功、而非成長時，他們實際上
想要證明什麼呢？他們想要證明自己特別，甚至想要證明自己
優越。我們詢問定型心態者：「你什麼時候覺得自己聰明？」
許多人提到：當他們感覺自己是個特殊的人，不同於他人、優
於他人時。

在發現心態及其作用之前，我也認為自己比其他人更有才
能，我甚至認為因為我的資質，我比其他人更有價值。我最怕
想到、也極少想到的是，我可能只是個平凡人。這種思維使我
需要不斷地證明自己，他人的每一個評語、每一個表情，對我
而言都是有重要含義的，會記錄在我的智慧記分卡、我的吸引
力記分卡、我的討喜度記分卡上。如果一天過得順心如意，我
就會因為我的高得分而如沐春風。

在某個嚴寒刺骨的冬天夜晚，我去看了一場歌劇。那晚的
歌劇很棒，所有觀眾都待到最後，不只是待到表演結束，大家
都待到完全謝幕。然後，所有觀眾出了劇院，湧到街上，大家
都在找計程車。我清楚記得，當時已過午夜，氣溫只有七度，

寒風強勁，隨著時間過去，我愈來愈難受，身處於無區別的群眾之中，我有什麼機會呢？突然間，一部計程車停在我的身前，後座車門門把恰恰就在我的手邊，我坐到車內，司機對我說：「妳與眾不同。」我就是靠這種時刻而活的，我不僅特別，而且從遠處就能看到我的特別！

自尊運動鼓勵這種思維，甚至發明出幫助你確認優越性的東西，我最近就看到某項產品上的這種廣告詞。我有兩位朋友每年會寄給我一張圖片清單，上頭列出他們不會送我的聖誕節禮物前十名。每年一月至十一月間，他們會從型錄上剪下或從網際網路上下載候選項目，到了十二月，他們再從中挑選十個品項。多年來，我最喜歡的品項之一是在外應急的「口袋廁所」（pocket toilet）——你可以尿進這種塑膠袋裡，裡頭護墊內含的化學劑，會使尿液凝成膠狀，再把塑膠袋封口密封就好。今年，我最喜歡的是一面鏡子，鏡面最下方用英文大寫寫著「我愛自己」（I LOVE ME）。攬鏡自照時，這個訊息就會灌入你的腦海，不必等待外界告訴你，你是個特別的人。

當然，這面鏡子本身沒什麼害處，問題在於當這種特殊感開始令你覺得自己比別人更優秀時——你認為自己比別人更有價值、更優越，是個精英。

特殊、優越、有資格

約翰・馬克安諾（John McEnroe）具有定型心態，[25] 他相

信天賦就是一切。他不愛學習，不是一個靠著勇於接受挑戰而茁壯、成功的人，在遇上艱難境況時，他往往退卻。結果，他自己承認，他未能在網球生涯中充分發揮潛能。

但是，他的網球天賦真的太棒了，曾經連續四年排名世界第一，我們來看看他在自傳中敘述當第一名時的神氣模樣。比賽時，他會用木屑吸手上的汗；[26] 某次比賽時，木屑讓他不滿意，於是他走向木屑罐，用球拍敲木屑罐，他的經紀人蓋瑞立刻跑過去看發生什麼事。馬克安諾在自傳中寫道：

> 「你說這是木屑？」我說，但其實是在對他怒吼：這木屑磨得太細了！「這看起來就像老鼠藥，你怎麼什麼事都辦不好？」蓋瑞跑了出去，二十分鐘後，帶回來一罐較粗的新木屑……他花了二十美元，請一名工會員工磨出 2×4 的木屑，這就是當第一名時的神氣模樣。

他說，他曾經對一位作東招待他的高貴日本女士嘔吐，弄得她一身髒。第二天，那位女士對他鞠躬道歉，送他一份禮物，「這也是當第一名時的神氣模樣。」[27]

「一切都以你為中心……，『你需要的東西都俱全嗎？一切都滿意嗎？我們會為你支付這個，我們會為你做那個，我們會把你照顧得服服貼貼。』你可以隨心所欲，只要不滿意就可以

說：『滾開！』有很長一段時間，我認為這是理所當然，我對這毫不在意，換作是你，你會嗎？」[28]

意思是，如果你成功，你就是優於他人，可以對別人頤指氣使，讓他們對你卑躬屈膝。在定型心態者看來，這是可以接受的自負行為。

我們再來看成長心態的例子。籃球之神麥克‧喬丹（Michael Jordan）是個傑出程度絲毫不亞於馬克安諾的運動員，他的偉大經常被舉世稱頌：超人、神人、穿著球鞋的耶穌等。若有任何人有理由自認為特別，喬丹當之無愧，但當他重返籃壇引起騷動時，他是這麼說的：「我重返籃壇時引發的熱烈反應，令我感到震驚……，人們的讚美彷彿把我當成宗教教派之類的崇敬膜拜，這令我很不好意思，我是凡人，跟大家一樣。」[29]

喬丹知道他歷經多麼辛苦的努力，才得以發展出一身的卓越能力，他是個艱苦奮鬥而成長、茁壯的人，而非天生比別人優越的人。

湯姆‧沃爾夫（Tom Wolfe）在其著作《太空英雄》（*The Right Stuff*）中描述，[30] 許多空軍飛行員精英熱烈擁抱定型心態，在通過重重嚴格的考驗後，他們自認為特別，天生比其他人更聰慧、更勇敢。但是，該書的主角查克‧葉格（Chuck Yeager）並不同意：「這世上沒有天生的飛行員，不論我的性向或天賦如何，想要成為優秀的飛行員，需要非常努力，這真

是一種終身的學習閱歷……。最優秀的飛行員飛行時數比別人多，這是他們最優秀的原因。」[31] 和喬丹一樣，葉格是個凡人，只是比別人更努力。

總而言之，那些相信素質固定不變的人迫切想要成功，成功時，他們可能不只覺得驕傲，可能還會心生優越感，因為成功代表他們的固定素質優於別人。但是，在定型心態的自負背後，隱藏著一個簡單的問題：當你成功時，你是一個重要、有價值的人，那麼當你不成功時呢？

心態改變失敗的含義

馬丁夫婦經常讚美他們的三歲兒子羅伯，誇耀他的種種事蹟，說他們從未見過像羅伯這麼聰明、有創造力的小孩。不料，羅伯做了一件令他們無法釋懷的事——沒能進入紐約排名第一的幼稚園。從此以後，馬丁夫婦冷淡對待羅伯，他們和羅伯說話時的態度變了，也不再像以往那樣自豪、鍾愛地看待他。他不再是他們那個聰明的小羅伯，在他們眼中，羅伯不但丟了自己的臉，也令他們蒙羞，這年僅三歲的小小男孩是個失敗者。

誠如《紐約時報》一篇文章所言，失敗已經從一種行動（我失敗了），轉變成一種身分（我是失敗者）。[32] 在定型心態下，尤其如此。在我還是個小孩時，也擔心遇上如同羅伯這樣的命運。六年級時，我是所屬學校裡拼字最優秀的學生，校長想要

我去參加全市比賽，但我拒絕了。九年級時，我的法語表現優異，教師想要我去參加全市比賽，但我又拒絕了。我為何要冒可能從成功者變成失敗者、從贏家變成輸家的風險呢？

優秀的高爾夫球員厄尼・艾爾斯（Ernie Els）也擔心這個，在歷經五年低潮、一再與冠軍失之交臂後，他終於再度贏得一場重大錦標賽的冠軍。若他連這場錦標賽都輸了呢？他說：「我會變成另外一個人」，[33] 他將會是一個輸家。

每年四月，當申請大學被拒的信函寄達時，[34] 各地出現了無數的失敗者，無數的優秀學子一夕間變成「未能進入普林斯頓大學的女孩」或「未能進入史丹佛大學的男孩」。

縱使在成長心態下，失敗也可能是非常難過的經驗，但失敗並不會定義你，失敗只是一個必須面對、應付，並且從中學習的問題。前明尼蘇達維京人隊（Minnesota Vikings）的防守球員吉米・馬歇爾（Jim Marshall），回憶一個原本可能使他成為失敗者的事件。[35] 在那場對上舊金山 49 人隊（San Francisco 49ers）的比賽中，他看到了在地上的球，撿起球，在觀眾的高呼聲中衝鋒達陣，但他跑錯方向，在全美電視觀眾的注視下為敵隊得分。

那是他一生中最難堪的時刻，丟臉到了極點。但在中場休息時間，他心想：「犯了錯，就得補救。我知道我可以做出選擇，我可以繼續沉浸在懊悔中，或是我可以設法補救。」下半場，他卯足了全力，做出他美式足球生涯以來最棒的一些表

現，幫助他的球隊贏得那場比賽。

而且，還不止於此，馬歇爾後來對許多團體演講，也回覆了許多終於有勇氣承認自己的丟臉經驗的人們的來信，他在這些演講和回信中，強調他在比賽中的聚精會神。他沒讓那個丟臉的挫折事件定義自己，而是掌控它，利用它讓自己變成一個更好的球員，他相信自己也因此變成一個更優秀的人。

但是，在定型心態下，因為失敗而喪失自我，可能是一種持久、揮之不去的創傷。伯納德‧盧瓦索（Bernard Loiseau）是舉世最頂尖的主廚之一，在法國的所有餐廳中，只有極少數能夠獲得歐洲最受尊崇的餐廳評鑑《米其林指南》（*The Michelin Guide*）至高的三星評價，他的餐廳是其中之一。但是，在 2003 年《米其林指南》即將出刊之際，盧瓦索飲彈自盡。[36] 當時，另一本美食評鑑《高特米魯》（*Gault&Millau*）把他的餐廳評分從 19 分減為 17 分（滿分為 20 分），又有謠言盛傳新出刊的《米其林指南》將把他的餐廳降為二星級，雖然《米其林指南》最終仍然維持其餐廳為三星評價，但失敗的念頭如魔似地纏住他，他過不了這一關。

盧瓦索是個有創意的主廚，他是最早推動「新潮烹飪」（nouvelle cuisine）的廚師之一，把傳統大量使用奶油與乳脂的法式烹飪法，改為更清淡、凸顯食材自然本味的烹飪法。擁有無限活力的盧瓦索也是一個創業家，除了那間位於勃根地（Burgundy）的三星級餐廳，他還在巴黎開設了另外三家餐廳，

著作無數的烹飪書籍，並且推出一系列的冷凍調理包產品。他說：「我就像伊夫·聖羅蘭（Yves Saint Laurent）一樣，既做高級訂製服，也做成衣。」

如此具有天賦及原創力的一個人，不論多兩分、少兩分，或是有無三星，理應都能游刃有餘地規劃出一個令人滿意的未來。事實上，《高特米魯》的總監說，他們的評分竟然會令盧瓦索如此想不開而結束自己的生命，實在太令人難以置信了。但是，在定型心態下，這並非難以想像的事，他們把評分降低，使盧瓦索對自己下了一個新的定義：失敗者、過氣的主廚。

定型心態者認定的失敗，實在是太嚇人了，接下來要說點輕鬆的。去年夏天，我和我先生去渡假牧場，這對我們而言是新鮮事，因為我們兩人過去不曾接觸過馬。期間某天，我們報名上飛蠅釣（fly fishing）課程，指導教練是一位很棒的八十歲牛仔型釣者，教我們如何甩繩，然後就任由我們自行享受釣魚的樂趣。

我們很快就發現，他沒教我們分辨鱒魚上鉤了（魚兒不會扯動釣繩，你必須留意水中的泡泡），也沒教我們鱒魚上鉤後要如何處理（應該把釣繩向上拉），或是如何收線釣起鱒魚（應該沿著水面一邊收線，一邊回拉，別把魚兒拉出水面舉到空中。）時間滴答過去，蚊子叮人，但鱒魚卻沒咬餌，我們十幾個人全部沒啥進展。突然間，我中獎了！一條不當心的鱒魚上鉤，指導教練正巧在我身旁，教我如何處理。就這樣，我釣到

了一條虹鱒！

反應一：我先生大衛跑了過來，驕傲地眉開眼笑著說：「跟妳在一起的生活，可真是刺激！」

反應二：那天傍晚，我們來到餐廳吃晚餐。兩位男士走上前來，對我先生說：「大衛，你是如何應付的呀？」大衛一臉茫然，不知道他們在講什麼。他當然不明白啦，看我釣到魚，他很興奮。但我知道他們在講什麼，他們認為大衛會覺得他不如我，他們說這話，其實就是在表達我的成功帶給他們的感覺：我的成功，就是他們的失敗。

逃避、作弊或怪東怪西，都不是成功處方

在定型心態下，挫折除了會造成創傷，這種心態也不會提供你克服創傷的好處方。若你認為失敗意味著欠缺能力或潛力，意味著你是個失敗者，那麼接下來呢，你該何去何從？

在一項研究中，七年級學生向我們述說他們遭遇學業上的失敗時——在一門新課程的某次考試中考壞了，自己如何反應。[37] 不出意料之外，那些具有成長心態的學生說，他們會更用功準備下一次的考試。那些具有定型心態的學生則說，他們不會再那麼用功準備下一次的考試了，既然沒有相關能力的話，何必浪費時間？他們還說，他們會認真考慮在下次考試時是否要作弊！他們認為，如果沒有能力，就得另外想辦法。

此外，定型心態者不但不會從失敗中學習、不會補救失

敗，更可能試圖修復他們的自尊心，例如尋找那些比他們更差的人。我們做了一項研究，讓某次考試考差的大學生，有機會檢視其他同學的測驗卷。[38] 結果，那些具有成長心態的學生，檢視的是比他們考得更好的同學的測驗卷；一如平常，他們想要修正自己的不足。但是，那些具有定型心態的學生，選擇去看考得非常差的同學的卷子，靠這種方式來讓自己好過一點。

　　吉姆・柯林斯（Jim Collins）在經典著作《從 A 到 A$^+$》（*Good to Great*）中，敘述了企業界的類似現象。[39] 當寶鹼公司（Procter & Gamble）進入紙類商品領域而業績興旺時，這個領域的原本領導者史谷脫紙業公司（Scott Paper）束手投降，不是動員起來奮戰，而是說：「喔！嗯……至少，在這個事業領域，還有人比我們做得更差。」

　　在遭遇一次失敗後，定型心態者試圖修復自尊心的另一種方法就是諉過或找藉口，我們再回頭看看馬克安諾的例子。

　　千錯萬錯，都絕對不是他的錯。[40] 他輸了一場比賽，說因為是發燒害的；輸了另一場比賽，說因為是頭痛害的；再輸了一場比賽，說因為是預期錯誤；又輸了另一場比賽，說因為是吃藥影響他。有一場比賽輸了，他說是因為那個朋友談戀愛了，而他沒有。另一場比賽輸了，他說是因為他太接近比賽前進食了。一場比賽輸了，他說是因為自己變胖了；另一場比賽輸了，他說是因為他變瘦了。一場比賽輸了，他說是因為天氣太冷所以輸了；另一場比賽輸了，他說是因為天氣太熱所以輸

了。一場比賽輸了，他說是因為訓練不足；另一場比賽輸了，他說是因為訓練過度。

1984 年法網公開賽冠亞軍之戰敗北，是馬克安諾最惱怒的失敗，令他至今耿耿於懷。在連贏了頭兩盤後，他怎麼會被伊萬・藍道（Ivan Lendl）給逆轉勝呢？馬克安諾說，錯不在他，他輸了那場比賽是因為美國國家廣播公司（NBC）有一位攝影師把頭戴式耳機拿下，以及從場邊發出的噪音，這些都導致他分心。總之，千錯萬錯，都絕對不是他的錯，所以他沒有努力訓練，改善自己的專注力或情緒管理能力。

美國著名籃球教練約翰・伍登（John Wooden）曾說，直到你開始怪東怪西之前，你都不是一個失敗者。[41] 他的意思是，在你拒絕承認自己的錯誤之前，你仍然處於從錯誤中學習的過程裡。

能源業巨人安隆公司（Enron）被其自負傲慢的文化搞得垮台時，是誰的錯呢？該公司執行長暨最聰明的人傑佛瑞・史基林（Jeffrey Skilling）堅稱，這不是他的錯，都是這個世界的錯，世界不懂安隆試圖要做的事。那麼，美國司法部調查其巨大的公司詐騙情事呢？那是「司法迫害」。[42]

具有成長心態的前奇異執行長威爾許，對於奇異集團爆發的醜聞，則做出截然不同的反應。[43] 奇異集團在 1986 年收購華爾街投資銀行吉德佩寶（Kidder, Peabody & Co.）後不久，爆發此投資銀行先前發生重大內線交易情事。幾年後，該銀行

再度爆發弊案，其政府債券交易員約瑟夫·傑特（Joseph Jett）操弄公司電腦系統，虛報數億美元債券交易獲利，以膨脹他的獎金。威爾許打電話給十四名奇異集團高階主管，告訴他們這個壞消息，親自向他們道歉，「這場災難都怪我」，威爾許說。

心態與黑狗

你是不是這麼想：也許是憂鬱消沉，導致法國主廚盧瓦索飲彈自盡？

身為心理學家暨教師，我對憂鬱這個問題極感興趣，這種現象在大學校園內很普遍，尤其是二、三月間，冬天未盡，夏日仍遠，作業成堆，關係往往緊張。但長久以來，我明顯看出不同學生應付憂鬱的方式大不相同，有些在鬱悶中任由一切消沉，有些則雖然是悶悶不樂，但仍然堅持下去，拖著沉重步伐來上課，繼續跟進課業，照料自己的生活。等到他們的心情好轉時，他們的課業與生活並未受到多大影響。

不久前，我們決定探索心態是否在這樣的不同反應中扮演影響角色。[44] 我們先評量學生們的心態，接著請他們在二、三月間，在線上登載為期三週的日記，每天回答有關心情及活動的問題，說明自己如何應付當天遭遇的問題。下列便是我們的研究發現。

首先，具有定型心態的學生，鬱悶、消沉的程度較高。我

們的研究顯示，這是因為他們不斷反芻自己遇到的問題與挫折，基本上就是在自我折磨，心裡想著挫折意味著自己能力不足或沒有價值——「你就是個笨蛋，這個念頭不停地在我的腦海裡打轉」;「我就是會無法克制、一直去想，這件事使我變成一個能力較差的人。」失敗對他們而言就像標籤，使他們認為沒有成功的路。

而且，他們愈是鬱悶，就愈任由一切消沉，愈不會採取行動解決問題。例如，他們不會讀自己必須讀的書、不會準時交作業，也不會按時跟進照料自己的日常生活事務。

雖然具有定型心態的學生，鬱悶、消沉的情況比較嚴重，但仍然有很多具有成長心態的學生在這段鬱悶高峰期心情低落，不過我們看到了著實令人驚訝的現象。成長心態者愈是感到鬱悶（但還未達到嚴重憂鬱的情況），就愈是採取行動面對問題，會愈加確保自己跟得上課業，也會愈加按時跟進照料自己的生活。當他們的心情愈差，就變得愈加堅定，確保自己不會進一步消沉。

事實上，從他們的行為來看，你可能很難看出他們實際上心情有多差，下列是一位年輕人告訴我的故事。

> 大一時，那是我此生首次離家生活，周遭全是陌生人，功課很難。那一年，隨著時間過去，我感覺自己愈來愈鬱悶，後來情況嚴重到我早上幾乎不想起床。

但是，我天天強迫自己起床、沖澡、刮鬍子，做我必須做的事。有一天，我的心情真是down到谷底了，所以我決定求援，於是去找心理學課程的助教諮商。

「你有沒有去上課？」她問。

「有」，我回答。

「你有沒有持續溫習功課？」她問。

「有」，我回答。

「你的考試成績OK嗎？」她問。

「算吧」，我回答。

「很好，那代表你並不憂鬱」，她說。

　　但他是憂鬱，只不過他用堅決來應付問題，成長心態者往往採取這種方式應付。等等，這和一個人的性格也有很大的關連，不是嗎？有些人天性機敏，有些人則是任由情況發展下去，不是嗎？性格的確有影響，但心態的影響更為重要。當我們教導人們成長心態後，他們便改變了自己對憂鬱情緒的反應方式，當他們感覺愈差時，就變得更積極，更勇於面對問題。

　　總而言之，若人們相信素質是固定不變的東西，他們總是面臨可能被失敗定義與設限的危險，失敗可能持久地定義他們。不論他們有多聰明、多能幹，這種定型心態似乎使他們喪失了應付能力。但是，若人們相信一個人的基本素質是可以發展、成長的，當他們遭遇失敗時或許會難過，但失敗並不會定

義及框限他們。若能力是可以發展的東西，若改變與成長是可能的，那就意味著仍然有許多成功的路。

心態改變努力的意義

孩提時，大人給我們一個選擇：選擇能力好、但愛耍小聰明的兔子，抑或選擇蹣跚而行、但穩定堅毅的烏龜？這原本是要我們習得一個啟示：緩慢但堅定者最終勝出，但我們當中真的有人想當烏龜嗎？

不，我們只想成為不是那麼笨的兔子。我們想要敏捷如風、多一點的謀略，例如在抵達終點前，別打那麼多盹。畢竟，人人都知道，你得現身才可能贏。

龜兔賽跑的故事想凸顯努力的效用，但在此同時，也對努力貼上了一個不好的標籤，令人覺得只有笨拙、遲緩者才需要努力。這個人人從小聽到大的故事也暗示，只有在聰明、能幹者疏忽時的少數情況下，笨拙、遲緩者才可能奪得勝利。

童書裡那頭鬆垮垮、皺巴巴的小象、那艘破舊的小拖船，還有那具小引擎都很可愛，但他們時常被打敗，當他們成功時，我們不免為他們感到高興。時至今日，我仍然記得我當年有多喜愛這些小動物（或小機器），但我絕對不想成為他們。那些故事傳達的訊息是：若你不幸生來孱弱、缺乏天賦，雖然你未必是個十足的失敗者，可以當個可愛的小小勤奮者，而且倘若你非常努力，能夠忍受所有旁觀者的嘲笑，你甚至可能成

功。

喔，不，謝了！我選擇擁有天賦。

這些故事的問題在於編造出「非黑即白」的二擇一選項：你要不就是有能力，要不就是必須努力。這是定型心態的觀念，那些沒能力者才需要努力。定型心態者告訴我們：「如果你需要在某件事上做出努力，那必然代表你不擅長這件事」，他們還說：「真正有才能的人，做起事來輕鬆、容易。」

我年輕時也曾在伊利諾大學心理系任教，有天晚上，很晚了，我行經心理系大樓，看到一些教授辦公室的燈還亮著。這麼晚了，我的一些同事還在工作，我心想：他們一定沒我這麼聰穎。我從未想到，他們可能既聰穎，而且更努力！我抱持的是「要不就是有能力，要不就是得努力」的觀念，而且顯然我把能力看得比努力更重要。

暢銷書作家暨《紐約客》（*The New Yorker*）雜誌專欄作家麥爾坎・葛拉威爾（Malcolm Gladwell）在一場演講中指出，我們的社會看重自然、不費力的成就，勝過努力獲致的成就。[45]

我們對我們的英雄賦予超人能力，認為這種能力使他們自然而然傑出、偉大，彷彿宓多里（Midori Goto，美島綠）打娘胎出生就立即會拉小提琴，喬丹一出生就會運球，畢卡索一出生就會塗鴉。這就是道道地地的定型心態，到處可見。

杜克大學研究人員發表的一篇報告，[46] 道出那些渴望「不費力的完美」的女大生心中的焦慮和鬱悶。她們認為，自己應該毫不費力地（或至少看起來毫不費力地）呈現完美的漂亮姿態、完美的女性氣質，還有完美的學識素養。

並非只有美國人鄙視努力，一名法國企業主管皮耶・舍瓦里（Pierre Chevalier）說：「我們不是一個看重努力的國家，畢竟若你有機智膽識（savoir-faire，結合訣竅與從容），就能毫不費力地做事。」[47]

但是，成長心態者的信念很不一樣，他們相信就算是天才，也必須努力，才能擁有一番成就。他們會說，擁有天賦有什麼了不起的？他們或許欣賞天賦，但他們更欽佩努力，因為在他們看來，不論你有什麼能力，唯有努力才能點燃那些能力，把它們轉化為真正的成就。

海餅乾

有一匹天生有缺陷的馬，本應被無痛處死的。還有一群各自經歷過創傷、潦倒的人——騎師、馬主人、訓練師，但靠著他們堅定的決心，克服重重困難，他們把自己變成勝利者。這

匹馬和騎師的表現，象徵著堅毅與志氣能夠成就什麼，使得1930年代深陷大蕭條困境的全美人民深受激勵。

同樣令人感動的是《海餅乾》(*Seabiscuit*)[48]一書作者蘿拉・希倫布蘭德（Laura Hillenbrand）本身的故事，[49]她在大學時罹患嚴重的慢性疲勞症候群，從此未能擺脫這種疾病，經常虛弱到無法做任何事。但是，前文這個「馬兒能夠做到」的故事吸引並鼓舞她，使她得以寫出一個意志力戰勝一切的感人故事。這本書既證明了《海餅乾》的勝利，也證明了希倫布蘭德本身的勝利。

從成長心態的透鏡來看，這些故事描繪努力的改變力量——努力可以改變你的能力，改變你這個人。但是，從定型心態的透鏡來看，這是三個男人和一匹馬的故事，他們全都有缺陷與不足，所以才得非常努力。

定型心態：高度努力隱藏重大風險

從定型心態的觀點來看，有缺陷、能力不足的人，才需要努力。當人們已經知道自己能力不足時，努力與嘗試對他們而言，或許是沒啥可損失的；但是，若你賴以成名的原因是沒有任何缺陷或不足時，若你被視為天才、能幹或天賦異稟者，可能就有潛在的重大損失了，因為努力可能會貶低你。

小提琴家娜嘉・薩勒諾—索能柏格（Nadja Salerno-Sonnenberg）十歲就初次登台演出，和費城管弦樂團（The

Philadelphia Orchestra）合作。[50] 但是，進入茱莉亞音樂學院
（The Juilliard School of Music）受教於傑出小提琴教師桃樂蒂‧
迪雷（Dorothy DeLay）時，她已經有一些技法上的壞習慣，
指法和弓法不優雅，小提琴定位也不正確，卻拒絕改變。就這
樣，過了幾年，她看著其他同學迎頭趕上，甚至超越她，十
七、八歲時，她陷入了信心危機。她說：「我曾經成功，在報
紙上被稱為神童，現在我感覺自己是個失敗者。」[51]

　　這個小提琴神童害怕努力，「我的一切經歷都可歸結於害
怕，害怕努力與失敗……如果你去試奏，但未盡全力，你沒有
做好充分準備，並未全力以赴，然後你失敗了，就有藉口……
最難受的事，莫過於說：『我真的已經盡全力了，但還是不夠
好。』」[52]

　　努力但還是失敗，使你沒有任何失敗的藉口，這是定型心
態者最害怕的事。這種恐懼心理困擾、癱瘓薩勒諾—索能柏
格，她甚至不再帶小提琴去上課！

　　經過多年耐心與試著理解後，有一天，迪雷告訴她：「聽
好了！如果妳下週再不帶小提琴來上課，我就把妳趕出我的教
室。」薩勒諾—索能柏格以為她在開玩笑，但迪雷從沙發上站
起來，冷靜告訴她：「我不是在開玩笑！如果妳要這麼浪費妳
的天賦，我不想陪妳瞎耗下去，已經拖得夠久了。」[53]

　　為什麼這麼害怕努力呢？有兩個原因。第一，定型心態認
為，資質優異者理應不需努力，光是需要努力這一點，就會使

你的能力蒙上陰影。第二，如同薩勒諾—索能柏格所言，努力會使你喪失所有藉口，如果沒有努力，你就可以說：「我原本可以　　　（請自行填空）」，但如果你努力了，就不能再說這種話了。曾經有人跟我說：「我原本可以成為馬友友」，如果她認真努力嘗試過，就不能說這種話了。

　　薩勒諾—索能柏格很怕失去迪雷這位名師，便決定努力過後的失敗（誠實的失敗），好過她以往走的路。她開始認真接受迪雷的訓練，努力準備一場即將到來的比賽，這是她首次全力以赴，最後她贏得這場比賽。現在，她說：「這是我學到的事實，你必須為自己最愛的東西做出最大努力。如果音樂是你最愛的東西，就必須用生命為它奮鬥。」

　　這種害怕努力的心態，也可能發生在人際關係上，活潑、迷人的亞曼達就是一個例子。

> 我交過很多令人抓狂的男朋友，不可靠的、不體貼的，很多種。我最要好的朋友卡菈總是對我說：「妳能不能至少一次找個好男人呀？」意思是：「妳值得更好的。」
>
> 　所以，卡菈把她的同事羅伯介紹給我。他很棒，而且不是只有在認識第一天表現得很棒，我很喜歡他。感覺就像：「天呀！感覺起來就像對的人在對的時候出現。」後來，我們的關係發展到很認真的程度

了，但是我開始害怕。這傢伙真心喜歡我，但是我忍
不住擔心，等他再深入了解我一點之後，會不會就掉
頭離去呢？我的意思是，如果我真的非常認真嘗試，
但還是行不通呢？我想，我沒法冒這個險。

成長心態：低度努力才有重大風險

　　深切想要某個東西，也認為自己有機會達成，卻不願意盡
力嘗試看看，這在成長心態者看來是不可思議的事。在這種情
況下，「我原本可以……」是一句令人心碎的話，而非什麼慰
藉之語。

　　1930 年代至 1950 年代，很少美國女性的成功可與克萊
兒‧布思‧魯斯（Clare Boothe Luce）匹敵。[54] 她是著名作家、
劇作家，曾經兩度當選眾議員，也曾被派遣為美國駐義大利大
使。她說：「其實，我不大了解『成功』這個字眼。我知道人
們用它來形容我，但我並不了解它。」[55] 她的公眾生活和私人
的悲劇遭遇，使她無法重返她的最愛：寫劇本。她的劇作如
《女人》（*The Women*）等，全都非常成功，但身為政治人物，
並不適合再繼續執筆創作尖酸、有趣的喜劇。

　　對魯斯夫人而言，走上政治這條路，使她未能在自己最看
重的創作領域做出努力。回顧自己走過的人生，她無法原諒自
己沒有堅持繼續最熱中的劇本創作。她說：「我常想，如果要

我寫一本自傳的話，我取的書名會是:《一個失敗者的自
傳》。」[56]

前美國職網運動員比莉・珍・金（Billie Jean King）曾說，
一切全看你將來回顧自己的人生時想說什麼，[57] 我非常認同她
這句話。你可以選擇在回顧人生時說:「我原本可以……」，把
自己未發揮的才能當作獎杯般擦拭;或者，你可以選擇在回顧
人生時說:「我已經為自己最珍視的東西付出全力。」仔細想
想，你希望自己在將來回顧人生時說什麼，然後據此調整你的
心態。

定型心態者當然讀過書籍提出這樣的忠告:成功是克盡你
的全力，不是比別人好;失敗是個機會，不是譴責;努力是成
功之鑰。但是，他們並未把這些付諸實踐，因為他們相信素質
是固定不變的東西。這種基本心態告訴他們完全不同於前述忠
告的話:成功指的是比別人更有天賦;失敗將會定義你這個
人;只有那些欠缺天賦資質的人才需要努力。

心態 Q&A

行文至此，你心中大概有不少疑問，來看看我是否能回答
你的一些疑問。

Q1 若人們相信他們的素質是固定不變的，也已經
展現出聰明、能幹的一面，為什麼他們還需要不斷地

證明自己？童話故事中，王子證明了自己的勇敢，從此和公主過著幸福快樂的生活，再也不必天天出門屠龍了，不是嗎？但為什麼那些定型心態者在證明自己過後，不是從此過著幸福快樂的生活呢？

因為在現實生活中，每天都有更新、更大的龍出現。當情況變得更艱難時，他們昨日證明的能力，或許不足以應付今天的困難。或許，他們夠聰明，能夠應付代數學，但不足以應付微積分。或許，他們在小聯盟是足夠優秀的投手，但在大聯盟還稱不上優秀可言。或許，他們在校刊上是足夠優秀的作家，但在《紐約時報》還稱不上優秀可言。

所以，他們急於一再證明自己，但他們朝向何處呢？在我看來，他們往往在原地跑步，累積無數的好評，但未必落在他們的想望之境。

你大概看過一些這樣的電影，在片中，主角在某天醒來，突然覺悟自己的人生沒有多大的實質價值，雖然總是贏過別人，但本身並無成長、學習或愛可言。我特別喜愛的一部電影是《今天暫時停止》（Groundhog Day），我是在電影上映很久之後才觀看的，因為這部片的片名沒能吸引我。不管怎樣，在這部片裡，比爾‧莫瑞（Bill Murray）飾演的主角菲爾‧康諾斯（Phil Connors）並不是在某天醒來時得此覺悟，而是不停地在同一天醒來，不停地重複活在同一天，直到他得此覺悟。

　　這部電影的主角菲爾，是匹茲堡地方電視台的天氣播報員，被派至賓州旁蘇托尼鎮（Punxsutawney）去報導土撥鼠日的活動。每年的二月二日，當地人會把一隻土撥鼠從洞裡取出，若土撥鼠被判斷看到了牠自己的影子，就代表還得過六週，冬天才會結束；若牠沒有看到自己的影子，就代表春天快到了。

　　菲爾自認為是個優越的人類，非常輕蔑這個活動、這個小鎮，以及活動相關人員（他說他們是鄉巴佬、低能）。在充分表露這些厭惡後，他打算盡快離開這個小鎮。但天不從人願，大風雪降臨小鎮，他被迫留在鎮上。翌日早上醒來，他發現自己仍然停留在二月二日，叫醒他的仍然是鬧鐘播放的桑尼和雪兒（Sonny & Cher）合唱的那首歌曲〈I Got You Babe〉，土撥鼠日節慶再度預備中。就這樣，每天一再重複，日日都是二月二日。

　　起初，他用他的知識來為所欲為、愚弄他人，因為只有他一人不斷重複過著同一天，因此他可以在一天跟一位女性交談，然後在翌日用此資訊來哄騙、感動、引誘她。菲爾活在定型心態的天堂裡，他可以一再證明自己的優越性。

　　然而，這樣過了無數天後，他認知到，這樣的日子永無止盡，於是他試圖自殺，讓自己去撞車、讓自己觸電、從塔上跳下、走在一輛卡車前，但全都徒勞無功。在走投無路下，他終於醒悟，他可以利用這些時間來學習，所以他去學鋼琴課、學

冰雕、開始大量閱讀，也去找當天需要援助的人（一個男孩從樹上掉下來，一位男士吃牛排時被噎住），開始幫助他們、關心他們。很快地，一天的時間變得不夠用！當這種心態的改變完成後，他才脫離了時間不斷重複同一日的魔咒。

Q2 心態是一個人組成元素的一部分，還是可以改變？

心態是你的個性的一個重要部分，但可以改變。光是知道這兩種心態，你就能開始用新方式去思考、行動。人們告訴我，他們開始注意自己何時受困於定型心態，例如放棄一個學習機會、感覺自己被失敗貼上標籤，或是當某件事需要做出很多努力時就感到氣餒。然後，他們會試著改變為成長心態，勇於接受挑戰、從失敗中學習，或是繼續努力。我的研究所學生和我在發現這兩種心態之初，他們注意到我的定型心態，面帶微笑，友善地告訴我這件事。

必須了解的一點是，縱使是具有定型心態者，也並非總是處於這種心態。事實上，在我們的許多研究中，我們引導研究對象進入成長心態；我們告訴他們，能力是可以學習而得的，某項工作將讓他們有機會做到這點。或者，我們讓他們閱讀一篇教導他們成長心態的科學文章，內容敘述沒有天賦能力、但發展出優異技能的人。這些實驗引導我們的研究對象進入成長心態（至少在當下是成長心態），結果他們也表現出成長心態

的行為。

本書的第 8 章會專注探討心態的改變，我將在那一章敘述做出改變的人，以及我們幫助人們做出改變的方法。

Q3 我可不可能是兩種心態兼具呢？

所有人都有兩種心態的成分，亦即我們全都混合了定型心態和成長心態。我只是為了單純化，用簡單的二分法來討論這兩種心態。

一個人也可能在不同領域展現不同心態，我可能以定型心態來看待我的藝術技巧，但認為我的智性能力是可以發展、成長的。或者，我可能認為我的個性是固定不變的，但我的創造力是可以發展、成長的。我們的研究發現，一個人在一個特定領域的心態，將左右他在這個領域的表現。

Q4 妳堅信努力的功效，妳的意思是，當一個人失敗時，錯一定在他，是他努力得不夠嗎？

不！努力確實很重要，沒有人能夠在不努力下成功多久，但決定成功與否的因素，絕非只有努力。每個人的資源和機會不同，例如，有錢（或是有富爸爸、富媽媽）的人有一張安全網，可以冒更多險、撐更久，直到成功。有些人更容易獲得好教育，有些人擁有具權勢的朋友人脈，有些人很懂在什麼時候

該做什麼事，這些人全都有更好的機會，可以在努力下取得對等的回報。富有、教育良好、有人脈，在這些條件下，努力而成功的機會比較高。

資源較少的人，儘管盡了最大努力，也可能很容易遭遇挫敗。你一輩子任職的本地工廠突然關廠了，接下來該怎麼辦呢？你的孩子生病，醫療費使你負債；你的房子沒了；你的配偶捲走家裡的積蓄，跑了，留下你跟孩子，還有一堆待付的帳單；你正在上的夜校也沒得上了。

別忘了！努力不等於一切，還有不是所有努力都生而平等。

Q5 妳一再談到，成長心態如何使人成為第一、最優、最成功者，但成長心態談的是個人成長，並非贏過他人，不是嗎？

我舉那些成功的頂尖人士為例，是要證明成長心態能夠把你引領至多高的境界，讓你相信才能是可以發展的東西，而這種信念能夠幫助人們發揮潛能。

再者，輕鬆、悠閒就成功的例子，對定型心態者的說服力沒那麼強。這會讓他們感覺必須在樂趣和卓越兩者間做出選擇，這麼一來，就無法提供吸引他們的另一條路徑了。

有一點很重要：成長心態的確使人們喜愛他們在做的事，而且在面臨困難時，仍然繼續喜愛做這件事。具有成長心態的

運動員、執行長、音樂家或科學家，全都喜愛自己從事的事，反觀許多定型心態者則不是。

許多成長心態者甚至並未打算登頂，只是在做自己喜歡的事，努力以赴，最終達到優異境界。這很諷刺，因為登頂是定型心態者渴求的境界，卻是許多成長心態者達到的境界，而且是他們以熱情從事自己所做之事產生的副產品。

此外，這一點也很重要：在定型心態下，一切成果論；若你失敗，或你不是最優者，一切都是枉然。成長心態使人重視自己所做的事，而且不論成果。他們應付問題，進入新航道，為重要課題而努力，他們也許未能發現癌症療方，但其探尋過程深具意義。

有位律師花了七年的時間，纏訟他居住那州的最大銀行，他代表的是該州感覺受到這間銀行欺騙的州民。[58] 在輸了這場官司之後，他說：「我有什麼資格說自己花了七年時間，就應該要成功呢？我是為了成功才做這件事的嗎？還是因為我認為這件事本身值得努力，所以才做的呢？」

「我不後悔，這是我必須做的事。如果讓我重新選擇一次，我也還是會這麼做。」

Q6 我認識很多快速升遷的工作狂，他們似乎是定型心態者，總是試圖證明自己有多聰明。但是，他們的確也很努力，願意接受挑戰，這似乎和妳說的不

符，妳不是說定型心態者喜歡不費力、容易的事嗎？

大體而言，具有定型心態者偏好不費力的成功，因為這是證明他們的才能的最佳途徑。不過，也有很多認為自身素質固定不變的人精力充沛，不斷尋求證明自己的機會，人生目標可能是贏得諾貝爾獎，或是成為世界上最富有的人等，願意為了達成目標而努力。我們將在探討企業與領導力那一章（第5章），看到很多這類人士。

這些人或許不認為努力的人就是能力差的人，但他們具有定型心態的其他部分，可能時常展現自己的才能，也可能覺得是自己的才能使他們比別人更優越，而且也許不能容忍錯誤、批評或挫敗。

順便一提，具有成長心態者也可能喜歡諾貝爾獎或很多錢，但他們追求這些，並不是為了證明自己的價值，或是以此來彰顯自己比別人優越。

Q7 若我喜歡我的定型心態呢？若我知道自己的能力與天賦是什麼，清楚自己的能耐，知道可以懷抱什麼期望，請問我為何要放棄這種心態？

若你喜歡，當然可以保持你的定型心態。本書的主旨是要詳細探討這兩種心態，以及它們形成的世界，藉此告訴人們，可以有所選擇，可以選擇要生活在哪一種世界。

定型心態令你覺得，你確實知道有關自身的不變真相。這種認知可能使你感到安心，因為你不必嘗試其他領域──要是你覺得自己沒有才能的話。你會很有把握自己在某個領域會成功，因為你具有這方面的才能。

不過，你必須知道這種心態的缺點：你可能會因為低估自己在其他領域的才能，因此喪失重要機會；或者，你也可能認為光靠自己的才能就能成功，結果損及你成功的可能性。

具有成長心態，並不會迫使你去追求什麼，它只是告訴你，你可以發展你的技能，至於想不想這麼做，仍然取決於你。

Q8 妳一個人的一切都可以改變嗎？我們應該嘗試改變能夠改變的一切嗎？[59]

成長心態相信能力是可以培養、發展的，但它並未告訴你可以做出多大的改變，或是改變需要花多少時間。成長心態也不意味一切都可以改變，喜好、價值觀這種東西，往往是很難改變的。

我有一次搭計程車，司機播放歌劇電台，我想跟他聊聊天，就問他：「你喜歡歌劇嗎？」他回答：「不喜歡。我討厭歌劇，一直都討厭。」我說：「嗯，我不是想探你的隱私，既然你不喜歡，為何要聽這個電台？」他告訴我，他父親是歌劇迷，每天早上都會聽老唱片。這位已屆中年的計程車司機，多

年來嘗試培養自己愛上歌劇，聽唱片、讀樂譜，但全然無效。我勸他：「饒了自己吧！很多文雅、有智識的人也都受不了歌劇，你何不當自己是其中一人？」

　　成長心態也不意味一切可以改變的東西都應該改變，我們全都必須接受自己的一些不完美，尤其是那些並不會對我們的生活或他人的生活造成什麼傷害的不完美。

　　定型心態阻礙發展與改變，成長心態是改變的起點。你必須自己判斷，決定你在哪些方面做出改變是最值得的。

Q9 定型心態者根本就是缺乏信心？

　　不，在發生任何事之前，定型心態者也可能和成長心態者一樣有信心。不過，你大概想像得到，他們的信心比較脆弱，因為挫折、甚至努力，都可能會損及他們的信心。

　　人力資源管理專家約瑟夫・馬托奇歐（Joseph Martocchio）教授，對接受短期電腦訓練課程的員工進行了一項研究。[60] 他告訴其中一半的員工，一切全部取決於他們有多少能力，藉此引導他們進入定型心態；他告訴另外一半的員工，經由練習，可以發展電腦技能，藉此引導他們進入成長心態。他先讓這些員工沉浸在這兩種不同心態後，再讓他們開始接受電腦訓練課程。

　　雖然這兩組人一開始對自己的電腦技能的信心水準完全相

同，但在課程結束時，他們的信心水準卻變得相當不同。那些成長心態者在學習中，儘管無可避免地犯了許多錯，但在學習之後，他們對自己的電腦技能的信心明顯提高。但是，在學習過程中的犯錯，卻使得那些定型心態者在學習之後，對自己的電腦技能的信心不增反減。

相同現象也發生在柏克萊大學學生的身上。心理學家理查‧羅賓斯（Richard Robins）和珍妮佛‧佩爾斯（Jennifer Pals）在柏克萊大學長期追蹤該校學生的行為，[61] 他們發現，當學生具有成長心態時，在不斷遭遇而熟稔大學的種種挑戰之下，信心提高。但是，當學生具有定型心態時，面臨的雖然是相同挑戰，他們的信心卻會降低。

這是定型心態者必須呵護他們的信心的原因，這是網球高手馬克安諾為其失敗找藉口的原因——都是為了保護自信心。

魏聖美（Michelle Wie）決定和大男生一較高下時，還只是個青少年高爾夫球員。她要參加 PGA 巡迴賽索尼盃公開賽（Sony Open），參賽者盡是舉世最優秀的男性高爾夫球員。[62]基於定型心態觀點，所有人都急忙警告她，如果表現差的話，可能會重創她的信心，例如「太早對抗精英、遭遇到太多打擊，可能會傷害長期的發展」，或是「如果不能獲勝的話，難免會有負面影響」——這是同樣參與巡迴賽的知名高爾夫球員維傑‧辛格（Vijay Singh）給她的警告。

但魏聖美並不這麼認為，她參與這場賽事，並不是為了壯

大自信。她說：「在青少年錦標賽中獲勝後，再多贏個幾次並不難。我現在這麼做，是為了將來做準備。」她追求的是學習經驗，她想體驗和全球最佳高球手在錦標賽氛圍中較量的感受。

在那場賽事結束後，魏聖美的信心絲毫未減，她得到了自己想要的：「我想，我已經知道，我能夠參與這類比賽了。」[63] 雖然她離進入優勝群還有一段長路，但她知道自己的目標是什麼了。

幾年前，我收到一位世界級游泳運動員的來信：

親愛的杜維克教授：

　　我向來有信心方面的問題，我的教練總是告訴我，我應該百分之百相信自己，他們叫我別讓任何懷疑進入我的心裡，要一直想著我比別人優秀。但是，我做不到，因為我深知自己的缺點，我忘不了自己在每次比賽中犯的錯。嘗試去想我是完美的，反而使情況變得更糟。我讀了妳的著作，認知到聚焦在學習與改進上的重要性，這改變了我，因為我了解：我的缺點是我可以改進的東西！現在，我不再對犯錯那麼耿耿於懷了。我寫這封信是想讓妳知道，妳教會我如何對自己有信心，謝謝妳。

　　　　　　　　　瑪麗・威廉斯（Mary Williams）敬上

　　我從我的研究工作中，獲得了一項重要的發現：在成長心態下，你未必總是需要信心。

　　我的意思是，縱使你認為自己並不擅長某件事，仍然可以全心全意地投入其中，並且堅持下去。事實上，有時候，你會投入某件事，就是因為你並不擅長這件事。這是成長心態的一個良好特點，你大可去做自己想做的某件事，並且樂在其中。千萬別認為你必須已經擅長某件事，才能享受樂趣。

　　寫這本書，是我此生做過最難的事情之一，我得閱讀無數的書籍與文章，資訊量多到難以招架，此前我從未寫過大眾化的論述，這令我生畏。你認為，這項工作對我而言容易嗎？如果是當時，我會希望你這麼認為，但現在，我希望你知道我為撰寫此書所做的種種努力，並且享受這些努力產生的成果☺。

發展你的心態

- 人皆生而喜愛學習，但定型心態可能削弱這種喜愛。回想你曾經喜歡做的事，例如縱橫字謎遊戲、某項運動、學一種新舞步等，但後來這件事變難了，你不想做了，也許是你突然感到疲倦、暈眩、乏味或飢餓。下次發生這種情形時，請別欺騙自己，這是定型心態在作祟。請試著讓自己進入成長心態，想像你的大腦正在形成新連結，應付挑戰，並且學習、堅持下去。

- 我們往往想創造出自己很完美的世界（啊，我想起我在讀小學時，確實有這種感覺。）為此，我們可能會選擇使自己感覺完美無瑕的伴侶、朋友或員工。但是，請想想看，你想要永遠都不成長嗎？下一次，當你想讓自己身旁充滿崇拜者時，去教堂吧！誠心建議你，在你的餘生中，試著尋求對自己有建設性的批評。

- 你是否認為在以往的人生中，有什麼事情定義了你？是某次的考試成績？某次不誠實或冷酷無情的行為？被炒魷魚？被拒絕？現在，請你聚焦在這件事情上，感受它所帶給你的所有情緒，然後用成長心態的觀點檢視它，誠實地檢視你在其中的角色。但是，請你了解，這件事並不會定義你的智慧或性格，你應該改而思考：我從這件事情學到了什麼（或可以學到什麼）？因為這件事情，我可以獲得哪些成長？你應該牢記的是這些才對，每一次的經驗都是一種學習機會。

- 當你感到鬱悶、沮喪時，你如何反應？更努力於生活事務中，還是放任它們不管？下回，當你覺得心情陷入低潮時，請試著讓自己進入成長心態——想想學習、挑戰、克服障礙等，把努力想成一股正面、有建設性的力量，而非一種累人的付出，試試看。

• 有什麼事你一直想做，但害怕自己不擅長而不敢去做？好好計畫一下，放手試試看！

第 3 章
關於能力與成就的真相

　　請盡你所能，生動地想像愛迪生，想像他現在身處何處，在做什麼。在你的想像畫面中，他是獨自一人嗎？當我詢問人們這個問題時，他們大多做出類似下列的回答：

> 「他在工作室裡，裡頭有很多器材設備。他正在研發留聲機，實驗各種方法，他成功了！〔那他是獨自一人嗎？〕對，他自己做這些事，因為只有他知道自己在做什麼。」
> 「他在紐澤西，穿著白袍，站在一間像實驗室的房間裡。他側身研究一顆燈泡，突然間，燈泡亮了！〔那他是獨自一人嗎？〕對，他喜歡自己研究，像個隱士。」

　　事實是，紀錄顯示，愛迪生跟我們多數人想像的，很不一樣。他的工作方式也大不同於我們以為的模式。愛迪生並不是

一個獨行俠，就拿發明燈泡這件事來說吧，他雇用了三十名助理，其中包括訓練有素的科學家，在一個由企業資助的先進實驗室裡，他們往往二十四小時不間斷地輪流工作。[1]

愛迪生的發明，也不是突然間就成功的。長久以來，「燈泡亮了！」被用來象徵傑出解方誕生的那一刻，但燈泡這項發明本身並沒有這種單一時刻。事實上，燈泡並不是一項獨立的發明，而是結合了許多費時的發明，每一項發明都用了一位或多位化學家、數學家、物理學家、工程師、吹製玻璃的技術員。

愛迪生並不是純樸的工匠，或是不求世俗名利的書呆子。這位被封為「門洛公園的魔術師」（The Wizard of Menlo Park）的發明大王，其實是個聰敏的創業家，非常清楚他的發明的商業潛力。他也懂得如何討好媒體，有時因為他懂得如何宣傳自己，使他得以擊敗同期也得出類似發明的對手，成為這項東西的正式發明人。

是的，愛迪生有才華，但他並非從小到大都一直展現才華。為他撰寫傳記的保羅・伊斯瑞（Paul Israel）查閱所有能得的資訊後認為，愛迪生和他那個時地的一般男孩，並無多大差異。年輕時的愛迪生愛搞實驗、玩機械，或許比多數男孩更為熱中一點，但在那個年代，美國中西部男孩一般都會把玩機械、學習接觸新科技。

最終使得愛迪生與眾不同的，是他的心態和幹勁。他是個充滿好奇心、愛修修補補、尋求新挑戰的男孩，而且這些特質

從未止歇，在其他年輕人步入社會、職場後，愛迪生在往來城市間的火車上賣報紙和點心，順便學習有關電報的技術。他努力自學，後來成為電報員，進而展開發明生涯。他對自我改進與發明的熱愛從未停止，但這種熱情只聚焦在他有興趣的領域上，這當然令他的兩任太太大失所望啦！

　　關於能力和成就的迷思很多，特別是這一點：某個獨來獨往的鬼才，突然想出驚天動地的好點子，或是做了一件改變全世界的事。但是，達爾文的《物種起源》(*The Origin of Species*)，並不是閉門造車、短時間內得出的傑作，[2] 他花了很多年的時間團隊實地研究，和同事及良師益友進行了無數次的討論、探索，寫了很多份的初稿，投入了大半輩子，才得出這份成果。

　　莫扎特努力了十多年，[3] 才開始創作出受到現今世人讚賞的作品。在此之前，他的作曲並非那麼原創或有趣，那些作品往往是擷取其他作曲家的作品片段拼湊而成的。

　　本章探討成就的真實要素，探討為何有些人的成就不如預期，但有些人的成就超出預期。

心態與學業成就

　　咱們步下莫扎特和達爾文的天界，回到地面上，看看在現實生活中，心態是如何創造成就的。有趣的是，比起莫扎特和達爾文的故事，看到一個學生在成長心態下發展，對我的影響

更大，或許這是因為更貼近你我、發生在我們身上，關乎我們的現在，也關乎孩子及他們的潛能是否充分發揮。

回到現實，我們首先評量學生從小學步入國中時的心態：他們相信自己的智力是固定不變的素質，抑或是他們可以發展的東西？然後，我們在接下來的兩年追蹤他們。[4]

對許多學生來說，從小學步入國中，是一個挑戰性高的銜接，課業變得更困難、成績評量更嚴格、教學變得較不那麼個人化，而且在這一切發生的同時，學生們還得適應青春期的身體變化及新角色。因此，他們的學業成績有所變化，但每個人的變化情形不同。

在我們的研究中，只有那些具有定型心態的學生，學業成績下滑；那些具有成長心態的學生，在這兩年間的學業成績變好。兩組學生在剛進國中時，以往的學業表現並無明顯差別，在比較輕鬆的小學階段，他們的學業成績和測驗分數相同。到了面臨國中課業的挑戰時，他們的成績表現，才開始區分開來。

定型心態學生如何解釋他們的成績不佳呢？許多人歸咎於自身能力：「我很笨」，或「我數學很爛。」許多人藉著歸咎他人來掩飾這些感覺：「數學老師很胖，我很不喜歡他……；英文老師又兇又粗魯」；「因為老師瘋了！」這些對問題的「分析」雖然有趣，但絕不可能為將來的成功提供路線圖。

在失敗隱約逼近的威脅下，具有成長心態的學生，會動員

他們的資源，投入學習。他們告訴我們，他們有時也覺得自己快招架不住了，但他們的反應是埋首認眞想辦法，他們就像喬治・丹齊格（George Dantzig）。誰是丹齊格？

　　丹齊格是柏克萊大學數學研究所的學生，有一天，一如往常，他上課遲到了，匆匆進入數學課教室，抄下黑板上的兩道家庭作業題目。後來，他開始做這兩道題目時，發現它們很難，花了好幾天的時間努力解題，最後得出答案。結果，這兩道題目根本不是家庭作業，而是從未有人解答出來的世界知名難題。[5]

低度努力症候群

　　在我們的研究中，那些具有定型心態的學生，在面對困難的銜接時，視其爲威脅，可能會揭開他們的缺點，使他們從贏家變成輸家。事實上，在定型心態下，青春期是一大考驗：我聰明，還是愚笨？我長得好看，還是醜？我很酷，還是很矬？我是勝利組，還是失敗組？在定型心態下，輸家是永遠的魯蛇。

　　難怪許多青少年對於他們的資源運用，不是用於學習，而是用來保護自尊。除了對老師做出生動的描述，他們還有另一種做法，就是不努力嘗試。有些最聰明的學生乾脆停擺，就跟娜嘉・薩勒諾─索能柏格一樣。事實上，那些具有定型心態的學生告訴我們，他們在學校的主要目標，除了讓自己看起來聰

明一點，就是盡可能不費力。他們欣然贊同類似這樣的陳述：「在學校，我的目標就是盡量輕鬆一點，不必太用功。」

這種低度努力症候群，往往被視為青少年用來擺脫大人約束，要求獨立的方式，但也是定型心態學生用以保護自己的一種方式。他們認為大人們在說：「我們要好好評估你，看你的表現如何。」他們的回應是：「不，你們無法這樣評量出真正的我。」

傑出教育家約翰·霍爾特（John Holt）說，所有人在面對他人的評價時，都會玩這種把戲：「我們最糟糕的學生，我遇過的最糟糕學生，在課外生活中，是個成熟、聰明、有趣的人，跟學校裡其他人一樣。到底是哪裡出了問題？……在某個環節上，他的求知欲和學校教育脫節了。」[6] 但是，在具有成長心態的學生看來，停止嘗試努力是沒道理的。對他們而言，青春期是一段機會時期：學習新科目、探索自己喜歡什麼，將來想做什麼？

我在後文中，將會敘述我們教導國中生成長心態的一項計畫，現下我想告訴你的是，在教導他們這種心態後，如何促使他們開始努力。有一天，我們向參加研習營的一群新學生介紹成長心態，這群學生中最頑固不化的低度努力學生吉米突然抬起頭，含淚說：「你們的意思是，我不必一直都很笨嗎？」從那天起，他開始努力，做功課到很晚；以前，他根本不理什麼家庭作業。現在，他開始提早交作業，好從老師那裡獲得反饋

意見，修改自己的錯誤或不足之處。現在，他相信努力並不會
使你顯得脆弱、能力不足，而是會幫助你變得更聰明。

發現你的天才

　　我的一位好友，最近交給我他寫的一首故事詩，這首詩使
我想起吉米和他後來的努力。我這位朋友小學二年級的老師比
爾女士，要每個學生在紙上畫匹馬，把它剪下來。然後，她把
所有馬排列在黑板上，向學生說了一段成長心態的話：「你的
馬兒奔馳的速度，取決於你腦袋運轉的速度。每次你學到新東
西，你的馬兒就會向前邁進。」

　　我這個朋友不大明白「頭腦」的意思，他父親時常告訴他：
「你的話太多、頭腦太少，這樣對你沒好處！」再加上，他的
那匹馬兒，似乎還端坐在起跑柵門，而「其他人的頭腦，已經
加入學習競賽了」，尤其是漢克和比利這兩位班上的英才，他
們的馬兒已經跑在其他人的馬兒前頭。但我這個朋友並不氣
餒，為了改進閱讀能力，他持續跟媽媽一起看漫畫；為了改進
算術能力，他跟阿媽玩金拉米紙牌遊戲（Gim Rummy），不斷
練習計算得分。

　　很快地，我的駿馬如旋風般奔馳，沒人能夠阻攔。

　　每一週、每個月，牠不停地向前奔馳，追過一匹又一
　　匹的馬兒。

在最後一段衝刺的直線跑道上，漢克和比利的坐騎，
只微微領先幾道減法算術題。
當學期結束的鈴聲響起時，我的馬兒以些微差距勝
出！
於是，我知道我有頭腦了，我的馬兒可以為證。
　　　　　　　　　　——保羅·沃特曼（Paul Wortman）

　　學習當然不該像場競賽，但這場競賽幫助我這個朋友發現
他的頭腦，把它用在學業上。

誰說大學就該迷惘？

　　另一個人生重要銜接，也是另一個最常出現危機的時期，
就是在大學時代。所有聰明的高中生進入大學殿堂，就像我們
的研究生一樣，昨日還高高在上、像個國王，今天呢？

　　從高處跌落的焦慮，最明顯呈現出這種焦慮的，莫過於醫
學預科生。我在上一章談到，我們追蹤研究神經緊繃、但懷抱
希望的大學生修習第一門化學課，這門課將決定他們能否進入
醫學預科班。大家都知道，這些學生將竭盡所能在這門課拿下
好成績。[7]

　　在學期一開始，我們先評量學生的心態，接著追蹤他們上
這門課的整個過程，觀察他們的成績，詢問他們的學習方法。
我們再一次發現，具有成長心態的學生，在這門課取得的成績

較佳，縱使一次考試考差了，仍能在後續的考試中進步。至於具有定型心態的學生，當他們考差時，通常不會再有明顯進步。

　　這門課，大家都很用功，但用功的方式不同。很多學生的用功方式是：苦讀教科書和上課筆記，如果教材很難，就再讀一遍，或是像吸塵器似地，死背硬記、強迫吸收。這就是定型心態學生的用功方式，所以如果考差了，他們就會認為自己不是讀化學的料，畢竟「我已經竭盡一切所能了，不是嗎？」

　　不，能做的，當然不只這些。他們若得知成長心態學生的用功方式，大概會嚇一跳，因為連我都覺得訝異。具有成長心態的學生，完全控管自己的學習方法與幹勁，並不會不求理解地死背硬記教材，而是說：「我會尋找相關重點主題，了解授課內容的所有基本原理」；「我會複習錯誤的地方，直到完全理解為止。」他們用功是為了學習，不只是為了考得好成績，而這正是他們成績比較好的原因，並不是因為他們比較聰明，或是擁有比較好的科學底子。

　　而且，當課程內容變得枯燥乏味或更難時，他們也不會因此失去幹勁，而是說：「我會保持興趣」；「我繼續對選修化學抱持正面態度」；「我就繼續用功下去。」縱使他們覺得教科書枯燥乏味或老師很嚴格，也不會讓自己的讀書幹勁消失，這些只會使他們覺得保持幹勁更為重要。

　　我教導一位大學生成長心態後不久，收到她寄來的一封電子郵件。她告訴我，她以前的用功方式是：「面對很難的教材

時，我通常會一讀再讀」，但在學會成長心態之後，她開始使用更好的方法，而且效果不錯。下列是這封電子郵件的內容：

> 杜維克教授：
>
> 　　今天，我從海蒂助教那裡得知我的考試成績時，不知道該哭還是坐下來，海蒂大概會告訴妳，我看起來像中樂透彩一樣（我真的有這種感覺！）我真的難以置信，我居然會考得這麼好，我以為只是低空飛過。妳給我的鼓勵，將使我此生受益無窮……
>
> 　　我覺得，我雖然獲得一個「貴重」的成績，但我獲得的不只有這個而已。杜維克教授，妳不只教授理論，還親自證明了理論的實用性。謝謝妳教導我的這一課，這是寶貴的一課，或許是我在哥倫比亞大學學到最寶貴的一課。是的，以後在每次考試之前，我都會用這些方法來準備！
>
> 　　真是太感謝妳了（也感謝海蒂）！
>
> 不再無助的瓊恩

　　成長心態者從「學習」的角度去思考，因此懂得創造學習的各種方法。奇怪的是，具有定型心態的醫學預科生，總是想方設法要取得好成績，唯獨不去掌控自己的學習過程，確保取得好成績。

生而平等？

所以，這意味的是，只要擁有正確心態，任何人都能有好表現嗎？所有小孩都生而平等嗎？我們先來看第二個疑問。不，有些小孩天生不同。心理學家愛倫・溫納（Ellen Winner）在其著作《天才兒童》（*Gifted Children*）中，對一些神童有非常生動的描繪。這些小孩似乎天生擁有異於常人的能力和幾乎入迷的興趣，透過努力不懈追求這些興趣，變得極有成就。[8]

麥克是這類最早慧的神童之一，他經常玩涉及字母與數字的遊戲，要求父母回答無數的相關問題，在極小年紀就會說話、識字及算數學。麥克的母親說，[9] 他在四個月大時就會問：「媽咪、爹地，晚餐要吃什麼？」十個月大時，在超市就會讀出標示，令所有人驚訝不已，大家都以為是他媽媽用腹語說的。麥克的父親說，麥克三歲時，不僅會演算代數，還發現並證明代數法則。每天，麥克的父親下班回到家，麥克就會把他拉到數學書籍前說：「爹地，我們開始算數學吧！」

麥克顯然天生具有特殊能力，但在我看來，最傑出的特質是他極愛學習與挑戰。他的父母無法把他拉離他最喜愛的活動，而溫納描繪的每一個神童，都具有相同特質。人們常以為，「天賦」指的是能力本身，但事實上，滋養天賦能力的是持續、無窮的好奇心，以及不斷尋求挑戰的欲望。

　　到底是能力還是心態左右成就？莫扎特的成就歸功於他的音樂能力，還是他不斷地努力，努力到連手都變形了？達爾文的成就歸功於他的理科能力，還是他從童年開始，就不斷地蒐集標本？

　　不論是不是什麼神童或天才，我們全都可以找到興趣，發展成為能力。孩提時，我對人特別感興趣，尤其是成人。我納悶：是什麼驅動他們呢？幾年前，我一個堂哥回想起一件往事，當時我們兩個都是五歲，在我祖母家，他為了何時能吃糖果，跟媽媽大鬧脾氣。在那之後，我們一起坐在門廊階梯上，我對他說：「別傻了！大人喜歡認為自己控管一切。你就乖乖閉嘴，服從他們。想吃糖時，就照吃不誤。」

　　說這番話，是否代表此人有潛力成為心理學家呢？我不知道，但我堂哥告訴我，這個忠告對他很管用。有趣的是，他後來還成為牙醫呢！

有正確心態，就會有好表現？

　　現在，回到前述的第一個疑問：只要擁有正確心態，任何人都能有好表現嗎？在全州學業成績最差的高中，能夠教會學生大學微積分嗎？若能的話，那就證明一點：只要擁有正確心態，再加上正確指導，人們能夠成就的事，遠遠超出我們的想像。

　　加菲德高中（Garfield High School）是洛杉磯學業成績最

差的高中之一，學生不受教化，教師精疲力盡，這些全都不足
以形容其糟糕的情況。賈米・艾斯卡蘭堤（Jaime Escalante，
因《為人師表》（*Stand and Deliver*）這部電影，在全美變得家
喻戶曉）不假思索，在這所高中教這些貧窮的拉美裔學生大學
水準的微積分。在他的成長心態下，他不問：「我能否教他
們？」，而是問：「我該如何教他們？」他不問：「他們能否學
習？」，而是問：「如何使他們有最佳的學習成果？」[10]

　　艾斯卡蘭堤不僅教這些學生大學微積分，他還和同事班傑
明・吉門尼茲（Benjamin Jimenez）把他們帶到全美數學能力
評量統計圖的頂端。1987 年，全美只有另外三所公立高中參
加大學微積分先修課測驗的學生人數比加菲德高中的還多，其
中包括史岱文森高中（Stuyvesant High School）和布朗士科學
高中（Bronx High School of Science），這兩所位於紐約的高
中，都是以數學和科學見長的頂尖學校。

　　尤有甚者，加菲德高中多數學生的測驗成績，已經高到足
以獲得大學學分；那一年，全美只有幾百名墨西哥裔美國學生
以此水準通過這項測驗。這意味的是，低估學生的發展潛能，
導致很多學生的聰明才智被白白浪費掉了。

老師，你的責任是什麼？

　　當孩子在學業上落後時，例如成績一再不佳時，學校與教
師大多改給他們簡化的教材，認為他們無法應付更難的內容。

這種觀念源於定型心態：這些學生腦筋不好，所以必須一再灌輸他們相同的簡單教材。結果著實令人心灰意冷，這些學生在一整個學年的期間，只是重複接收相同的、已經知道的東西，別無其他新學習。

瑪華‧柯林斯（Marva Collins）選擇把在公立學校表現差的芝加哥市貧窮小孩當作天才般對待，[11] 這些小孩有許多被貼上「學習障礙」、「弱智」或「有情緒困擾」的標籤，幾乎全都十分冷淡、無動於衷，眼神沒有光采，臉上不露希望。

柯林斯教的這班公立學校二年級學生，一開始是閱讀程度最低級；到了六月，他們已經進步到五年級閱讀程度的中間水準，他們閱讀亞里斯多德、伊索寓言、托爾斯泰、莎士比亞、愛倫坡（Allan Poe）、佛洛斯特（Robert Frost）、狄更生（Emily Dickinson）等人的著作。

後來，柯林斯創辦了自己的學校。《芝加哥太陽報》（Chicago Sun Times）的專欄作家澤伊‧史密斯（Zay Smith）造訪該校，看到四歲孩子寫出「去看醫生」、「伊索寫寓言故事」之類的詞句，或是討論「雙母音」、「變音符號」等，他也觀察到二年級學生引用莎士比亞、朗費羅（Henry Longfellow）、吉卜林（Rudyard Kipling）等人寫的文章。[12] 在那之前不久，他也造訪了一間富有孩子就讀的市郊高中，但許多學生從未聽過莎士比亞。柯林斯的一名學生驚訝問道：「什麼？你說那些有錢的高中生，不知道莎士比亞生於 1564 年，死於 1616 年？」

　　柯林斯的學生大量閱讀，就連在暑假時，也不例外。一名學生在六歲時被判別為「弱智」，四年後的現在，在暑假時讀了二十三本書，包括《雙城記》(*A Tale of Two Cities*)和《簡愛》(*Jane Eyre*)。這些學生的閱讀層次很深入，思考也很縝密。三、四歲的孩子在讀到希臘神話戴達羅斯（Daedalus）及其子伊卡洛斯（Icarus）時，* 一名四歲孩子說：「柯林斯老師，如果我們不學習、不用功，就會像伊卡洛斯一樣，飛不到任何地方。」[13] 柯林斯的學生熱烈討論莎士比亞的悲劇《馬克白》(*Macbeth*)，諸如此類的情形很常見。

　　發明智力測驗的阿爾佛列德‧比奈相信，一個人的智力水準是可以改變的。的確，不論你用知識深度或在標準測驗中的表現來評量柯林斯的這些孩子，你都會發現，他們的智力水準已經改變了。

　　美國著名教育心理學家班傑明‧布魯姆（Benjamin Bloom），研究了 120 位傑出成就者，[14] 包括鋼琴演奏家、雕塑家、奧運游泳選手、世界級網球選手、數學家、神經學家等，多數在孩童時期並不出色，在開始認真訓練之前，並未展現出明顯的天

---

* 戴達羅斯和其子伊卡洛斯被關在克里特島，無法返回家鄉。後來，戴達羅斯想出從空中脫逃的方法，便為自己和兒子各自建造一對翅膀，並且告誡兒子不能飛得太高，因為烈日會熔化蜜蠟，使羽毛脫落臂膀，但也不能飛得太低，因為羽毛沾到海水，就會飛不起來。結果，原本進行得相當順利的計畫，卻因為伊卡洛斯的血氣之勇而遭到破壞，他飛得太高，羽毛脫落臂膀，結果摔落海上身亡。

賦。縱使到了青春期早期，通常也無法從他們當時的能力，預測到他們未來的成就。唯有透過他們持續的幹勁與投入，再加上他們的支持網絡後，他們才攀上頂峰。

　　布魯姆如此總結：「歷經四十年廣泛研究美國及其他國家的學校學習情形後，我得出的重要結論是：這世上任何一個人能夠學會的東西，只要能夠提供適當的先決和現有的學習環境，幾乎任何人都能學會。」[15] 布魯姆說的不是那2％到3％有嚴重缺陷的小孩，也不是那1％到2％像麥克那樣的天才，他說的是所有一般人。

現在與未來

　　你可能會想：依照能力水準來區分學生，很有道理，不是嗎？從測驗分數和以往的學業成績，可以看出一個學生的能力，不是嗎？切記，測驗分數和學業評量，只能告訴你一個學生「目前」的能力水準，不能告訴你這個學生「將來」可以發展到什麼境界。

　　德國心理學家法柯・萊因柏格（Falko Rheinberg）研究具有不同心態的學校教師，[16] 有些教師具有定型心態，相信不同成績入學的學生，其差異是根深蒂固，而且持久的：

　　「根據我的經驗，學生在一年期間的成績，大致上維持不變。」

「若我知道學生的智力水準，就能相當準確地預測他們的在學表現。」

「身為老師，我無法影響學生的智力。」

跟我的六年級老師威爾森女士一樣，這些教師灌輸、也施展定型心態。在他們的教室，學年一開始落在高能力群的學生，在學年結束時也落在高能力群；學年一開始落在低能力群的學生，在學年結束時仍然是低能力群。

但是，也有一些教師灌輸、施展成長心態，強調所有孩子都能發展自己的潛能。在他們的教室，出現了一種特殊現象：不論學生在學年一開始是高能力群或低能力群，到了學年結束時，所有學生都是高能力群。看到這種發展，真是鼓舞人心！在這些進步導向的教師指導之下，兩群學生的學習落差消失了，因為他們找到方法激勵「低能力」的學生。

本書後面會有一章（第 7 章）專門探討教師如何施展成長心態，現在我們來看瑪華‧柯林斯是怎麼做的。佛瑞迪是個二年級的學生，成績墊底，對課業十分灰心，毫無興致可言。上課第一天，柯林斯用雙手捧著他的臉說：「來吧！小可愛，我們有工作要做。光是這樣坐著，你沒法變聰明的。我保證，你一定行，你一定會有好表現，我不會讓你失敗。」[17]

定型心態限制成就，使人充滿干擾性的想法，也使人討厭努力，導致較差的學習方法。此外，它也使人把其他人視為評

判者，而非盟友。不論是達爾文，還是一般大學生，想要獲得好成就，都需要有一個明確的目標，全力以赴，運用各種方法，再加上過程中有盟友支持。這些都是成長心態可以帶給人們的，也因此它能幫助人們成長，品嚐豐收的果實。

藝術能力是一種天賦嗎？

儘管有很多人相信，智力是天生的，不是後天的，但只要認真想想，就不難想像人其實能夠發展智力。智能有太多面向了，你可以發展口才、數學能力，或邏輯思考能力等，但是，說到藝術能力，似乎就比較傾向天賦？比方說，有些人似乎天生就具有繪畫能力，有些人則是天生拙於繪畫。

就連我以前也是這麼認為的，因為我有一些朋友似乎不需要怎麼努力或訓練，就能夠畫得很出色。而我，我的繪畫能力，早在小學低年級就停止了。不論怎麼嘗試，就是開不了竅，搞得我再也提不起勁。不過，我有其他方面的藝術天分，例如我能夠設計。我在用色方面很拿手，在顏色組合方面有細膩的鑑賞能力，而且手眼協調性甚佳，但為何就是拙於繪畫？我想，我一定是沒有繪畫的天賦。

但我必須承認，這其實沒有帶給我多大的困擾，畢竟有什麼時刻是非得繪畫不可的呢？但日後，某天晚上，有位迷人的男士請我吃飯，我就碰上了這種時刻。他是位年長的精神科醫生，也是納粹大屠殺下的倖存者。十歲那年，在捷克，某天他

和弟弟放學回到家，發現父母被帶走了。兩兄弟知道，他們有個叔叔在倫敦，便長途跋涉，步行至倫敦，投靠叔叔。

幾年後，他謊報年齡，加入英國空軍，為英國作戰。結果受了傷，結識了一位護士，兩人結婚。後來，他去讀醫科，在美國開業，做得很成功。

多年來，他對貓頭鷹產生濃厚的興趣，覺得貓頭鷹展現出他欽佩的那些特性，所以很喜歡把自己想像成貓頭鷹。他的住家陳列了許多貓頭鷹小雕像，還有一本和貓頭鷹有關的訪客簿。凡是令他有好感的人，他就請他們在這本訪客簿上，畫出一隻貓頭鷹，再寫一些話給他留作紀念。當他把這本訪客簿遞給我，解釋其意義時，我感到既榮幸、又害怕，但主要是害怕。雪上加霜的是，我畫的貓頭鷹不會被埋在這本冊子的某一頁，而是在最後一頁！

我不想在此多沉湎，詳述我當時有多麼不安，或是我畫的那隻貓頭鷹有多醜，簡單一句，你們應該都想像得到。我說這個故事，是要為後頭的驚喜拉開序幕，這驚喜出現於我閱讀《像藝術家一樣思考》（*Drawing on the Right Side of the Brain*）一書時。下一頁是一些人去上這本書的作者貝蒂・愛德華茲（Betty Edwards）的短期繪畫課之前與之後的自畫像，左邊的是這些人去上課頭一天的自畫像，右邊的是「五天後」結束課程時的自畫像。[18]

　　兩相對照，真是令人驚奇，對吧？一開始，這些人似乎都沒什麼藝術能力，多數人的自畫像使我想起我畫的那隻貓頭鷹。但是，僅僅幾天後，每個人都畫得很出色！愛德華茲發誓，這些人並非特例，而是具代表性的普遍典型，這似乎令人難以置信。

　　愛德華茲說，多數人的確視繪畫為一種神奇能力，只有少數人具備這種能力，只有少數人始終具備這種能力。但是，這是因為人們不了解繪畫的構成成分，這些成分是可以學習的。她告訴我們，事實上，這些成分並不是繪畫技巧，而是「看」（seeing）的技巧──能夠感知邊緣輪廓、空間、關係、光線與陰影，以及整體。繪畫需要我們去學習每個成分技巧，然後把它們結合起來，形成一個流程。有些人在生活的自然過程中學會這些技巧，其他人則是必須下功夫學習它們，再把它們結合起來。但看看那些五天後的自畫像，可以證明人人都做得到。

　　含義是：有些人只要一點訓練或完全不用訓練就能做好某件事，但並不表示其他人無法做到，有時只要加以訓練，這些人甚至能夠做得比前者好。這一點真的太重要了！因為許多定型心態者認為，從某人的早期表現，就可以看出他們的才能與未來。

從平凡到非凡的方法

　　若有人以此理由阻礙傑克遜・波洛克（Jackson Pollock），[19]

那就會鑄成一大憾事了。專家大多認同，波洛克沒有什麼藝術天賦，從他早期的作品，確實可以看出這點。但專家也大多同意，他後來成為 20 世紀最傑出的美國畫家之一，為現代藝術帶來革命性的改變。他是如何從 A 點走到 B 點的呢？

舉世聞名的編舞暨舞蹈家崔拉‧夏普（Twyla Tharp）撰寫了一本書《創意是一種習慣》（*The Creative Habit*），[20] 從書名就可猜出她的主論：創意不是靈感之下的神奇創舉，而是努力與全心全意的投入之後得出的果實。就連莫扎特也不例外，還記得《阿瑪迪斯》（*Amadeus*）這部電影嗎？還記得裡頭描述莫扎特如何輕而易舉地創作出一首又一首的傑作，令對手安東尼奧‧薩里耶利（Antonio Salieri）嫉妒得半死？夏普為這部影片編舞，對於這段內容，她說：「胡說八道！瞎扯！這世上沒有『天生』英才。」[21]

使波洛克從 A 點走到 B 點的，是全心全意的投入。他瘋狂愛上當藝術家這個念頭，無時無刻不想著藝術，把所有時間都用來搞藝術。因為太熱中於藝術，他請別人認真指導他，直到他熟稔一切技巧，才開始驚人的原創產出。他用潑油漆的方法（每一幅都獨一無二），因此能以下意識創作，傾瀉濃烈的情感。幾年前，我有幸在紐約現代藝術博物館（Museum of Modern Art）觀賞這些畫作的展出，每一幅作品表現的力與美，都令我目瞪口呆、驚豔不已。

「任何人」都能做到「任何事」嗎？我真的不知道。不過，

我想，我們現在應該可以認同這一點：人不可貌相，海水不可斗量。

過度讚美與好評的危險

若人們有成功潛力，該如何對自己的潛力產生信心呢？我們又該如何使他們對自己的潛力有信心？讚美他們，讓他們知道自己有成功的條件？有超過八成的家長告訴我們，必須讚美孩子的能力，以提升他們的自信與成就。你大概也贊同這個方法，因為很有道理。

然而，我們也不免開始擔心，因為我們想到定型心態者已經太過聚焦在他們的能力上：「這樣夠不夠好？」；「這樣體面嗎？」如果又一直讚美他們的能力，會不會讓他們更聚焦在能力上呢？這麼做，會不會形同在告訴他們，我們重視的是能力，甚至更糟的是，形同在告訴我們，可以從表現和成績來判定他們的潛能？這不就是在教導他們擁有定型心態嗎？[22]

亞當・葛透（Adam Guettel）被稱為「王儲」、「音樂劇救星」，他的外祖父是鼎鼎大名、為《奧克拉荷馬》（*Oklahoma!*）、《旋轉木馬》（*Carousel*）等經典音樂劇作曲的理查・羅傑斯（Richard Rodgers）。他的母親大力讚美他的天賦，其他人也是，「他的天賦顯露無疑，十分出色！」，《紐約時報》一篇評論極力誇獎。[23] 問題是，這類讚美真的能夠鼓勵人們嗎？

做研究的迷人之處是，你可以詢問人們這類問題，然後獲

得解答。因此，我們對數百名學生進行研究，他們大多是青春期早期的年紀。首先，我們讓每個學生回答取自非語文智力測驗十道有相當難度的題目，他們大多在此測驗中表現得相當不錯，完成後，我們讚美他們。

對其中一些學生，我們讚美他們的「能力」，告訴他們：「哇，你答對八題耶！很棒的分數，想必你很聰明。」他們就如同亞當‧葛透那樣，受到「你真有才華！」的讚美。

對其他學生，我們讚美他們的「努力」：「哇，你答對八題耶！很棒的分數，想必你很努力。」這樣的讚美，不是使他們感覺自己有某種特殊才能，而是讚美他們為成功所做的努力。

這兩組學生的出發點相同，但在獲得讚美後，他們開始表現出差異。如同我們原先擔心的，讚美能力使得學生進入定型心態，他們也表現出定型心態的種種跡象：當我們給他們選擇時，他們拒絕了富挑戰性、可以從中學習的新事務，不想做任何可能會暴露缺點、使才能受到懷疑的事。

葛透在十三歲時，被選為即將在大都會歌劇院（Metropolitan Opera House）上演，並且於電視轉播的歌劇《牧羊童與夜訪者》（*Amahl and the Night Visitors*）中擔綱牧羊童阿毛（Amahl）一角，但他以嗓音已經變了為由，婉拒了這場演出。他說：「我謊稱嗓音變了……，我不想應付這種壓力。」

相反地，那些被讚美很努力的學生當中，有九成願意接受富挑戰性、可以從中學習的新事務。

接著，我們讓學生回答更困難的新問題，這回，他們的表現不如上次那麼好。先前被讚美能力佳的那些學生，這下認為他們其實並不聰明；在他們看來，若成功意味他們聰明，那麼不怎麼成功，就意味他們聰慧不足。

葛透也是這麼說：「在我的家庭，優秀就是失敗，很優秀也是失敗……，只有卓越才是成功。」

至於那些先前被讚美很努力的學生，想法就不同了。他們認為，困難意味：「需要更努力或嘗試新的方法」，他們並不認為這是失敗，也不認為這反映了他們不聰慧。

學生對於答題的樂趣，又作何感想呢？在第一回作答成功後，所有學生都覺得有趣；在第二回作答更困難的題目後，能力組學生說這不再有趣了。當你賴以成名的原因、你的特殊才能有被危及之虞時，不可能會覺得有趣。

葛透這麼說：「我真希望我只是輕鬆地享受樂趣，沒有那種有潛能、必須成為卓越者的負擔。」跟我們研究的那些孩子一樣，才能之累抹殺了他的樂趣。

而被讚美很努力的那群學生仍然喜愛答題，其中許多人還說，困難的問題最有趣。

接著，我們觀察學生的表現。在歷經困難的第二回合後，先前被讚美能力好的那些學生表現下滑，縱使我們再給他們一些較容易的題目，也未能改變這種現象。一旦對自己的能力失去信心，他們的表現就比一開始還差。至於被讚美很努力的學

生，則是表現得愈來愈好，善用難題來提升自己的答題技巧，所以再給他們比較容易的題目時，他們的表現就更好。

由於這些測驗題取自智力測驗，因此你可以說，讚美能力導致學生的智商降低，讚美努力則是提高學生的智商。

葛透後來並未一帆風順、飛黃騰達，他有強迫症的行為出現，啃手指啃到流血。一位採訪者說：「和他相處一分鐘，只需要一分鐘，你就能從他開始出現的抽動症狀，看出隱藏在背後的恐懼。」葛透也掙扎於嚴重、重複發生的藥物成癮問題。很可惜，「天賦」非但沒有賜福於他，反而讓他充滿恐懼和懷疑。這位才華洋溢的作曲家，並未發揮他的才華，絕大部分的時間都在逃避這才華之累。

值得慶幸的一點是，葛透認知到他有自己的人生之路可走，無須受到他人及他們對他的才華的看法左右。有天夜裡，他夢見他的外祖父，「我和他一起走進一部電梯，我問他，我到底行不行？他很慈祥地看著我說：『你有自己的聲音。』」

那個聲音最終有沒有出線呢？葛透為浪漫音樂劇《晴光翡冷翠》（*The Light in the Piazza*）創作的配樂，使他贏得 2005 年東尼獎（Tony Award）。他把這項大獎視為讚賞他的「才能」，抑或讚賞他的「努力」呢？我希望是後者。

我們的這項研究，還有一個令人既驚訝、又憂心的發現。我們告訴每個學生：「我們將到別的學校，我想那些學校的學生，會想要知道這些題目。」然後，我們讓他們在一張紙上寫

下感想，也在紙上留下空白處，讓他們填寫自己的答題得分。

你相信嗎？那些被讚美能力佳的學生當中，有將近40％竟然在寫出自己的得分時撒謊，而且都是寫了不實的更高分數。在定型心態下，不完美是件令人羞恥的事（尤其是當你很有才能的話），令人羞恥到撒謊來掩飾。光是讚美他們聰穎，就能把普通孩子變成撒謊者，這實在太令人憂心了。

撰寫這些研究發現後不久，我和一位年輕人見面，他為即將參加美國大學理事會（College Board）舉辦的測驗的學生當家教，為了其中一名學生來找我諮商，該名學生做練習測驗，卻向他謊報自己的得分。她付費請他當家教，他應該教她那些答錯了、不會的部分，但她卻不告訴他事實，不讓他知道她哪些部分不懂。

向孩子讚美他們聰明，最後卻使得他們覺得自己更笨，也展現出更愚蠢的行為；但表面上，他們當然聲稱自己更聰明。我不認為，這是我們對人們貼上「有天賦」、「有才能」、「出色」之類好評標籤的目的，我們當然無意導致他們喪失接受挑戰的興趣、丟棄成功的訣竅，但一味讚美確實存在著潛在危險。

有位男士在讀了我的一些研究報告後，寫了這封信給我：

親愛的杜維克博士：

　　拜讀妳的著作，令我感到很難過……，因為我認知到自己就是這樣的人。

　　孩提時，我是資優兒童協會（The Gifted Child Society）的一員，我的智能持續受到讚美。我現在四十九歲了，人生一路走來，卻未充分發揮潛能。現在，我學習對工作全力以赴，不再把失敗視為愚蠢的象徵，而是象徵欠缺經驗與技巧。妳的著作幫助我對自己有了新的認識。

賽斯・亞伯拉姆斯（Seth Abrams）

　　這就是一味貼好評標籤的潛在危險，我們可以採取不同的做法，我將在探討父母、師長與教練那一章再回到這個主題。

負評標籤的作用

　　我曾經是個數學高手，高中時，代數學 99 分，幾何學 99 分，三角學 99 分，我是學校的數學競賽隊成員。在空軍的視覺空間能力測驗中，我和其他男生一起躋身高分群，所以，接下來多年，我都會收到空軍的招募手冊。

　　後來，我碰上海爾曼先生，這位教師不相信女生能夠擅長數學。結果，我的數學成績下滑，從此我再也不碰數學了。其實，我同意海爾曼先生的想法，但我不認為這個想法適用在我身上，我認為它比較適用在其他女生的身上，她們不擅長數學。但海爾曼先生認為這個想法也適用於我，而我屈服了。

　　人人都知道負評標籤是不好的東西，所以你大概會想，這

一節的內容應該很短吧！但這節的內容並不短，因為心理學家
正在探索負評標籤，是如何傷害人們的成就。

最懂能力被貼上負評標籤是什麼的人，莫過於那些被刻板
印象化的群體，例如，非裔美國人知道他們被刻板印象化為智
能較低者，女性知道她們被刻板印象化為不擅長數學和科學。
但我懷疑，恐怕就連他們本身，也不是真的了解這些刻板印象
的作用有多可怕。

心理學家克勞德・史蒂爾（Claude Steele）和約書亞・艾
隆生（Joshua Aronson）的研究顯示，就連表格上一個指明你
的種族或性別的選項，都可能觸發你意識裡的刻板印象作用，
降低你的測驗成績。[24] 你參加一個科目考試，若刻板印象認為
黑人或女性不擅長此一科目，那麼在考試之前，任何提醒你自
己是黑人或女性的東西，都可能導致你的測驗分數明顯降低。
在許多學科中，如果不觸發任何刻板印象作用時，黑人與白人
的表現不相上下，女性與男性的表現勢均力敵。但是，在數學
考試之前，讓一名女性和多名男性共處一室，這名女性的數學
考試成績就會下滑。

為什麼會這樣呢？當刻板印象作用啟動時，它們會導致人
們產生種種分心的想法，結果這些暗自擔心確證了刻板印象是
正確的。人們通常甚至沒有察覺這種作用，但是當它作祟時，
他們就沒有足夠的心智能力在測驗中擁有最佳表現。

不過，這種情形並不會發生在每一個人的身上，主要是發

生在那些定型心態者的身上。當人們認為素質是固定不變的束西時，刻板印象作用就會上身，負面的刻板印象會說：「你和所屬群體永遠是比較低劣的」，但只有定型心態者會對這番話產生共鳴。

因此，在定型心態下，好評與負評標籤，都可能干擾你的心智。當你被貼上好評標籤時，你害怕失去好評；當你被貼上負評標籤時，你害怕自己的表現會確證這項負評。

在成長心態下，刻板印象不會傷害人們的表現。成長心態拔掉刻板印象的利牙，使人們更能迎頭反擊。他們不相信「永遠比較低劣」這種想法，若他們處於落後狀態，他們就會更努力，尋求援助，試圖迎頭趕上。

成長心態也使人在具有威脅性的環境下更能接受現實，並能從中汲取所需。在一項研究實驗中，我們請非裔美國學生寫一篇文章參加比賽，告訴他們在完成後，他們的文章將交給愛德華‧凱爾德維爾三世（Edward Caldwell III）評分，他是常春藤名校出身的傑出教授，也就是說，他是典型有成就的白人。[25]

凱爾德維爾三世教授的評分及評語相當嚴格，但也很有助益，這些學生的反應大不相同。那些具有定型心態的學生視此為威脅、侮辱或攻擊，拒絕凱爾德維爾三世教授和他的反饋意見。一名定型心態學生這麼認為：「他很小心眼，根本就不會打分數。他明顯有偏見嘛！他不喜歡我。」另一名學生說：「他是個自大的混球……，顯然刻意找碴，羞辱我的作品。」還有

一名學生以歸咎來逃避評價:「他不了解我寫作論點的簡潔性。他認為含糊不清,那是因為他在閱讀時沒有耐心,他沒有創意。」他們當中,沒有人能夠從凱爾德維爾三世教授的反饋意見中,學到任何東西。

雖然具有成長心態的學生,可能也把凱爾德維爾三世教授視為恐龍,但他是能夠教他們一些東西的恐龍。有個學生說:「在評量前,我心想他是個自負又嚴苛的人。〔在評量後呢?〕我第一個想到的字眼是『公允』……,感覺像個新挑戰。」另一個學生說:「他聽起來像個自負、嚇人又高傲的人。〔那你對他的評量感覺如何?〕他的評量似乎誠實且明確,因此可以作為一種激勵……幫助寫出更好的作品。」還有一個學生說:「他似乎驕傲到自大的程度。〔那他的評量呢?〕極具批判性……,但他的評語有幫助、很清楚,我覺得我可以學到很多。」

成長心態使這些非裔學生能夠為了自己的目標,用心參考凱爾德維爾三世教授的反饋意見。他們上大學是為了獲得更好的教育,管他是不是自大的混球,就是要從他那裡取得能夠幫助自己的建議。

我是這塊料嗎?

刻板印象的作用除了會干擾人們的能力,也會使人們感覺沒有歸屬感,因而傷害他們。許多少數族群學生從大學輟學,許多女性放棄數學及科學,都是因為他們覺得自己格格不入。

　　為了探索這種作用，我們進行了一項研究，追蹤修習微積分課程的女大生，[26] 因為學生往往在修習微積分課程時，研判自己是不是讀數學或從事數學相關工作的料。在修習微積分課程的學期中，我們請女大生報告她們對數學這門學科的感覺，以及她們對數學的歸屬感，例如，她們覺得自己勝任數學領域嗎？還是覺得自己是個圈外人？她們感到自在，還是焦慮？她們覺得自己的數學能力好或差？

　　具有成長心態、相信數學能力可以改進的女大生，在數學領域有強烈且穩定的歸屬感，甚至當她們知道周遭有很多負面的刻板印象時，仍然能夠保持這種歸屬感。一名學生這麼說：「在一堂數學課中，女同學被告知她們錯了，但其實她們用的是新穎的方法。這實在是很可笑，表示老師沒有看出學生使用新方法的數理能力。但沒關係，因為我們是小組合作，我們相互支援……，共同討論我們的興趣。」

　　刻板印象作用雖然也會干擾她們（這是正常現象），但她們仍在數學領域感到自在。因為對自己有信心，她們能夠回擊。但是，那些具有定型心態的學生，在修習微積分的學期中，歸屬感愈來愈薄弱。她們愈發感覺到刻板印象的存在，對數學的自在感與信心也愈來愈下滑。一名學生說，她的歸屬感降低，是因為：「教授的評語輕蔑我，每次我在課堂上做出正確回答時，他都說：『猜對了喔！』」

　　女性的數學能力差，這種刻板印象對她們產生作用，干擾

她們，定義她們，侵蝕她們的自在感及信心。我絕非指錯在她們，成見是一種根深蒂固的社會問題，我不想責怪受害者，我只是說，成長心態幫助人們看出成見只不過是別人對他們的看法，並且用信心去應付它，不會讓它影響自己的能力。

女孩，妳可以不用太在意

許多女性不僅受到刻板印象的影響，也受到他人評價的影響，她們太相信別人的評價了。[27]

有一天，我去夏威夷一間藥房購買牙線和體香劑，挑完商品後，我去排隊等候付款。我是個無可救藥的時間利用者，在排隊時，我決定先把錢準備好。於是，我走上前，把我要買的商品放到結帳櫃台上的邊邊，然後開始從錢包掏錢。結果，兩名排在我前面的女性對我發飆，我解釋我絕對不是要插隊，只是要先準備錢。我以為事情已經解釋開了，但走出店鋪，她們在外頭等著我，走上前罵我：「妳是個沒禮貌的人！」

我先生從頭到尾都目睹整件事的經過，覺得她們是瘋子，但她們對我產生了奇怪的困擾，我費了好大功夫擺脫她們對我的批評。這種脆弱性影響了很多最有能力的高成就女性，為何會這樣？小時候，女孩往往太完美了，人人都這麼告訴她們，令她們很開心：她們真是彬彬有禮，太可愛、太乖巧、太早熟了。女孩學會相信人們對她們的評價，「哇！所有人都對我這麼友善，若他們批評我的話，一定是有道理的。」就連頂尖大

學的女學生也認為，他人的評價有助於知道自己的能力。

反觀男孩，經常受到斥責與處罰。我們在小學的教室裡進行研究觀察，[28] 發現男孩因行為遭到批評的次數是女孩的八倍。男孩也經常罵彼此是髒鬼、笨蛋，因此長期下來，這類批評的效力已經大減。

一位男性友人有次說我是髒鬼，他來我家吃晚餐，在用餐中，一些食物掉在我的衣服上，他說：「妳真是個髒鬼！」我震驚不已。這使我察覺到，從來沒有人對我說過這樣的話，但男性彼此間常用這些字眼，或許不雅，縱使是開玩笑的，也不適當，但他們聽多了，彷彿就有一層免疫力，使他們在聽到他人的評價時，多半會先思考、判斷，不會立刻相信。

女性縱使達到成功巔峰時，也可能容易受到他人看法的影響。法蘭西絲・康利（Frances Conley）是全球最傑出的神經外科學家之一，她是第一位在美國的醫學院獲得神經外科終身教職的女性，但是來自男性同事（甚至助理）的不經意批評，令她心生自我懷疑。[29] 有一天，在一場手術中，有位男士屈尊地稱呼她「寶貝兒」，這使她心生疑問：「一個寶貝兒，尤其是『這個』寶貝兒，夠優秀、夠能幹做這場手術嗎？」[30]

定型心態，加上刻板印象作用，再加上女性太容易相信他人對她們的評價，導致數學與科學領域的性別落差。在高科技領域，這種落差非常明顯。茱莉・林屈（Julie Lynch）是個早慧的高科技迷，國中就在寫電腦程式了，她父親和兩個哥哥都

從事科技業，她也很喜愛。但後來，她的電腦程式設計教師批評她，原因是她寫了一套程式，跑起來沒問題，但這名教師不喜歡她走的一條捷徑。這導致她對程式設計失去興趣，最後改讀休閒與公關。[31]

數學與科學領域必須改變，變得對女性更加友善，女性本身也必須擁有成長心態，才能在這些領域立有一席之地。

這樣做，就對了！

我們來看看一些做對的例子。波爾加這個家庭出了三名有史以來最成功的女性西洋棋手，是如何辦到的？三姊妹中的老大蘇珊・波爾加（Susan Polgar）說：「我父親相信，天賦無大用，成功有 99％ 靠努力，我認同他的觀念。」三姊妹中的老么茱蒂，現在被認為是有史以來最優秀的女性西洋棋手，但她不是三姊妹中最有才華的，蘇珊說：「她起步比較慢，但非常努力。」[32]

我有個同事有兩個女兒是數學高手，一個現在就讀頂尖大學的數學研究所，另一個是全美第一個在一項精英數學測驗中掄元的女性，在全美數學競賽中勝出，現在在頂尖大學主修神經學。她們的祕訣是什麼？是基因遺傳嗎？我認為，是源於心態的傳承，他們是我見過成長心態最濃厚的家庭。

事實上，她們的父親把成長心態用在每一件事上。我永遠都忘不了我們在多年前的一段談話，當時我單身，他問我打算

如何尋得理想伴侶，當我說沒計畫時，他非常訝異。「妳不會期待工作能夠自動完成，找伴侶這件事有什麼不一樣呢？」一個人有目標，卻不採取行動，在他看來是很不可思議的事。

　　總而言之，成長心態使人們（縱使是被貼上負評標籤的人），充分運用、發展他們的智能，腦袋並不會充滿局限的想法，也不會缺乏歸屬感，而且認為別人可以輕易定義自己。

發展你的心態

- 想想你欽佩的人物，你認為此人是靠著非凡能力和極少努力而成功的人嗎？現在，請你去挖掘事實，了解他們成就的背後付出了多大的努力，你會更加欽佩他們。

- 回想別人贏過你、而你認為那是因為他們比你更聰明或能幹的時候。現在，請改為這種想法：他們贏過你，其實是因為他們用了更好的方法，自學更多，更努力練習，設法克服障礙。若你想這麼做，你也可以做到。

- 是否有什麼境況，使你感覺自己變笨了，頭腦變得不聽使喚？下次，試著提醒自己別再處於這種境況，讓自己進入成長心態──思考學習與改進，別再去想別人的評價，讓你的頭腦再度恢復正常運作。

- 你是否對你的孩子貼了標籤？例如，老大是藝術家、

老二走科學路線。下次，你想這麼做的時候，請記得，這麼做不是在幫助他們，即便你可能是想要讚美他們。請記得，我們的研究發現，一味地讚美孩子的能力，反而可能降低他們的智商。請試著找個成長心態的方法，來稱許他們的表現。

• 社會中有過半數的人，屬於一個有負面刻板印象的群體，這其中包括所有女性，還有那些被認為不擅長某件事的其他群體。請用成長心態來看待他們！爲你生活周遭的成人與小孩，尤其是那些承受負面刻板印象的人，創造一個教導成長心態的環境。這樣一來，縱使被貼上負評標籤，他們仍然可以掌控自己的學習。

第 4 章
運動界：冠軍心態

　　在運動界，人人都相信天賦，就連專家也是，或者應該說，專家尤其相信天賦。事實上，「天生好手」這個概念來自運動界——某人看起來就是塊運動員的料，動作看起來就是個天生好手，也毫不費力地成為運動員。在運動界，這種相信天賦的信念太強烈了，以至於許多球探和教練只尋找天生好手，球隊也爭相出高價網羅他們。

　　比利・比恩（Billy Beane）就是一個天生好手，人人都認為他會成為下一個貝比・魯斯（Babe Ruth）。但是，比利・比恩缺乏一樣東西：冠軍心態。

　　如同麥可・路易士（Michael Lewis）在其著作《魔球》（*Moneyball*）中所言，[1] 高二時的比恩是籃球校隊得分最高者，是足球校隊的四分衛，也是棒球校隊的最佳打擊者，在全美最競爭的聯盟比賽之一締造安打率 .500，他的運動天賦展露無疑。

　　但是，情況一不順遂，比恩就找出氣筒。「他不但不喜歡

失敗，在失敗時，似乎也不懂得如何自處。」[2] 從職棒小聯盟轉入大聯盟後，情況變得愈來愈糟。每一次上場打擊變成一個夢魘、一個可能蒙羞的機會，每一次上場打擊搞砸時，他就崩潰。一名球探說：「比恩認為，他絕對不能在比賽中出局」，[3] 聽起來有沒有很熟悉的感覺？

比恩有沒有嘗試以建設性的方式來矯正問題呢？沒有，當然沒有，因為這是一個定型心態者的故事：天生好手應該不需要努力，天賦較差的人才需要努力；天生好手不求援，因為求援就是示弱。總之，天生好手不分析自己的缺點，也不接受輔導或練習，以改正缺點。光是想到有缺點，就已經夠嚇人了！

在嚴重的定型心態下，比恩陷入困境，被自身優異的天賦資質框住了。身為棒球員的比恩，從未走出定型心態，但身為一個極其成功的大聯盟球隊高階主管，他倒是擺脫了定型心態，他是如何辦到的？

有位在小聯盟和大聯盟時期和比恩一起生活與打球的球員藍尼・戴克斯卓（Lenny Dykstra），體格或「天生能力」遠遠不及比恩，但比恩卻非常敬重他。「藍尼毫不畏懼失敗……，我正好相反」，比恩日後這麼說道。[4]「我開始了解到，當個棒球員應該是什麼模樣。我可以看出，我根本不夠格，藍尼才夠格。」[5]

觀察、聆聽、深思後，比恩頓悟，心態遠比天賦更為重要。此後不久，比恩和一群人開創出一種全新的發掘與管理人

才的方法時，他開始相信，得分主要靠的是方法，不是天賦。
在這些洞察下，身為奧克蘭運動家隊（Oakland Athletics）的
比恩，率領這支球隊在 2002 年賽季以 103 勝贏得分區冠軍，
幾乎打破美國聯盟最多場的連勝紀錄。而且，這個佳績是在全
美職業球隊總薪資第二低的情況下締造出來的！他們網羅球員
時，看的不是天賦，而是心態。

天賦的觀念

　　天生的體格條件不同於智性天賦，體格條件是有形的東
西，大小、身型、敏捷度，這些全都看得到。練習與訓練也是
有形的東西，它們創造出有形的結果。你可能會認為，練習與
訓練足以消除對天賦的迷思，畢竟我們都看到身高只有 160 公
分的麥斯‧波古斯（Muggsy Bogues）打 NBA，身材在美式足
球領域算瘦小的道格‧弗魯蒂（Doug Flutie），在新英格蘭愛
國者隊（New England Patriots）和聖地牙哥閃電隊（San Diego
Chargers）擔任四分衛。此外，我們也都看到獨臂棒球員比提‧
葛雷（Pete Gray）最終打進大聯盟，年幼時動作非常笨拙的班‧
侯根（Ben Hogan），後來成為史上最傑出的高球手之一，年幼
時被大火嚴重燒傷雙腿的葛蘭‧庫寧漢（Glenn Cunningham），
後來成為傑出的中長跑運動員，至於敏捷度不足的「大鳥」賴
瑞‧柏德（Larry Bird），則成為 NBA 史上最傑出的球員之一。
我們都看到矮小、瘦弱、動作笨拙，甚至殘障的人成為優秀的

運動員，但體格如諸神般完美的壯漢，卻沒能成為運動員，這難道不足以告訴人們，人不可貌相嗎？

拳擊專家仰賴所謂「賽前戰力數據」（tales of the tape）的體測數據來辨識天賦，這些數據包括拳擊手的拳頭、手臂長度、胸寬、體重等。如今已逝的「一代拳王」穆罕默德・阿里（Muhammad Ali），在這些數據上並不出色，他不是「天生」的拳擊手。[6]他有優異的速度，但不具備成為優異拳擊手的體格。他的力道不夠強，沒有典型的動作；事實上，他的姿勢完全不正確，不會舉起雙臂與肘部保護自己的臉部。他向對手連續揮拳的方式，就像個業餘者，下巴總是暴露著，以退回身體的方式來避開對手的揮拳。[7]另一位拳擊手荷西・托瑞斯（Jose Torres）這麼形容：「就像在鐵軌上的某人，為了避開迎面而來的火車，他不是往鐵軌兩旁閃，而是留在鐵軌上往後跑。」

阿里的對手索尼・李斯頓（Sonny Liston），就是一個「天生」的拳擊手，無論是身材、力道和經驗，他全都具備，而且力道驚人。根本無法想像阿里能夠擊敗李斯頓，他們的實力相差太懸殊了，以至於他們對戰的那場比賽，觀眾只有半滿。

但是，除了速度，阿里的另一項長處是他的頭腦。他打拳是用腦袋，不是靠肌肉。他會仔細評估對手，攻其心智要害。阿里不僅研究李斯頓的拳擊風格，[8]也仔細觀察李斯頓在場外是怎樣的一個人。他說：「我閱讀能找到的所有關於他的訪談。我跟曾經和他相處過或交談過的人相談，我躺在床上，把

所有資料彙整起來，仔細思考，試著拼湊出他心智運作的樣貌。」然後，他用這些來對付李斯頓。

為何阿里在每次賽前都顯得瘋了似的？托瑞斯說，因為阿里知道，致命的一擊是出其不意的一擊。阿里說：「我必須讓李斯頓以為我瘋了，什麼事都幹得出來。除了我的一張嘴，他看不出我任何虛實，這就是我要讓他看到的！」[9]

> 動如蝴蝶，[10]
> 螫如蜜蜂，
> 你的手擊不中你眼睛看不到的東西。

阿里擊敗李斯頓是拳壇歷史性的一刻，一位知名的拳擊經理人如此評論阿里：

> 「他是個矛盾的存在，[11] 他在場上的肢體表現絕對錯誤……，但他的頭腦總是處於完美運作的狀態。」這位經理人燦然一笑後繼續說道：「他向所有人展示，所有勝利來自這裡」，然後用食指敲敲自己的額頭，舉起雙拳說：「不是來自這裡。」

但是，這並未改變人們對於天生體格條件的看法。世人現在用事後諸葛的角度來回顧阿里時，看的還是一位優異拳擊手的體格。雖然他的頭腦這麼聰明，能夠寫出這麼有趣的詩，這

些固然都很好，但世人仍然認為他的傑出在於體格條件。如果是這樣的話，真不了解專家為何沒能在一開始就看出他這項卓越特點。

永遠的籃球之神喬丹

喬丹也不是一個天生好手，[12] 他或許堪稱運動史上最努力的運動員。

眾所周知，喬丹高中時未能入選第一校隊——我們嘲笑當時沒選中他的教練。喬丹也沒能入選自己想進的北卡羅來納州州立大學——呵，他們真蠢，不是嗎？他參加 NBA 選秀時，排在前兩個順位的球隊沒選他，真是大錯特錯！等等，那是因為我們現在知道他是有史以來最傑出的籃球員，所以以為一開始應該可以明顯看出他的能力。現在，當我們回顧他時，看到的是「永遠的籃球之神」喬丹，但在當時，他只是「一個會打籃球的年輕人」喬丹。

喬丹未入選高中第一校隊時，他難過極了，他的母親說：「我叫他再回去好好訓練自己。」[13] 這孩子聽了母親的話，更加勤於練習，早上六點就離家練習，練完了才去上學。就讀北卡羅來納大學教堂山分校時，他持續改進自己的弱點——他的防守、控球、投籃，他比別人更努力的意願，使他的教練很吃驚。有一次，球隊輸掉該季的最後一場比賽後，喬丹還是持續練習投籃，連續練了多個小時，他要為來年做準備。縱使在達

到成功與名氣的頂峰、達到所謂運動天才的地位後，他的勤奮練習仍然為人傳頌。前公牛隊助理教練約翰・巴哈（John Bach）說，他是「一位持續想要升級才能的天才。」[14]

在喬丹看來，成功來自心理素質：「心理韌性和勇氣，比你可能具備的身體優勢還要強大，我總是這麼說，我也總是這麼相信。」[15] 不過，其他人不大相信，因為他們看喬丹時，看到的是他的完美體格，認為這樣的體格必然使他成功、卓越。

棒球之神貝比・魯斯

貝比・魯斯呢？他顯然沒有完美的體格，這傢伙的食量是出了名的，穿上洋基隊制服時，大肚腩很明顯。哇，這不是更彰顯他是個天生好手嗎？不是說他整晚暴飲暴食，第二天緩步走上打擊區，還是照樣轟出全壘打嗎？

貝比・魯斯同樣不是天生好手，[16] 在他的職棒生涯之初，並不是一個這麼優秀的打擊者。他的臂力很強，這股力量來自他每次揮棒時的完全投入，當他投入時，的確驚人，但他有高度的不穩定性。

他的確酒量驚人、食量奇大，在吃完巨量正餐之後，還能吃下一整個或多個派當作點心。但在必要時，他也能節制自己。有許多個冬季，他整個休息季都在健身房裡面鍛鍊，使自己變得精瘦、結實一點。1925 年賽季，魯斯表現不佳，他的運動生涯看起來似乎快要完蛋。賽季結束後，他非常努力瘦

身，成效也不錯。從 1926 年到 1931 年賽季，他的平均打擊率 .354，平均一年轟出 50 支全壘打，平均打點 155。他的傳記作者羅伯・克里默（Robert Creamer）說：「魯斯展現美國棒壇有史以來最優異的持續打擊表現……。他從 1925 年的灰燼中浴火重生，像火箭般一飛沖天。」[17] 這是透過自律訓練獲得的成就。

魯斯也愛練習，事實上，他在剛加入波士頓紅襪隊（Boston Red Sox）時，每天都想練習打擊。這令老鳥很不爽，因為他不但是個菜鳥，還是個菜鳥「投手」，他以為自己是誰啊，竟然想練習打擊？後來有一次，他受到處罰，禁賽一場，不僅如此，他們還不讓他練習，這令魯斯難受極了。

首屆入選名人堂的美國前職棒球員泰勒斯・柯布（Tyrus Cobb）認為，擔任投手有助於魯斯增進他的打擊能力。怎麼說呢？柯布說：「他可以在打擊位置實驗，[18] 沒人在意投手被三振出局或打擊表現差，因此他可以盡情大力揮棒，就算揮棒落空也無所謂……。日積月累之下，他學到更多有關如何控制大力揮棒和擊中球的技巧，等到他成為全職外野手時，他的打擊功力已經爐火純青了。」

但是，世人仍然堅信演化生物學家史蒂芬・古爾德（Stephen Gould）的話：「一般認為，棒球員肌肉發達、體格健壯，自然不費力展現與生俱來的天賦。」[19]

地表最強女運動員

　　那麼，在 1960 年羅馬奧運贏得三面短跑和接力賽金牌，被譽為地球上跑得最快的女性威瑪・魯道夫（Wilma Rudolph）呢？[20] 年幼時的魯道夫，絕對稱不上體格條件很好，她是個早產兒。她的父母生了二十二個小孩，她排行第二十，出生後經常生病。四歲時，她幾乎死於兩度罹患肺炎，感染猩紅熱，以及小兒麻痺，導致左腿幾乎癱瘓。醫生認為，她這條腿可再使用的希望渺茫。長達八年期間，她勤奮地接受物理治療，直到十二歲時，她脫下左腿輔具，開始正常行走。

　　若說這不是肢體能力可以訓練、發展的證明，什麼才是呢？魯道夫立刻把這項啟示應用於籃球和田徑領域，儘管她參加的首次正式田徑賽事，每一場都輸了。在她輝煌的田徑生涯後，魯道夫說：「我只想被世人記得，我是一個非常努力的女性。」[21]

　　至於被譽為史上最傑出的女運動員——傑西・喬伊納柯西（Jackie Joyner-Kersee）呢？[22] 自 1985 年至 1996 年初，她參加的每一場女子七項全能賽都獲勝。什麼是七項全能？在累垮人的兩天要進行七項比賽，包括百米跨欄賽跑、跳高、擲標槍、兩百米短跑、跳遠、推鉛球、八百米賽跑，難怪勝利者被譽為全球最佳女性運動員。生涯中，喬伊納柯西在七項全能賽事中，六度寫下運動史上最高分，締造了世界紀錄，贏得兩次世

錦賽，以及兩面奧運金牌（若加計其他比賽的話，總共六面奧運金牌。）

她是天生好手嗎？她的確有天賦，但在展開田徑生涯之初，有段時期，她是墊底者。隨著努力的時間愈長，她進步得愈多，但仍未能夠贏得任何比賽。終於，她開始贏了，是什麼促成改變呢？她說：「有些人可能會把我的轉變歸因於遺傳……，但我認為，是我在鄉間小路、社區人行道、校舍走廊上，投入了無數個小時不斷勤練的回報。」

在分享她持續成功的祕訣時，喬伊納柯西說：「看到自己進步，鼓舞我，激勵我。在贏得六面奧運金牌、締造五項世界紀錄後的現在，仍然如此；在我國中剛參加田徑比賽時，也是如此。」[23]

她的最後兩面獎牌（一面是世錦賽獎牌，一面是奧運獎牌），是在哮喘發作和嚴重肌腱拉傷之後贏得的，她靠的不是天賦，是心態。

天生好手不應該需要努力？

你可知道，世人曾經堅信，在高爾夫球的領域，你不能訓練體能，若你透過訓練，增強力氣的話，你會喪失你的「手感」。[24] 直到老虎・伍茲（Tiger Woods）採用他的體能訓練法和大量練習的習慣，而且在參與的所有比賽中奪冠，那個一直被堅信的迷思才被打破。

　　在一些文化中，試圖透過訓練來超越其天賦的人，往往遭到專家的強烈反對；他們認為，你應該接受並留在上天賦予你的位置。這些文化應該會討厭毛利・威爾斯（Maury Wills）吧！他是 1950 年代和 1960 年代熱情洋溢的棒球員，夢想有朝一日成為大聯盟球員。[25] 但是，他有個問題，他的打擊不夠好，因此道奇隊簽下他時，把他放到小聯盟去。他驕傲地向朋友宣布：「再過兩年，我就會在布魯克林 * 和傑基・羅賓森（Jackie Robinson）一起打球了！」[26]

　　他錯了。儘管樂觀預期，天天苦練，他在小聯盟焦急等待了八年半。在小聯盟苦等了七年半後，球隊經理對他提出了一項打擊建議，告訴他：「你都已經熬了七年半了，沒啥可損失的。」[27] 不久後，道奇隊游擊手腳趾受傷，威爾斯的機會終於來了，他被升到大聯盟。

　　他的打擊仍然不夠好，但他沒有就此放棄。他求助於一壘教練，兩人一起努力，每天除了正常訓練，另外多練幾個小時。但是，還是表現得不夠好，就連堅毅不拔的威爾斯都打算放棄了，但這位一壘教練不准他放棄。技巧都有了，威爾斯現在必須加強他的心理素質。

　　他的打擊開始有成效，因為他的速度優異，他開始盜壘。

* 道奇隊最早是布魯克林的球隊，1958 年遷至洛杉磯後才改名為洛杉磯道奇隊（Los Angeles Dodgers）。

他研究敵方投手和捕手的拋球與傳球，找出最佳盜壘時機。他發展出優異的突然起跑和滑壘技巧，他的盜壘開始令敵方投手分心，令捕手傳偏球，令球迷興奮吶喊。威爾斯後來打破泰勒斯・柯布維持了四十七年的盜壘紀錄，那個賽季，他被選為國家聯盟的 MVP。

運動智商

你大概以為，運動界應該已經看出練習與進步之間、心理素質與表現之間的關連性，不再那麼注重天生的體格條件了。事實不然，他們彷彿拒絕正視這點。這或許是因為，如同暢銷作家葛拉威爾所言，人們看重天賦，勝過努力而得的能力。葛拉威爾指出，我們的文化雖然經常談論個人努力與自我改進，但在骨子裡，我們仍然崇敬天賦。我們喜愛把優勝者及偶像，想成天生與我們不同的超級英雄，不喜歡把他們想成是靠著努力而有卓越表現的凡夫俗子。為什麼會這樣？在我看來，是因為人們覺得這樣更驚奇、更有趣。

專家縱使願意承認心理素質的重要性，卻仍然繼續堅持天賦才是關鍵！我悟解到這一點，是在閱讀了一篇有關聖路易公羊隊（St. Louis Rams）的優異跑衛馬歇爾・福克（Marshall Faulk）的文章時。[28] 當時，福克剛成為美式足球史上，第一位在連續四個球季中，跑陣和接球加總碼數超過兩千碼的球員。

這篇撰寫於 2002 年超級盃前夕的文章，談到福克擁有知

道場上每個球員所在位置的神奇技巧，縱使在二十二名球員跑成一團、跌成一堆的混亂中，他也能正確辨認位置。他不僅知道每個球員身在何處，也知道他們正在做什麼、即將做什麼，他的隊友說，他從未出錯過。

真是令人難以置信，他是如何辦到的？福克說，從小到大，他年復一年觀看美式足球賽。高中時，他甚至去球場賣點心，雖然他討厭這份工作，但是為了觀看職業球賽，他願意做。在觀看比賽時，他總是不停地問「為什麼？」──「我們為什麼這樣跑？」；「我們為什麼這樣進攻？」；「他們為什麼那樣做？」；「他們為什麼這樣做？」福克說：「基本上，思考這些疑問，使我以更深入的方式去鑽研美式足球。」身為職業球員，福克從不停止思考為什麼，他從不停止深入探索比賽的運作。

福克本人顯然認為，他的技巧是他的無限好奇心和無止境的鑽研的產物。那麼，其他球員和教練怎麼看呢？他們認為，是他的天賦成就了他的卓越。一位資深隊友說：「在我共事過的所有球員當中，不管擔任什麼位置的球員，馬歇爾是美式足球智商最高的一個。」其他隊友把他完美無瑕辨識守陣位置的能力形容為「學者型天才」，一名教練在讚歎他的布陣技巧時，這麼解釋：「這必須是具有高度美式足球天賦才能的人，才能夠做到這種程度。」

堅毅力

是否有一些運動員打從一開始就具有天賦呢？有，但這種天賦有時是禍害，比利・比恩及約翰・馬克安諾就是例子。在天賦倍受讚美，不需要多少努力或自我挑戰之下，他們很容易陷入定型心態。1976 年奧運男子十項全能金牌得主布魯斯・詹納（Bruce Jenner）＊說：「若不是我有讀寫障礙症，可能不會在十項全能比賽中勝出。若我是讀寫能力更佳的人，一切就會更容易，運動會變得更容易……，我大概永遠也不會認知到，想在人生中成功，得靠努力。」[29]

因為優越性而得意忘形的天生好手，不會學習如何努力或如何應付挫折，波士頓紅襪隊的出色投手佩卓・馬丁尼茲（Pedro Martinez）就是這麼一個故事，他在紅襪隊最需要他的時候自毀。但這也是一個遠遠更大的故事，一個有關性格的故事。

《紐約時報》和《波士頓環球報》（*The Boston Globe*）的一群體育記者，搭乘達美快線（Delta Shuttle）班機前往波士頓，我也是。他們前往 2003 年美國聯盟洋基隊和紅襪隊的季後賽第三場，他們在機上談論堅毅力，他們全都同意（波士頓的記者雖不情願，但也認同），洋基隊有堅毅力。

他們談到許多實例，其中一例是洋基隊在兩年前為紐約市

＊　後來動了變性手術，改名為凱特琳・詹納（Caitlyn Jenner）。

做的事。那是 2001 年 10 月，紐約人剛經歷 911 恐怖攻擊事件，我也身歷其境，我們全都身心交瘁，需要希望，這座城市需要洋基隊力爭希望，打進世界大賽。但是，洋基隊也身歷這起恐怖攻擊事件，而且他們傷兵累累，精疲力竭，似乎已經耗盡元氣。

我不知道他們是從哪裡來的力量，但他們愈戰愈勇，打敗一個又一個對手。每場勝利都把我們往復原之路帶得更近一點，每場勝利都使我們對未來更增添一點希望。紐約市民的需求點燃了他們的鬥志，最後他們成為美國聯盟東區冠軍，然後成為美國聯盟冠軍，進入世界大賽，英勇奮戰，差一點就奪冠。大家都討厭洋基隊，似乎全美都討厭這支球隊，我也是，從小到大都討厭洋基隊，但那次之後，我不得不愛上他們。我想，這就是那些體育記者說的堅毅力。

他們說，那是堅毅力，他們一看就知道。那是一種往下深掘，找到力量的能力。縱使身處於逆境，仍然堅毅不拔。

在那趟飛行的第二天，紅襪隊那個耀眼、但受到過度溺愛的投手馬丁尼茲，也展示出堅毅力的含義。但是，他展示的方式是反證，證明堅毅力「不是」什麼。

沒有人比紅襪隊更想贏得這一年的美國聯盟冠軍了，自從「貝比‧魯斯魔咒」（the curse of Bambino）之後——亦即，自從紅襪隊的老闆哈利‧法拉茲（Harry Frazee），為了籌錢資助一齣百老匯音樂劇，把貝比‧魯斯賣給洋基隊之後，紅襪隊已

經第八十五年沒有贏過世界大賽了。[30] 法拉茲把當時棒壇最佳左投魯斯給賣掉，這已經是夠糟了，還賣給紅襪隊的夙敵洋基隊。

「貝比・魯斯魔咒」開始後，洋基隊制霸棒壇，在世界大賽中不斷奪冠，好似永無止境一般。反觀紅襪隊，幾度打入季後賽，四度闖進世界大賽，但總是鎩羽而歸，而且總是以最悲情的方式敗北——極接近勝利，最終仍功虧一簣。如今，終於再一次有破除魔咒和打敗世仇的機會，若他們贏了，他們就能闖進世界大賽，洋基隊將留在家。馬丁尼茲是他們的希望，事實上，該賽季稍早，他曾咒罵這個魔咒。

在投了一場漂亮的球後，當馬丁尼茲被洋基隊反敗為勝時，他接下來怎麼做呢？他對洋基隊打擊者卡里姆・賈西亞（Karim Garcia）投了一記觸身球，又作勢威脅要對洋基的另一名打者荷黑・波沙達（Jorge Posada）投觸身球，接著猛力把洋基隊高齡七十二歲的教練唐・齊默爾（Don Zimmer）摔倒在地。

《紐約時報》記者傑克・柯瑞（Jack Curry）寫道：「我們知道我們將在芬威球場（Fenway Park），遭遇一場佩卓對上羅傑・克萊門斯（Roger Clemens）的難忘下午……，但沒人想到，會看到佩卓對上賈西亞，佩卓對上波沙達，佩卓對上齊默爾。」[31]

就連波士頓的記者們也嚇到了，《波士頓環球報》的記者

丹‧蕭尼斯（Dan Shaughnessy）在文章中問道：「紅襪隊的球迷，你們現在寧願擁有誰？那個儘管明顯看得出憤怒，但仍然選擇鎮靜以對，表現得像個專業運動員，為自家球隊贏得週六晚上那場比賽的克萊門斯？還是那個被反敗為勝後，因為不高興，所以對洋基打者投了一記高觸身球，然後面對洋基捕手波沙達，用手指指自己的頭，暗示性地威脅：『你是下一個』的受寵兒馬丁尼茲？……紅襪球迷一定不會喜歡聽到這個，但週六，馬丁尼茲是個可恥者，令棒壇蒙羞。馬丁尼茲沒有受到懲罰，那是因為他受寵，紅襪隊管理部門讓他不必受罰。但他至少能否有一次出面承認自己錯了？」[32]

　　跟比利‧比恩一樣，馬丁尼茲不懂如何忍受沮喪，不懂如何向下深掘，把重要的挫折轉化成重大的勝利。跟比恩一樣，他也無法承認自己的錯誤，並且從錯誤中學習。因為他亂發脾氣，洋基隊贏了這場比賽，後來以四勝三負擊敗紅襪隊，贏得這年美國聯盟的季後賽。

　　飛機上，體育記者們一致認同，堅毅力決定一切。但他們承認，他們不了解堅毅力源自何處。我想，到此，我們應該漸漸看出答案了：堅毅力源自心態。

　　我們現在知道，有一種心態使人們被自己的才能與特點給絆住，當遇上逆境時，他們便失去專注力和能力，甚至可能危及一切——在前述這個例子中，是紅襪隊及球迷最渴望的勝利。我們也知道，有另一種心態可以幫助人們應付挫折，向他

們指出好策略，引導他們做出對自己最有利的行為。

不過，前述這個故事還未完全結束。一年後，紅襪隊與洋基隊再度對上，七戰四勝制，誰贏了四勝，誰就代表美國聯盟進入世界大賽。洋基隊贏了前三場，眼看著紅襪隊的屈辱命運，彷彿又要再次上演。

但是，那一年，紅襪隊已經提醒自家的當紅明星球員要注意行徑。他們把一名明星球員交易掉，並試圖再交易掉第二個（但沒有球隊要他），這些舉動向球員發出訊息：這是一支團隊，不是一群明星，我們必須為彼此努力。

四場比賽之後，紅襪隊逆轉勝，摘下美國聯盟冠軍，進而在世界大賽中奪冠。這是自 1904 年以來，紅襪隊首次在美國聯盟冠軍爭奪賽中擊敗洋基隊，證明了兩件事：第一，「貝比‧魯斯魔咒」破除了；第二，堅毅力是可以習得的。

你要內心強大

我們再來看佩特羅斯‧山普拉斯（Petros Sampras）和成長心態。[33] 2000 年，山普拉斯參加溫布頓網球錦標賽，試圖奪取他的第十三座大滿貫，若成功的話，他將打破羅伊‧愛默生（Roy Emerson）的十二座頂尖錦標賽冠軍紀錄。不過，儘管山普拉斯闖進決賽，但表現並不是那麼好，對上年輕勁敵派屈克‧拉夫特（Patrick Rafter），成功機會並不是很樂觀。

山普拉斯輸掉第一盤，眼看著第二盤也要輸了，在搶七

時，他以四比一落後，就連他事後也說：「我當時真的覺得快要輸了。」換作是馬克安諾，他會怎麼做？換作是馬丁尼茲，他會怎麼做？山普拉斯怎麼做？

如同《紐約時報》體育專欄作家威廉・羅登（William Rhoden）記述：「他尋找一個可以引領自己度過難關的參考依據。」山普拉斯說：「在換邊的休息時間，回想過去輸掉了第一盤、但逆轉勝，贏了接下來的三盤。就是這樣，回想過去的經驗，設法度過難關。」突然間，山普拉斯連下五分，再得兩分，贏了第二盤，活了過來。

羅登記述：「昨晚，山普拉斯展現了英雄的所有素質：輸掉第一盤，脆弱而瀕臨失敗，但奮力振作，最後逆轉勝。」

傑西・喬伊納柯西參加她最後一次世錦賽時哮喘發作，她自我激勵，度過難關。當時，正在進行七項全能的最後一項賽事：八百米賽跑，哮喘在此時來襲，她自我指示：「繼續揮動手臂，不是很嚴重，要繼續跑，妳做得到。妳不會完全發作，妳有足夠的空氣，妳一定要贏……，在最後兩百米竭盡妳的全力，加油！」[34] 她指導自己，直到勝利。她說：「考慮到競爭的激烈程度，考慮到我歷經的起伏，我必須說，這是我最棒的一次勝利……。若我真心想要獲勝，就必須冷靜、專注。」

在參加她的最後一次奧運時，令人擔憂的事發生了，嚴重的肌腱拉傷迫使她必須退出七項全能。她難過極了，她不再是她的招牌賽事的參賽者，但她能否復原到足以參加幾天後的跳

遠比賽呢？從頭五跳看來，她的復原情況並不理想，離奪得獎牌還差得遠。但第六跳為她贏得銅牌，這面銅牌比她以往的金牌更為珍貴。她說：「第六跳的力量來自我歷年的心碎集錦……，我把所有的傷痛和辛苦匯集起來，奮力一跳。」[35]

和山普拉斯一樣，喬伊納柯西也展現了英雄的所有素質：輸了，脆弱而瀕臨失敗，再奮力振作，最後逆轉勝。

優勝者的本事

堅毅力、用心、意志力……名稱不同，但東西一樣，它使你勤加練習、讓你向下深耕，在你最需要的時候展現出來。

還記得馬克安諾告訴我們，他輸掉的每場比賽，都是因為這個不對，那個凸槌嗎？有時是因為太冷了，有時是因為太熱了；上次是因為他心裡嫉妒，這次是因為他心情不好，還有很多、很多次，是因為他分心了。但是，誠如比莉‧珍‧金所言，[36]出類拔萃者的正字標記是：在境況不順遂時，仍有能力致勝；在你表現得不理想、心情不佳時，仍有能力致勝。她是如何學到這個啟示的呢？

那天，金在紐約皇后區的森林丘運動場（Forest Hills Stadium），對上正處於巔峰期的瑪格麗特‧史密斯〔Margaret Smith，婚後冠夫姓為瑪格麗特‧史密斯‧考特（Margaret Smith Court）〕，她倆交手過十多次，金只贏過一次。第一盤，金打得極好，沒漏掉任何一次截擊，也取得不錯的領先。但

是，突然間，這盤結束，史密斯贏了。

第二盤，金再度取得大幅領先，眼看就要贏得這盤比賽，但情況突然急轉直下，史密斯直落二，再度贏得整場比賽。起初，金困惑不解，她從未在如此重要的比賽中，取得這麼大幅的領先，為何最終會落敗呢？後來，她頓悟，了解到什麼是出類拔萃者：他們能夠在「需要」時提升自己的水準。當比賽快要落敗時，他們能夠突然增強三倍。[37]

傑西・喬伊納柯西也有她的頓悟時刻，[38] 那時她十五歲，在美國業餘體育聯盟青少年奧運會（AAU Junior Olympic Games）參加七項全能比賽，賽事來到決定性的最後一項：八百米賽跑，這是她害怕的一個項目。此時，她已經精疲力盡，又對上一名專長於長跑的選手，喬伊納柯西在這個項目的成績從未能贏過她，但這一回，她做到了。她說：「我感到振奮極了。我證明了，如果想贏的欲望夠強，我就能贏……。那次的勝利告訴我，我不僅能和全國最優秀的運動員競爭，還能用意志力敦促自己去贏。」

常被譽為舉世最佳女性足球員的米婭・哈姆說，時常有人問她：「一個足球員應該具備的最重要元素是什麼？」她說，她總是毫不遲疑地回答：「心理韌性。」[39] 她指的不是什麼與生俱來的素質，當有十一名球員想要扳倒你時，當你疲憊或受傷時，當裁判對你不公允時，你不能讓任何這類因素影響你的專注。但是，要如何做到呢？透過學習。「這是足球最難的一

面，是我在每場比賽和每次練習時奮鬥的一面」，哈姆說道。[40]

順便一提，哈姆是否認為自己是世上最優秀的女性足球員呢？不，「因為並不這樣認為，所以或許有朝一日，我可以成為」，她說。[41]

在運動領域，經常出現生死關頭，運動員必須能夠化險為夷，撐過去，否則比賽就結束了、輸了。知名高爾夫球運動員傑克・尼克勞斯（Jack Nicklaus），[42] 在漫長的 PGA 巡迴賽職業生涯中，遇上許多次這種一桿定乾坤的情況，你猜，他的這種乾坤桿失敗過幾次？答案是一次，只有一次！

這就是出類拔萃者的心理素質，天賦資質不如對手的人，就是靠這個贏得比賽。傳奇籃球教練約翰・伍登（John Wooden）講述了一個我最喜愛的故事之一，[43] 伍登當高中籃球教練時，有一次，一名球員因為重要比賽沒能上場而不開心。這名球員艾迪・帕維爾斯基（Eddie Pawelski）乞求伍登給他一個機會，伍登心軟：「好吧！我會給你一個機會。明天晚上對上韋恩堡中央高中（Fort Wayne Central）時，我讓你先發。」

伍登說：「我話剛說完，就對自己感到詫異。我怎麼會說出這樣的話呢？」在印第安納州，有三支球隊勢均力敵，爭搶第一。一支是他的球隊，明天晚上對上的韋恩堡中央高中是另一支。翌日晚上，伍登讓艾迪先發。他心想：艾迪頂多只能撐個一、兩分鐘，尤其他對上的是韋恩堡中央高中的阿姆斯壯，

他是該州最剽悍的球員。

伍登說：「艾迪把他防守得死死的。阿姆斯壯在那晚，創下生涯中的最低分。艾迪得了十二分，我們的球隊打出整個球季最佳的平均表現……除了得分之外，艾迪的防守、籃板及組織進攻表現都很優。」從此，艾迪再也沒坐冷板凳。接下來兩年，他被封為 MVP。

這些人全都有堅毅力，他們不認為自己是特殊、天生該贏的人。他們是努力的人，學習在壓力下保持專注，學習在需要時超越自己平常的能力。

保持頂尖

堅毅力使你達到頂尖，並且保持頂尖。戴洛・史卓貝利（Darryl Strawberry）、麥克・泰森（Mike Tyson）、瑪蒂娜・辛吉絲（Martina Hingis），全都達到頂尖，但未能保持頂尖。這是因為他們有種種的個人問題和受傷，不是嗎？是的，但其他許多出類拔萃者一樣也有這些問題，班・侯根曾經發生過嚴重車禍，和大巴士相撞，受重傷，但他努力站回頂尖。

籃球教練伍登說：「我相信能力可以使你達到頂尖，但要保持頂尖，得靠堅毅力……。登峰造極後，你很容易開始認為，不需要多少準備，就能自然而然擁有好表現。達到頂尖後，需要十足的堅毅力，繼續如常努力，甚至必須更加努力，才能保持頂尖。當你聽聞某位運動員或球隊一再贏得比賽時，

別忘了提醒自己：『比起能力，更重要的是，他們有堅毅力。』」[44]

我們來更深入探索堅毅力的含義，了解成長心態如何創造堅毅力。運動心理學教授史都華・比德爾（Stuart Biddle）及其同事，研究青少年及年輕人對自身運動能力的心態。[45] 他們發現，那些具有定型心態者相信：「你的運動能力有一定程度，無法做出多大改變」；「你得要有天賦，才能擅長運動。」

那些具有成長心態者則是相信：「只要更努力一點，運動能力一定能夠進步」；「想在運動領域成功，你必須學習方法與技巧，經常練習。」最具堅毅力或勇氣的人，是最具有成長心態的人，他們有出類拔萃者的心理素質。這是什麼意思呢？我們來看看這些研究運動的學者獲得的發現。

什麼是成功？

發現 # 1：具有成長心態者在做最擅長之事，以及持續學習與改進中獲得成功。[46] **這正是我們在出類拔萃者身上發現的特質。**

傑西・喬伊納柯西說：「對我而言，運動的樂趣從來不在贏。……我從過程中獲得的快樂不亞於結果，只要能夠看到進步，或是覺得自己已經盡全力了，我不介意輸了。若輸了，我就回到田徑場上，勤加練習。」[47]

個人的成功是當你盡了最大努力，達到你的最佳境界，這

是教練約翰·伍登的人生核心理念。他說：「有許多、許多的比賽帶給我的快樂，絲毫不亞於我們贏得冠軍的十場全國比賽。因為在那些比賽中，我們做足了準備，發揮近乎我們最高水準的能力。」[48]

老虎·伍茲和米婭·哈姆，都在運動史上最好強的競爭者之列。他們愛贏，但他們最看重的，是他們做出的努力。縱使未能贏得比賽，他們也能引以為傲，馬克安諾和比利·比恩就不行。

1998 年名人賽（Masters Tournament）後，老虎·伍茲對於未能延續上一年的勝利感到失望，但他對於能夠躋身前十名感到寬慰：「我這週竭盡全力，我很驕傲自己能夠堅持到底。」[49] 一次英國公開賽，伍茲獲得第三名，他在賽後表示：「有時候，在條件不大理想、感覺揮桿不是很順手的情況下創造成績，滿足感甚至更大。」[50]

老虎·伍茲是個極富雄心的人，想成為最優者，甚至是史上最優者。他說：「但是，更重要的是，成為最優秀的我。」[51]

米婭·哈姆說：「在每場比賽或練習後，當你走出場外，知道自己已經盡了全力，你就是個勝利者。」[52] 為何全美都愛她的球隊？哈姆說：「因為他們看到我們真心熱愛自己做的事，看到我們對彼此及每場比賽付出全力。」[53]

對於定型心態者，成功是就是建立他們的優越性，證明自己比別人更有價值。馬克安諾說：「我承認，我的頭曾經大到

幾乎無法穿過門。」[54] 他有談到努力和嘗試做最好的自己嗎？
沒有。他說：「有些人不想事先練習，只想上場演出，有些人會
事先練習個一百次，我是前者。」[55] 還記得嗎？在定型心態下，
努力不是可以引以為傲的東西，而是對你的能力投以懷疑。

什麼又是失敗？

**發現 # 2：挫折會激勵成長心態者，對他們有益，有警示
作用。**[56]

喬丹只曾經一次試圖不費力而得勝，那是在他短暫退休後
重返公牛隊的那年，公牛隊沒能打進季後賽，喬丹學到並記取
教訓。他說：「你不能在離開重返後，認為自己仍然能夠在場
上呼風喚雨。從此以後，我會在技能和心理上做好準備。」[57]
鮮少聽聞比這更真心、懇切的話，接下來三年，公牛隊在
NBA 三連霸。

喬丹擁抱他的失敗，在他最喜愛的耐吉（Nike）廣告之一
中說：「我投籃沒中的次數超過九千次，輸掉的比賽將近三百
場。有二十六次，我被託付投出決定勝負的一球，但沒有命
中。」[58] 可以確定的是，每一次的失敗後，他都回去練習投籃
一百次。

大學籃球比賽曾經一度禁止灌籃（後來恢復了），這是傑
出的籃球員賈霸（Kareem Abdul-Jabbar）的招牌得分技巧。許
多人以為，這將使他無法登上卓越，錯了！賈霸加倍努力，發

展其他的得分技巧，例如擦板得分、天勾、轉身跳投等。他從伍登教練那兒習得成長心態，並且善加利用。[59]

在定型心態下，挫折會讓你感覺身上被貼滿標籤。

一想到輸球，馬克安諾就受不了，尤其不能忍受輸給朋友或親戚，這會使他變得沒那麼特殊。舉例而言，在夏威夷茂宜島的比賽，他最要好的朋友彼得進入決賽，由於在前面的比賽中，馬克安諾輸給彼得，因此他強烈希望彼得在決賽中落敗，這種希望強烈到令他無法觀看那場比賽。[60]另一回，在芝加哥，馬克安諾在決賽中對上他的弟弟派屈克，他對自己說：「天呀！要是我輸給派屈克，那就完了。我會從西爾斯大樓（Sears Tower）跳樓。」[61]

失敗對他造成什麼樣的刺激呢？打完 1979 年溫布頓男女混合雙打後的二十年間，他再也沒打過混雙了。為什麼？因為那一年，他和搭檔以直落三輸了，而且他在那場比賽中，兩度發球失誤，另外三名球員並未出現任何發球失誤。馬克安諾回憶道：「那是最難堪的事。我說：『夠了！我再也不打混雙了，我受不了。』」[62]

1981 年，馬克安諾買了一把漂亮的黑色萊斯·保羅（Les Paul）吉他。那一週，他去看巴迪·蓋伊（Buddy Guy）在芝加哥棋盤酒吧（Checkerboard Lounge）的表演。蓋伊的精彩演出，非但沒有帶給他啟示或激勵他練習，他回到家就把新買的這把吉他砸爛。[63]

另一位有心態問題的高球金童塞西歐‧賈西亞（Sergio
Garcia），失敗對他造成什麼樣的刺激呢？[64] 賈西亞以其優異
球技和迷人的稚氣男孩味風靡高爾夫球壇，彷彿是比較年輕版
的老虎‧伍茲。但是，沒多久，他的表現明顯下滑，魅力快速
消退。他開除一個又一個桿弟，狀況不如意時歸咎他們。有一
次，他滑了一下，失手一桿。他怪罪自己的鞋子，為了懲罰這
雙鞋子，他脫下鞋子，把它踢飛，鞋子還差點丟到一名官員。
前述這些，都是定型心態者對失敗做出的天才矯治法。

你可以掌控情況

**發現＃３：和醫學預科班化學課程學生一樣，具有成長心
態的運動員掌控邁向成功及保持成功的流程。**[65]

為何喬丹的技能，似乎未隨年紀增長而減退？[66] 隨著年紀
增長，喬丹的耐力和敏捷度的確稍微降低，但為了彌補，他更
努力於調整體能和動作，例如轉身跳投，以及他那著名的後仰
跳投。進入 NBA 時，喬丹的看家本領是灌籃；從 NBA 退休
時，他已經是史上以最全方位技能為籃球比賽增色的球員。

老虎‧伍茲也掌控成功流程。高爾夫球這項運動，就像難
以捉摸的愛人，當你以為自己已經征服她時，她會逃脫你。知
名的高爾夫球教練布奇‧哈蒙（Butch Harmon）說：「高爾夫
球的揮桿大概是運動領域中最難以臻至完美的一種技巧……，
最可靠的揮桿能夠一再奏效的次數很少，它們永遠是在製品的

狀態中。」[67] 正因此，縱使是最傑出的高爾夫球星，能贏的次數也不多，甚至可能很長一段時間都沒能贏——伍茲縱使在其生涯巔峰時期，也發生過這種情形。也正因此，掌控流程非常重要。

老虎‧伍茲的父親深知這點，教導伍茲如何維持專注力，也教他球場應戰策略。小伍茲在準備揮桿時，他的父親會在一旁製造噪音或丟擲東西，這種訓練幫助他變得較不容易分心。（試問，還有誰受過這種訓練而蒙益呢？）老虎‧伍茲三歲時，他的父親已經教他如何思考球場應戰管理，小伍茲從大樹叢後方開出球後，父親就會問他計畫如何。[68]

伍茲延續父親對他的啟蒙教導，掌控比賽中的所有部分。他經常實驗，看看什麼可以奏效，什麼行不通，但他有指引自己的長期計畫：「我知道我的事業，我知道自己想要達成什麼，我也知道如何達成。」[69]

跟喬丹一樣，伍茲也管理自我激勵，他的方法是把他的練習變得有趣：「我愛練習擊球，用各種不同的處理法，向自己證明我能靈活使用特定擊球法。」[70] 而且，他這麼練習時，會想像外頭某個地方有某個對手將挑戰他：「他才十二歲，我必須給自己一個理由去這麼努力練習。我想像某個地方有一個對手，他十二歲。」[71]

伍茲的高爾夫球夥伴暨好友馬克‧歐米拉（Mark O'Meara）必須做出一個選擇，和伍茲這麼卓越的人一起打球，那可不容

易。歐米拉得做出這個選擇：對伍茲的較優球技感到嫉妒，被他比下去；或者，他可以向伍茲學習。他選擇了後者。歐米拉是個有天賦、但似乎從未能充分發揮潛力的球員，他的這個選擇——掌控他的高爾夫球事業，使他獲得改變。[72]

二十一歲時，伍茲贏得名人賽，那晚他抱著獎品——那件知名的綠色夾克——睡覺。一年後，伍茲把一件綠色夾克套在歐米拉身上。

我們很少聽到馬克安諾談掌控，在他的巔峰時期，我們極少聽他提及如何努力保持頂尖。當他表現差時，我們很少聽到他自我反省或分析，只會聽到他怪這個、怪那個。舉例而言，1982 年，他的表現不如預期時，[73] 我們聽到他說：「發生一些小事干擾了我很多週，導致我沒能主宰比賽。」

總是歸咎於外力因素，他為何不能有所掌控，學習如何在外力因素下，仍然有好表現呢？定型心態者不會這麼做。事實上，馬克安諾非但未能力抗外力因素的影響，或是矯正他的問題，[74] 他還說真希望他從事的是一種團隊運動，這樣就能隱藏他的缺點了：「在團隊運動中，如果你沒能處於最佳狀態，很容易就可以隱藏得很好。」

馬克安諾也承認，他在場上的壞脾氣，往往是在掩飾自己亂了陣腳，但這只會使情況變得更糟。那麼，他怎麼做呢？什麼也沒做，他希望有人為他做。[75] 他說：「當你無法控制自己時，你會希望有人來控制你。所以，我才會強烈希望自己從事

的是團隊運動……，這麼一來，就有人幫助我、指導我了。」

或者，「制度讓我愈來愈走樣……，我真的愈來愈不喜歡它。」[76] 他竟然惱怒制度！拜託，馬克安諾，這是你自己的人生耶，可曾想過為它負起責任？

沒有，因為在定型心態下，你不會設法掌控你的能力和你的動力，你期待你的天賦才能使你過關。當它做不到時，你便想：罷了！還能怎樣呢？在定型心態下，你不是一個在製品，你是成品。成品必須保護自己，成品只會悲嘆、歸咎，就是不會設法掌控情況。

巨星該是什麼模樣？

身為明星，對團隊或其他隊友的責任比較少嗎？明星的角色就只是要表現優異，贏得比賽嗎？抑或明星比其他人肩負更多責任？喬丹是怎麼想的？

他說：「在我們的社會，有時很難理解，你必須肩負一個角色，而非只是試圖當個超級巨星。」[77] 一個超級明星的才能能夠贏得比賽，但贏得冠軍得靠整個團隊。

伍登教練說，他在戰術和戰略方面的才智只是一般水準，[78] 那麼他是如何領導球隊奪得十次全美冠軍？他說，主要原因之一是，他善於使球員做好他們在團隊中的角色。「舉例而言，我相信我能使賈霸成為大學籃球史上最優秀的得分者，我可以在訓練球隊時以他的能力為核心，這樣就能使他成為最優秀的

得分者。但是，這麼做的話，賈霸在加州大學洛杉磯分校時期，我們能夠三度奪得全美冠軍嗎？絕對不可能。」[79]

在定型心態下，運動員想證明他們的才能，這意味的是，他們會表現得像個超級巨星，而非「只是」一個團隊成員。但是，佩卓‧馬丁尼茲可茲為例，這種心態將阻礙團隊達成重要勝利。

派屈克‧尤英（Patrick Ewing）的故事，是另一個鮮明的例子。尤英原本有望在職業籃壇奪得冠軍，在當年的 NBA 選秀中，他是遠優於其他人、最為搶手的一個。紐約尼克隊在選秀順位抽籤中被抽中為第一順位，他們開心地選了尤英。這下，尼克隊就有了「雙子塔」——213 公分高的尤英，以及已在隊上的高得分中鋒，也是 213 公分高的比爾‧卡萊特（Bill Cartwright），他倆可以大有作為。

他們只需要尤英變成一個強而有力的前鋒，但尤英對這項安排不高興，中鋒是明星位置。或許，他並沒有把握能夠做好強力前鋒該做的外線投籃，若他當時全力以赴，學習如何打好這個位置呢？就像剛加入洋基隊時，「A-Rod」艾力士‧羅德里奎茲（Alex Rodriguez）是當時美國職棒聯盟最優秀的游擊手，但洋基隊已經有游擊手，A-Rod 同意改守三壘。為此，他必須重新訓練自己。在過渡期間，有一陣子，他不像之前那個得心應手的 A-Rod 了。回歸正題，後來尼克隊把卡萊特交易到公牛隊，讓尤英回到他習慣的中鋒位置，但尤英領軍下的尼

克隊從未能奪得冠軍。

美式足球員基尚・強生（Keyshawn Johnson）是另外一個例子，這位才華洋溢的球員一心一意想要證明自己的偉大。在一場比賽前，被問到他如何拿自己和敵隊的一個明星球員相比時，強生這麼回答：「你這是在拿閃光和星星相比，閃光不持久，星星永遠掛在天上。」[80]

那麼，他能夠團隊合作嗎？「我是個團隊合作者，但我以個人為先……，[81] 我必須成為美式足球界的第一，不能是第二或第三。若我不是第一名，我對你就沒好處，我無法幫助你。」這是什麼意思？因為他如此定義「團隊合作者」：他後來被紐約噴射機隊（New York Jets）交易給坦帕灣海盜隊（Tampa Bay Buccaneers），沒多久又被坦帕灣海盜隊交易出去。

我注意到一件有趣的事情，一些明星球員在賽後受訪時，言語中總是說著「我們」，他們是團隊的一員，也如此看待自己。但是，也有一些明星球員在受訪時說「我」，把自己和其他隊友區分開來，彷彿那些隊友能夠和偉大的自己共事，是他們的榮幸。

每項運動都是團隊運動

其實，幾乎每項運動都可說是團隊運動，沒有人能夠獨力做，就連網球或高爾夫球這類個人運動，傑出的運動員都有一支團隊，包括教練、訓練員、桿弟、經理、輔導師等。我在讀

到黛安娜‧耐德（Diana Nyad）的故事時獲得這個啟示的，她是開放水域游泳世界紀錄保持人，有什麼運動比這種游泳運動更孤單的？當然啦，你也許需要一艘划艇在後頭跟著你，以確保你安全。

耐德醞釀其成功計畫的當時，開放水域游泳比賽的男性與女性世界紀錄都是 60 哩，她想游 100 哩。[82] 歷經數月辛苦訓練，她準備就緒，但伴隨她追求此創舉的是一支團隊：嚮導（幫助她評估風與水流，留意有無障礙）；潛水員（幫助她留意有無鯊魚）；美國航太總署專家（指導她的營養攝取與培養耐力，她每小時需要攝取 1100 大卡，那趟游泳使她掉了 13 公斤多！）；訓練員（在她出現無法控制的寒顫、噁心、幻覺及失去信心時，可以指導與鼓勵她。）耐德創下的新世界紀錄是 102.5 哩，紀錄簿載的雖然是她的名字，但沒有另外五十一人，她不可能締造這項紀錄。

聽見心態

我們已經可以聽到年輕運動員的心態了，來聽聽看。

2004 年，艾西絲‧提里斯（Iciss Tillis）是個大學女籃明星，身高 198 公分的她，是杜克大學女籃校隊的前鋒。她在置物櫃裡，貼了一張父親詹姆斯‧提里斯（James Tillis）的照片來激勵自己，「但這張照片不是向她的父親表達敬意，而是要提醒她，不要變成像父親那樣」，體育記者薇芙‧柏恩斯坦

（Viv Bernstein）說道。[83]

　　人稱「快手」（Quick）的詹姆斯・提里斯，是 1980 年代的重量級拳擊手，在 1981 年挑戰爭取重量級世界拳王的頭銜。1985 年，他在電影《紫色姐妹花》（*The Color Purple*）中飾演拳擊手一角；1986 年，他是第一個和麥克・泰森打完規定比賽時間（十回合）的拳擊手。但是，他卻從未能達到頂尖地位。

　　當時大四的艾西絲・提里斯說：「今年應該可以贏得全國冠軍，若不能贏的話，我會感覺彷彿自己變成失敗者，我會覺得自己在退步，將落得像我爸那樣，變成一個無足輕重者。」糟了，這是「大人物 vs. 無名小卒」（somebody vs. nobody）症候群：贏了，我就是大人物；輸了，我就是無名小卒。

　　提里斯憤恨她的父親，或許可以理解——父親在她小時候拋棄了她。但是，這種思維阻礙了她。柏恩斯坦說：「在大學女籃領域，論體型、技巧、速度和視野的總和，沒人能比得上她。但是，很少人對提里斯的評價會高於全美頂尖的兩名球員——康乃狄克大學的黛安娜・陶瑞斯（Diana Taurasi）和杜克大學的阿蘭娜・比爾德（Alana Beard）。」提里斯的表現，往往不符合她的實際能力。

　　她困擾於人們對她總是懷抱高度期望，希望她能表現得更好。她說：「我覺得好像我必須交出大三元（得分、籃板、助攻這三項都是二位數成績），再來個空中 360 度灌籃，這樣人

們或許就會說：『喔！她其實不賴。』」

　　我不認為人們會期望不可能做到的事，我認為，他們只是想看到她把絕佳天賦發揮到極致。我認為，他們希望她發展達成目標所需要的技巧。

　　擔心變成無名小卒，這種心態不會激勵你成為出類拔萃者，而且保持頂尖水準。儘管困難，但提里斯或許應該欽佩她父親力爭上游的勇氣，而不是瞧不起他沒能真正成功。大人物的地位不是取決於他們贏或輸，大人物是那些全力以赴者。親愛的提里斯，如果妳能夠全力以赴，不只在比賽中如此，在練習時也如此，妳已經是個了不起的大人物。

　　接下來，我們來看另一種心態。同樣是 2004 年，故事主角是 190 公分的坎黛絲・帕克（Candace Parker），[84] 她當時十七歲，是鄰近芝加哥的內柏維爾中央高中（Naperville Central High）的高三生，即將進入田納西大學，效力該校女籃隊，受教於傑出教練派特・桑密特（Pat Summitt）。

　　帕克的父親很不同於提里斯的父親，給她不同教誨：「有努力，就有收穫。」幾年前，帕克的父親擔任她所屬球隊的教練時，在一場聯賽比賽中，火大責備她的表現。她沒有努力搶籃板，懶惰地在外線投射，而不是用她的身高優勢切入禁區，也沒有盡力防守。她父親要求：「上場，更努力一點！」結果呢？她在下半場得了二十分，搶了十個籃板球，大敗對手。「他在我腳下點燃了一把火，我知道他是對的」，帕克說。

　　現在，她也對自己點燃相同的火，並不自滿於當個明星，總是尋求改進。從膝部手術復原重返球場時，她知道必須加強時機掌握、膽識，以及爆發衝刺。當她的三分投射表現不理想時，她請父親來體育館協助她改進。她說：「不論是籃球，還是日常生活，沒有任何事是十拿九穩的。」

　　幾週後，心態預言成真，發生了兩件事。第一件：很可惜，提里斯的球隊並未奪冠；第二件，帕克成為有史以來第一位在灌籃比賽中奪冠的女性，擊敗了五名男性。領域冠軍的堅毅力、勇氣與強大的心理素質，才是塑造出卓越運動員的核心要素，它源自聚焦於自我發展、自我激勵，以及負責任的成長心態。

　　儘管最出色的運動員非常好勝，想要成為最優秀的人，但卓越並非來自定型心態的自負，有著「大人物 vs. 無名小卒」症候群。許多具有定型心態的運動員，或許是「天生好手」，但你知道嗎？約翰・伍登教練說，絕大多數這樣的運動員，我們都不記得了。

發展你的心態

- 你是否認為自己向來拙於什麼運動項目？嗯，也許你真的不是這塊料，但也可能並非如此，你只能在你做出了很多努力後才能確知。世上一些最優秀的運動員，在一開始時並不是那麼優秀。若你對某項運動有熱情，請投入努力試試看。

- 有時候，天賦異稟是禍不是福，具有天賦的運動員可能一直停留在定型心態，不善於應付逆境。是否有什麼運動是你很容易上手，但最終撞牆而停滯的呢？請試著轉變為成長心態，然後再度嘗試這項運動。

- 在運動領域，堅毅力是一個很重要的觀念，它源自成長心態。請回想你曾在艱難的運動比賽中自我對話的體驗，想想本章敘述的那些具有成長心態的出類拔萃者，他們是怎麼做的？下次，當你陷入困境時，可以怎麼做，以確保自己處於成長心態？

- 具有成長心態的運動員，在努力與改進中找到成功；對他們來說，不是只有贏才算成功。愈是這麼做，運動帶給你及一起練習與比賽的人收穫愈多。

第 5 章
企業界：心態與領導力

　　2001 年的一項宣布震撼整個企業界，曾被譽為企業界的模範生和未來公司的安隆公司（Enron）宣告破產。怎麼會這樣？如此的前途似錦，怎麼會變成如此的一敗塗地？是能力不足嗎？是貪腐所致？

　　是心態。暢銷作家葛拉威爾在《紐約客》撰文指出，美國企業已經變得著迷於天賦，[1] 聲譽卓著的麥肯錫管理顧問公司（McKinsey & Company）的權威甚至主張，現今的企業必須擁有「天賦心態」（talent mindset），才可望成功。就如同運動界有天生好手，他們認為，企業界也有天生好手；就如同球隊砸巨資網羅天賦異稟者，公司也應該不惜成本延攬聰穎人才，因為這是祕密武器，擊敗競爭的關鍵之鑰。

　　誠如葛拉威爾所言：「這種『天賦心態』是美式經營管理的新正統信條」，它為安隆文化畫出藍圖，播下滅亡的種子。

　　安隆延攬聰穎人才，他們大多有耀眼的學位，這本身不是那麼大的問題；他們付給這些人高薪酬，這本身也不是那麼大

的問題。但是，在完全相信和仰賴聰明才智之下，安隆做了一件致命的事：它創造出崇拜聰明才智的文化，迫使員工追求貌相與行為都要顯得極聰明、能幹；基本上，這就是在迫使他們進入定型心態。我們對此有很多了解，我們從研究中得知，定型心態者不承認與矯治缺點和不足。

還記得我在第 2 章提過的，我們在全英語教學的香港大學訪談學生的那項研究嗎？具有定型心態的學生非常擔心顯露他們的缺點，以至於拒絕上幫助他們改進英語能力的課程，他們的心理素質使他們無法承受這種風險。[2]

還記得我們在另一項研究中（第 3 章），藉由讚美聰明才智而讓學生擁有定型心態嗎（就像安隆公司使其明星級員工進入定型心態一樣）？後來，在經過一些更困難的測驗後，我們讓學生寫一封信，向另一所學校的學生描述他們在我們的研究過程中的體驗與感想。我們在閱讀這些信時，非常震驚：有將近 40％的學生竟然對他們的測驗成績撒謊，而且都是寫了不實的較高分數。[3] 定型心態使人難以忍受自己的缺點。

葛拉威爾在文中總結，若人們生活在一個看重天賦才能的環境，當形象受到威脅時，就會面臨到極大的困難：「他們將不會訴諸矯正途徑，不會向投資人及大眾承認自己做錯了，很快就會撒謊。」

不過，很顯然，不會自我改正的公司，是無法生存下去的。若安隆公司被定型心態所害，這是否意味，成功的公司具

有成長心態呢？我們來瞧瞧。

不斷成長的組織

　　吉姆・柯林斯想了解，是什麼因素使得一些公司從優秀邁向卓越，是什麼使它們得以躍升全卓越水準，並且保持在卓越水準上，而其他水準相似的公司，卻一直停留在優秀水準，未能更上一層樓？[4]

　　為了解答這個疑問，他和研究團隊展開五年的調查。他們挑選了十一家公司，相較於同產業其他公司，這些公司的股票報酬率飆升，並且保持這種優越性至少十五年。他們把這十一家公司的每一家，拿來和同產業另一家資源相似、但未能躍升的公司相較。柯林斯也研究第三群公司：那些曾經從優秀邁進至卓越，但未能一直保持卓越水準的公司。

　　是什麼使得那些成功、興旺的公司有別於其他公司呢？柯林斯在其經典暢銷著作《從 A 到 A⁺》中指出，有幾項重要因素，但其中一項因素絕對是關鍵：在每一種境況下都領導公司表現卓越的領導人類型。他們不是什麼神奇非凡、有魅力、散發自負、自命才智過人者，他們為人謙虛、不喜出風頭，經常詢問問題，能夠面對最殘酷的答案——亦即能夠正視失敗（縱使是自身的失敗），但仍然保持信心，堅信最後會成功。

　　是否覺得這些聽起來很熟悉？柯林斯很好奇，何以這些成功的領導人有這些特質？為何這些特質會相伴相隨呢？這些領

導人是如何取得這些特質的？但我們知道這些疑問的答案：他們具有成長心態，他們相信人是可以發展、成長的。下列是他們的正字標記：

- 不會總是試圖證明自己比別人優秀，例如，不會強調自己的高位階。此外，不會搶別人的功勞，也不會貶抑他人，使自己感覺有權勢。
- 不斷尋求改進，會讓身旁環繞所能找到的最能幹者，也會正視自身錯誤與缺點，坦誠詢問自己和公司將來需要什麼技能。因為這些，他們能夠往前邁進，帶著有事實根據的信心，而非因為對自己的才賦的幻想所產生的信心。

柯林斯指出，電子商品零售連鎖店電路城（Circuit City）的執行長艾倫·伍爾澤（Alan Wurtzel），在董事會上進行辯論，不會只試圖打動董事會成員，會善用這些辯論機會學習。對他的主管團隊也一樣，他總是一再疑問、辯論、探究，直到漸漸對公司的現況和未來的必須走向得出更清晰的面貌。伍爾澤告訴柯林斯：「他們曾經稱呼我為檢察官，因為我會聚焦在一個問題上，不停地探究，就像鬥牛犬似地，窮追不捨，直到了解。就是不停地問為什麼、為什麼、為什麼。」[5]

伍爾澤認為自己是匹犁田馬，是個勤奮努力、認真務實的

平凡人。但是，他接掌了一家瀕臨破產的公司，在接下來十五年，把它變成在紐約證交所掛牌的公司當中，總股東報酬率最高的公司。

有關心態與管理決策的研究

社會心理學家羅伯・伍德（Robert Wood）和艾爾伯・班杜拉（Albert Bandura），對商學院研究所學生進行了一項非常有趣的實驗性研究，這些研究生許多已有管理經驗。在這項實驗性研究中，兩位學者藉由讓他們進入不同心態，創造出安隆型經理人和伍爾澤型經理人。

伍德和班杜拉給這些萌芽中的企業領導人一項複雜的管理作業，他們必須經營一家模擬的家具公司。[6] 在這項電腦化的作業中，他們必須在經營的這家模擬公司布署員工職務，並決定指導與激勵這些員工的最佳方法。為了找出最佳方法，他們必須根據取得的員工生產力反饋資訊，持續修改決策。

伍德和班杜拉把這些研究生區分為兩組，讓一組學生進入定型心態。他們被告知，這項作業將評量他們的基本能力，表現愈好，代表能力愈高。另一組學生則是進入成長心態，被告知管理技巧是透過練習與實務發展出來的，而這項作業提供他們培養這些技巧的機會。

這作業頗困難，因為學生必須達成高水準的生產標準，尤其是在一開始，他們全都沒能達到這些標準。和安隆公司一

樣，那些具有定型心態的學生，未能從錯誤中學習、受益。

然而，那些具有成長心態的學生持續學習。在不擔心被評量他們的固定能力，或是得掩飾固定能力的情況下，他們使用反饋資訊正視自己的錯誤，據以修改策略。他們變得愈來愈了解如何布署和激勵員工，他們的生產力跟上了，最後他們的生產力優於那些定型心態的學生。此外，在這項相當辛苦的作業過程中，他們一直保持堅實的信心感，經營管理作風猶如伍爾澤。

領導力與定型心態

柯林斯的對照組公司的領導人和伍爾澤相反，他們有明顯的定型心態徵狀。定型心態領導人就跟一般的定型心態者一樣，生活在認定有些人就是較優越、有些人就是較低劣的世界，他們必須一再證明他們是優越者，而公司只是他們用來證明這點的一個舞台。

柯林斯的對照組領導人，大多關心自己的「個人偉大聲譽」，而且這種關心往往過度到危及公司：一旦他們交出領導棒子後，公司便搖搖欲墜。柯林斯這麼解釋：「畢竟，公司在你離開後就開始分崩離析，有什麼比這更能證明你個人的偉大呢？」[7]

柯林斯及其研究團隊發現，這類領導人中有超過三分之二具有「強烈的個人自負」，加速了公司的敗亡，或是導致公司

停留在二流水準。克萊斯勒的領導人李・艾科卡就是這樣的領導人，他神奇地拯救了這家瀕臨破產的公司，並使它轉虧為盈，但在任期的後半段，他花太多時間照料自己的名聲，致使公司跌回平庸。

　　這些對照組公司當中，有許多以柯林斯所謂「一個天才加上一千名助手」的模式運作。它們不像那些從前優秀躍升至卓越的公司那樣，建立一支傑出的經營管理團隊，它們以定型心態運作，認為卓越的天才不需要卓越的團隊，卓越的天才只需要小助手去執行他們的出色點子。

　　別忘了！這些卓越的天才本身也不想要卓越的團隊。定型心態者想當個唯一的大魚，這樣當他們和周遭的小魚相比時，才能覺得自己高人一等。我不曾在任何一個定型心態執行長的自傳中，讀到多少有關指導或員工培育發展方案。但是，在每一個成長心態執行長的自傳中，我都會看到他／她深切關心人員的發展，並且花很多篇幅討論。

　　最後，如同安隆公司，定型心態的天才拒絕檢視自己的缺點。柯林斯說：從優秀躍升至卓越的連鎖雜貨店克羅格（Kroger），在 1970 年代勇敢檢視危險訊號——舊型雜貨店漸漸走入歷史。在此同時，它的競爭者、曾經是舉世最大零售業者的 A&P，卻是閉上眼睛。例如，A&P 開了一間新型商店——大型超市，這種新型商店看起來更成功，但高層領導人卻把它關掉，因為這不是他們想聽到的東西。反觀，克羅格則

是關閉或改變每一間不符合新超市模式的商店，到了 1990 年代末期，克羅格已經變成全美雜貨連鎖業的龍頭。[8]

執行長與強烈自負

「執行長」與「強烈自負」，這兩者怎麼會變成同義詞呢？若那些更謙虛的成長心態者，才是產業內真正優異的牧羊人，為何仍有這麼多公司尋找「超凡」的領導人，儘管這類領導人最後可能照顧自己勝過照顧公司？

這得怪艾科卡。作家詹姆斯．索羅維基（James Surowiecki）在《石板》（*Slate*）雜誌上指出，[9]艾科卡的功成名就是美國企業界的一個轉變點。在他之前，企業大亨顯要似乎已然成為過去式，在大眾心目中，企業執行長是：「組織裡的斯文紳士，受禮遇、領高薪，但基本上平凡，並不出眾。」艾科卡改變了這一切，商業記者們開始封企業高階主管為「下一個摩根（J. P. Morgan）」、「下一個亨利．福特」，定型心態的執行長開始爭取這類標籤。

索羅維基甚至把近年的企業醜聞溯源自這種轉變，因為伴隨這種趨勢的持續，企業執行長變成了超級英雄。但是，照料自負、尋求自我形象升漲的人，並不是對公司長期健全有助益的人。

或許，艾科卡只不過是個有魅力的傢伙，就像搖滾樂一樣，擔了文明衰敗的罪魁禍首罵名。這公平嗎？我們來更深入

檢視他，也檢視一些定型心態的企業執行長：史谷脫紙業和日光公司的艾爾‧鄧樂普；美國線上時代華納公司（AOL Time Warner）的傑利‧雷文（Jerry Levin）和史帝夫‧凱斯（Steve Case）；安隆公司的肯尼斯‧雷伊（Kenneth Lay）和傑弗瑞‧史基林。

你將會看到，他們全都始於相信有些人就是比較優越；他們全都需要證明和展現他們的優越性；他們全都利用部屬來滿足這個需求，而不是促進員工的發展；他們全都為了滿足本身的這個需求，最後犧牲公司。定型心態幫助我們了解強烈自負源自何處、如何作用，以及為何變成自我挫敗。

定型心態領導人實例

領導學大師華倫‧班尼斯（Warren Bennis）研究舉世最傑出的企業領導人，這些領導人說，他們並未立志成為領導人，他們對於證明自己並無興趣，只是以無比幹勁與熱情去做自己喜愛的事，自然而然就走到了這個境地。[10]

艾科卡不是這樣。[11]固然，他熱愛汽車事業，但他最大的企圖是成為福特汽車公司的要角，他渴望獲得亨利‧福特二世的青睞和華麗的皇宮型辦公室。這些是他可用以衡量自己的東西，這些東西可茲證明他是大人物。我用「皇宮」這個字眼，有其理由，艾科卡告訴我們，福特汽車公司總部「玻璃屋」（Glass House）是皇宮，亨利福特是國王，還有「若亨利是國

王，我就是王儲」[12]；「我是國王陛下的特別寵兒」[13]；「我們全都在宮庭裡過著好生活，我們是比頭等還高級的分子，我們是皇家層級……，整天都有穿著白色制服的侍者待命聽遣，我們全都在專屬餐廳共進午餐……，天天都有多佛比目魚從英格蘭空運過來。」[14]

艾科卡在福特汽車公司成就了不少優異事蹟，例如研發與銷售福特野馬車款（Ford Mustang），他夢想接下亨利‧福特的棒子，成為該公司執行長。但是，亨利‧福特另有想法，令艾科卡震驚且盛怒的是，亨利‧福特最後把他逐出福特公司。艾科卡竟然會對此感到震驚，並因此長期挾怨亨利‧福特，這有點令人不解，畢竟他曾目睹亨利‧福特開除高層人員，而他，艾科卡本身，也曾經相當隨意地開除別人啊！他清楚這種企業鬥爭，但他的定型心態矇蔽了他的眼睛：「我總認為我不一樣。我比其他人更聰穎或更幸運，我沒想到這會發生在我身上。」[15]

他相信自己天生的優越性，這信念矇蔽了他。這下，定型心態的另一面開始作用，他懷疑是不是亨利‧福特發現了他的缺點，[16]也許，他根本不優越，這使他無法釋懷。多年後，他的第二任妻子勸他別再耿耿於懷：「你不了解，亨利‧福特其實幫了你一個忙。被開除後，你才有機會展現卓越。你現在更有錢、更出名、更有影響力，這都拜亨利‧福特之賜，你應該感謝他。」[17]不久後，艾科卡和她離婚。

那個定義他能幹、有價值的國王，現在認為他有缺點，然後拋棄他。在盛怒之下，艾科卡致力於挽救他的面子，同時也拯救克萊斯勒汽車公司。曾經成功力抗福特汽車公司的克萊斯勒，在此時瀕臨破產，艾科卡接掌執行長後，快速延攬適任者，推出新車款，成功遊說政府提供紓困貸款。被羞辱地逐出福特後沒幾年，他就能撰寫一部勝利者的自傳，宣告：「現在，我是個英雄。」[18]

但是，過沒多久，克萊斯勒再度陷入麻煩。[19] 艾科卡的定型心態不會停歇，他需要向自己、向亨利·福特、向全世界證明他的偉大，而且是愈來愈加大的程度。他在公司把時間投入於增進自身公眾形象的事情上，把公司的錢花在打動華爾街、促使克萊斯勒股價上揚的事情上，不是投資於能夠維持公司長期獲利能力的新車設計或製程改良上。

艾科卡也很在意自己的歷史地位，在意世人將如何評價他、記得他。但是，他不是透過打造優異公司來建立他的歷史地位；恰恰相反，根據他的一位傳記作家，他擔心他的部屬會把成功的新車款設計功勞搶走，因此總是猶豫於核准他們的構想。當克萊斯勒陷入麻煩時，他擔心部屬可能被視為新的救世主，因此試圖甩掉他們。他擔心自己會從克萊斯勒的歷史中除名，因此在自己早已失去效能後，他拚命抓緊執行長的位置。

艾科卡其實有個黃金機會可以名垂青史。美國汽車業當時面臨它有史以來的最大挑戰，日本進口車席捲美國市場，理由

很簡單：它們外型更優，性能更佳。艾科卡的部屬對本田汽車（Honda）做了詳細研究，向他提出優異的建議。

　　但是，艾科卡沒有接受挑戰，推出更好的車子，被定型心態困住的他只會歸咎、找藉口。他暴怒，口出惡言，謾罵日本人，要求美國政府課徵關稅，祭出進口限額，阻擋他們。《紐約時報》撰寫社論斥責艾科卡：「正確解方是在這個國家打造更好的車子，不是更憤怒找藉口責罵日本。」[20]

　　艾科卡也沒能成為員工的領導人，事實上，他變成自己口中批評的亨利‧福特之流，是個自我隔絕、心胸狹窄、苛刻的專制者。他不僅開除批評他的人，也鮮少獎勵那些為了拯救公司而做出極大犧牲的員工。縱使在公司賺錢時，他也無意與員工分享，他們的薪資仍然低，工作環境仍然差。但縱使在克萊斯勒遭到陷入困境時，艾科卡本身仍然維持帝王般的生活型態，花了兩百萬美元裝修他在紐約華爾道夫飯店（Waldorf Hotel）的公司承租套房。

　　終於，在還有時間挽救克萊斯勒之時，董事會讓艾科卡體面退休，給他優渥的退休金和股票選擇權，繼續享受公司福利多年。但艾科卡對此非常惱怒，尤其是他的繼任者似乎把公司打理得很不錯。於是，為了奪回王位，[21] 他參與一樁危及克萊斯勒前途的敵意收購，最後這樁敵意收購並未成功，但這事件已經證實了許多人的懷疑：他讓自負凌駕在公司的福祉之上。

　　艾科卡被定型心態所害，雖然他從熱愛汽車事業出發，有

突破性的點子，但定型心態使他需要證明自己的優越性，這導致他開始霸道、一意孤行，最終扼殺了他對汽車事業的樂趣和創意。他愈來愈不靈敏於來自競爭者的挑戰，他訴諸定型心態的武器——歸咎、找各種藉口，抑制批評者與敵人。因為這些，艾科卡最終失去他渴望獲得的證明，這往往是定型心態者的下場。

當學生考試考差了，或是運動員輸了比賽，這告訴他們，他們搞砸了。但是，執行長的權勢讓想證明自己的他們，可以創造出一個日夜滿足此需求的世界，他們可以讓自己身旁只充斥好消息——他們有多完美、公司有多成功，選擇忽視警訊。你大概還記得，這就是「CEO 病」，定型心態的危險。

最近，我猜想艾科卡是否已經從 CEO 病中痊癒了，因為我們看到他募款（自己也捐了很多錢），資助創新的糖尿病防治研究，並且致力於環保車的研發。或許，解脫試圖證明自己的枷鎖後，他現在正為了自己深切重視的事務奮鬥。

超級巨星鄧樂普

鄧樂普拯救瀕死的公司，[22] 但我不確定「拯救」這個字眼是否用對了，因為他並沒有讓這些公司為了未來的生存繁榮準備就緒，他整頓它們，是為了賣掉公司來賺錢，例如他解雇了成千上萬名員工。他的確賺到錢，逆轉和賣掉史谷脫紙業，讓他中飽私囊一億美元，而且只花了一年半左右的時間。「這是

我賺來的嗎？當然是我賺來的！我是這個領域的超級巨星，就如同籃壇的喬丹，或是搖滾樂壇的布魯斯‧史普林斯汀（Bruce Springsteen）。」[23]

艾科卡口惠不實地強調團隊合作、小兵小卒的重要性，鄧樂普連這種應酬話都懶得說：「做生意的目的就只有一個：賺錢。」[24]

在史谷脫紙業公司的一場員工會議中，他得意洋洋地講述一件事，一名女性員工站起身問：「公司既然已經在改善中，我們是否可以重啟慈善捐款？」鄧樂普回答：「若妳想捐出自己的錢，那是妳的事，我鼓勵妳這麼做。但這家公司的目的是賺錢……，所以，答案是簡單一個字：不。」[25]

我並不是說企業的目的不在於賺錢，我是想問：為何鄧樂普這麼聚焦於賺錢？讓他自己來告訴我們吧。「闖出一番天地對我而言是自尊問題，從小，我就想證明自己是個有價值的人……，到了今天，我仍然覺得我必須證明和一再證明自己。」[26]若他必須證明自己，他需要一個衡量標準。但是，員工滿意度、社會責任或慈善捐獻，都不是很好的衡量標準，因為這些無法換算成一個代表他的自我價值的數字，但股東獲利就行。

套用他自己的話：「現在，在會議室裡，最滑稽可笑的一個詞就是『利害關係人』（stakeholders）。」[27]這個名詞指的是員工、社會，以及和公司往來的其他公司（如供應商），「你不

能用多方利害關係人的利益來衡量成功，你可以用股東的收穫
來衡量成功。」

　　鄧樂普對長期不感興趣。確實了解一家公司，設法使它成
長，這些無法帶給他超級英雄的大陶醉。他說：「在我待過的
每個地方，最後都感到乏味、無趣。」[28] 他的著作裡有一章的
標題是〈打動分析師〉（"Impressing the Analysts"），但沒有探
討經營企業的篇章。換言之，所有內容都是談鄧樂普如何證明
他的才幹。

　　1996 年，他接掌日光公司，本著典型的「鏈鋸艾爾」
（Chainsaw Al）作風，他關閉或出售了日光公司三分之二的工
廠，把一萬兩千名員工砍掉一半。諷刺的是，日光公司的股價
因此飆漲得太高，破壞了他打算賣掉公司的計畫，因為股價飆
漲，要買下這家公司，太貴了！喔喔，這下，他得經營此公司
了，他必須讓此公司繼續賺錢，或至少看起來賺錢。怎麼做
呢？他不是求教於他的幕僚，或是學習該如何做，而是作假膨
脹營收，開除質疑他的人，掩蓋這家公司愈來愈糟的困境。於
是，在出書自封為超級明星後不到兩年（在更加沾沾自喜的改
版問市一年後），鄧樂普的超級明星形象破滅，他被日光公司
董事會開除。[29] 他離開後，日光公司遭美國證管會調查，並且
被預期將有十七億美元的銀行貸款發生技術性違約。

　　鄧樂普嚴重誤解了喬丹和布魯斯‧史普林斯汀，這兩位超
級明星之所以能夠達到頂尖，並且保持頂尖很長一段期間，係

因為他們不斷地深掘，面對挑戰，持續成長。鄧樂普認為他天生優越，因此選擇不學習能夠幫助他成功的東西。

房間裡最聰明的傢伙

是的，歷史似乎無可避免地從艾科卡延續至 1990 年代的企業大亨，最顯著的莫過於安隆公司的領導人肯尼斯‧雷伊和傑弗瑞‧史基林。

安隆的創辦人、董事會主席暨執行長雷伊，認為自己是個傑出的遠見家，[30] 貝薩妮‧麥克林（Methany McLean）和彼得‧艾爾坎（Peter Elkind）在他們的合著《房間裡最聰明的傢伙》（*The Smartest Guys in the Room*）指出，雷伊瞧不起那些實際經營此公司的人，就如同國王可能瞧不起他的農奴一般。他瞧不起腳踏實地致力於確保公司達成獲利目標的安隆總裁理查‧坎德（Richard Kinder），坎德的苦幹實幹讓雷伊可以過上皇族般的生活型態，坎德也是安隆高層中唯一一個，不時詢問他們是否在自我欺騙的人：「我們在自我麻醉嗎？我們在自我陶醉嗎？」[31]

想當然耳，這樣的坎德在安隆待不久，不過，憑藉他的理智與精明，離開安隆時，他安排收購一項有實質價值的安隆資產——能源管線，這是安隆公司鄙視的一項資產。到了 2003 年中，坎德和其友人共同創立的能源公司市值已經達到七十億美元。

雷伊儘管自視甚高，想過他嚮往的帝王般生活，[32] 他仍然想被視為「良善且深思熟慮的人」，有受人敬重且誠正的信條。縱使在安隆公司津津有味地吸吮其受害人的命脈之際，他還寫信給他的員工：「這家公司不容許冷酷無情、麻木不仁、傲慢自大……，我們坦率、誠實、真誠地和顧客及潛在顧客往來。」跟艾科卡及其他人一樣，印象（通常是華爾街的印象）很重要，真相不是那麼重要。

從坎德手上接下總裁及營運長棒子，後來也接掌執行長的史基林，不僅聰穎，還被稱讚為「我所見過最聰明的人」、「出色得閃閃發亮」。但是，他不是把他的腦力用來學習，而是用它來威嚇他人。當他認為自己比別人聰明時（他總是這麼認為），他便苛刻對待他們。任何不贊同他的人，在他看來，根本就是不夠聰明，所以搞不懂。

在史基林生活遭遇困難時期，公司曾經找來一位管理技巧了得的人，擔任共同執行長以幫助他，但史基林瞧不起他：「隆恩搞不懂狀況。」[33] 當財務分析師或華爾街交易員覺得史基林的解釋過於含糊簡化而要求進一步說明時，史基林的回答彷彿他們很愚蠢：「哎喲！這麼明顯，你怎麼會不懂呢？」[34] 在多數情況下，那些華爾街的傢伙們在考慮到自己的智能之下，只好假裝懂了。

身為房間裡最聰明的人，史基林對他的點子有無限的信心。他對自己的點子器重到這種程度：他認為，一旦他和他的

人想出了可能賺錢的點子後，安隆就應該能夠馬上宣布已經賺了這筆錢！這是定型心態的極致延伸：我的才能不僅定義和證明我這個人，也定義並證明這家公司，價值就是這樣創造的，我的才能就是獲利。哇！

事實上，安隆就是如此營運的。如同《房間裡最聰明的傢伙》一書所述：「一文營收都還未實際產生，就已經記帳獲利數百萬美元了。」[35] 當然啦，在這項創舉之後，沒人關心後續執行，因為那些工作有失他們的身分。既然才能等於獲利，那麼，安隆人員有時浪費數百萬美元相互較勁，就沒什麼大不了了，安隆的一位主管亞曼達・馬丁（Amanda Martin）說：「欺騙自家公司的人，那代表創意和優異。」[36]

史基林不僅認為自己比所有人聰明，而且跟艾科卡一樣，他也認為比別人幸運。根據局內人，史基林認為他能夠克服萬難。他何必感到脆弱？從來就沒做錯什麼啊！史基林至今仍不承認做錯什麼，是這個世界太笨，搞不懂。

當兩個天才遇在一起

房間裡最聰明的人也幾乎把美國線上（America Online, AOL）和時代華納（Time Warner）搞垮。[37] 美國線上的史帝夫・凱西和時代華納的傑利・雷文，這兩位定型心態的執行長把他們的公司合併起來，你能預料到會發生什麼嗎？

凱西和雷文有很多溝通點，兩人都是在頂尖頭腦的環境下

培養發展成材，兩人都以他們的聰明才智威嚇他人，兩人都以
居功過實聞名。身為房間裡最聰明的人，這兩人都不想聽抱
怨，兩人都會輕易開除「非團隊合作者」──那些不接受他們
豎立起的假象的人。

　　當這兩家公司的合併實際發生時，因為美國線上債臺高
築，致使合併後的公司瀕臨破產。你大概會以為，這兩位執行
長會合作，動員他們的資源來拯救他們創造的這家合併公司，
不，雷文和凱西爭搶個人權力。

　　首先倒下的是雷文，但凱西仍然不試圖拯救公司。事實
上，當新執行長理查‧帕森斯（Richard Parsons）派遣某人去
整治美國線上時，凱西極力反對，因為若某人整治成功，功勞
便會歸他。跟艾科卡一樣，寧願讓公司垮台，也不要讓另一位
王子加冕。當凱西終於受勸辭職時，他很惱怒，跟艾科卡一
樣，對於公司的問題，他把責任撇得一乾二淨，並誓言將報復
那些背叛他的人。

　　因為這兩位房間裡最聰明的人，美國線上時代華納在
2002 年終了時虧損達到近一千億美元，是美國史上最大的年
度虧損。

無懈可擊、無往不勝、自覺應得

　　艾科卡、鄧樂普、雷伊與史基林、凱西與雷文，從這些人
的例子可以看出，由定型心態者執掌公司，會發生什麼情形。

在每一個例子中，一個聰穎的定型心態者把他和他的名聲，看得比任何東西都要重要，因而導致他執掌的公司陷入險境。他們並不是邪惡之人，他們並未立意為害，但在重要的決策點上，他們選擇讓自己感覺良好、看起來優秀，犧牲公司的長期目標與利益。歸咎他人，掩蓋錯誤，促漲股價，鎮壓異己，壓迫小卒，這些是標準的定型心態者作為。

令人難以置信的是，在他們領著公司走向毀滅的同時，這些領導人還自覺無懈可擊、無往不勝。在許多例子中，他們身處高度競爭的產業，面臨勁敵的猛烈攻擊，但他們卻活在不同的現實中。

他們活在自覺優越和自覺應得的世界裡。雷伊有強烈的理所當然感，縱使已經每年從安隆公司獲得巨額薪酬，他個人還向公司高額貸款，為他的親戚安插工作，取得生意合約，讓他的家人用公司的飛機代步。縱使在克萊斯勒業績慘澹之時，艾科卡仍然為公司高層舉辦奢侈的耶誕派對，在每場派對上，身為國王的他呈現給自己昂貴的禮物，讓高階主管事後買單。美國線上的一名前職員談到該公司的高階主管時說：「這些人認為他們有權獲得任何東西。」[38]

這些領導人為自己披上皇服，讓自己周遭充斥極力讚揚他們卓越的馬屁精，隱藏與躲避問題，難怪他們會自覺無往不勝。他們的定型心態創造出一個奇幻國度，在這國度裡，國王的才智與完美不斷獲得證明。在這種心態下，他們獲得充分滿

足，又怎會想要踏出這國度，面對缺陷與失敗的醜陋事實呢？

組織行為學教授摩根・麥考（Morgan McCall）在其著作《高飛者》（*High Flyers*）中指出：「不幸的是，人們往往喜歡那些實際上不利於他們成長的東西……，人們喜歡用他們的能力去達成快速、顯著的結果，儘管這麼做並不會讓他們發展日後需要的新技能。人們喜歡相信他們如同人人嘴巴上說的那麼優秀……，不認真看待自己的缺點。人們不喜歡聽到壞消息或批評……。離開自己擅長的領域，學習與嫻熟新事務，這涉及了重大風險。」[39] 定型心態使這種風險看起來更大。

麥考指出，當領導人覺得自己天生比他人優越時，他們可能開始認為，可以不理會那些較不優秀者的需要或感覺。前述定型心態領導人全都不太關心小卒，許多定型心態領導人大剌剌地瞧不起在公司位階上低於他們的人。這會導致什麼呢？在「使大家保持警覺專注」的藉口下，這些領導人可能虐待員工。

艾科卡刻薄對待其主管，令他們招架不住；時代華納的同事把雷文比為羅馬帝國的暴君卡利古拉（Caligula）；史基林刻薄鄙視嘲諷聰明才智不如他者，這是他出了名的行徑。

企業領導力專家哈維・霍恩斯坦（Harvey Hornstein）在其著作《苛刻上司與受虐者》（*Brutal Bosses and Their Prey*）中指出，這類虐待行徑代表：「上司想要用犧牲下屬來增進他們自己的權力、能力與價值感。」[40] 還記得前文提到，在我們的研究中，定型心態者想拿自己和比他們差的人相比嗎？原理是

相同的，但有一個重要差異：這些上司有權力把下屬搞得更悲慘，當他們這麼做時，他們對自己的感覺更好。

霍恩斯坦舉日光歐斯特（Sunbeam-Oster）家電產品公司前執行長保羅‧卡札里恩（Paul Kazarian）為例，他稱自己為「完美主義者」，但這其實是「虐待者」的委婉語。[41] 當部屬惹惱他時，他會向他們丟擲東西。有一次，公司財務長惹卡札里恩不悅，卡札里恩把一個橙汁容器丟向他。

有時候，受害人是苛刻上司認為不夠能幹者，虐待他們可以滿足苛刻上司的優越感。但很多時候，受害人是最能幹者，因為他們的能幹對定型心態上司構成最大威脅。任職一家飛機製造公司的一位工程師在接受霍恩斯坦訪談時，談到他的上司：「他的目標通常是我們當中最能幹的人，我的意思是，若你真的關心我們的表現，你就不會找表現最佳者的麻煩。」[42] 但是，若你真正關心的是你本身的能力，害怕被比下去，你就會這麼做。

當上司如此這般羞辱下屬時，就會發生一個改變：大家開始奉承取悅上司。柯林斯在《從 A 到 A+》一書中指出，在他的許多對照組公司（那些未能從優秀躍升至卓越的公司，或是達到卓越後，水準再度下滑的公司）中，領導人變成員工的首要擔心。「一旦領導人使自己成為員工擔心的首要現實，而非以公司的營運現實為他們擔心的首要現實，公司就會淪為平庸或更糟。」[43]

　　1960 年代及 1970 年代，美國大通銀行（Chase Manhattan Bank）由大衛‧洛克菲勒（David Rockefeller）執掌，他是個跋扈的領導人。根據柯林斯和薄樂斯（Jerry I. Porras）的合著《基業長青》(*Built to Last*)，他的經理人天天都害怕遭他非難，每天結束時，他們總是鬆口氣：「啊，又過了一天，我今天沒惹麻煩。」縱使在他的全盛期已過去很久之後，資深經理人仍然拒絕大膽採用新點子，因為：「大衛可能不喜歡。」[44]

　　柯林斯和薄樂斯指出，伯羅斯公司（Burroughs Corporation）的雷伊‧麥唐納（Ray Macdonald）經常公開數落犯錯的經理人，以至於他們不敢創新，結果儘管伯羅斯公司在電腦產業的早年領先 IBM，最終落敗。[45] 相同的情形也發生於電腦產業早年的另一個領先者德州儀器公司（Texas Instruments），該公司領導人馬克‧薛波德（Mark Shepherd）和弗瑞‧布希（Fred Bucy）若不喜歡一場簡報說明，他們就會大罵、拍桌子，羞辱做簡報的人，還會丟擲東西，[46] 難怪德儀員工失去創新精神。

　　當上司變得跋扈且苛刻時，他們把所有下屬也變成定型心態者。這意味的是，人人開始擔心被批判，於是公司不再學習、成長、前進。先是上司擔心被評斷，最後演變成人人害怕被評斷。在全公司充斥定型心態下，勇氣與創新很難生存。

成長心態領導人實例

安德魯・卡內基（Andrew Carnegie）曾說：「我希望我的墓碑文寫的是：『這裡躺著一個有足夠智慧而雇用比他懂更多者的男人。』」[47] 咱們把窗戶打開，透透新鮮空氣吧！定型心態令人太鬱悶了。縱使那些領導人行遍世界各地，和世界名人親切交談，他們的世界仍嫌太小、太局限，因為他們的心思總是聚焦於一件事：證明我的能耐！

當你進入成長心態領導人的世界，一切為之改變，更明亮、更開闊，充滿活力，也充滿可能性。你會想，天呀，這似乎很有趣！我從未想過要領導一家公司，但當我聽聞這類領導人的事蹟時，總感覺那是世上最刺激有趣的事。

我挑選了三位成長心態領導人來探討，以對比定型心態領導人。我挑選奇異集團的傑克・威爾許，因為他是個非凡、但懂得克制自負的人，不是那種典型自然地謙遜、不愛出風頭的成長心態傢伙。我挑選拯救 IBM 的葛斯納，以及領導全錄公司（Xerox）重生的安妮・穆卡伊（Anne Mulcahy），以對比於另一位逆轉專家鄧樂普。

威爾許、葛斯納、穆卡伊，他們令人驚歎、欽佩的另一點是：他們靠著根除定型心態，塑造成長與團隊合作的文化，改造了他們領導的公司。看著葛斯納和 IBM，彷彿看到安隆公司蛻變成為一個成長心態的聖地。

　　身為成長心態的領導人，他們始於相信人的潛能與發展——包括他們本身，以及其他人。他們不是把公司拿來作為彰顯自己卓越的工具，他們用它作為成長引擎，推動他們本身、員工及整個公司的成長。

　　華倫・班尼斯曾說過，有太多領導人有幹勁、也很賣力，但沒什麼成就。[48] 但這些人不一樣，他們不談優越尊貴，他們談旅程——虛懷若谷、充滿學習、樂趣無窮的旅程。

傳奇執行長威爾許：傾聽、歸功、栽培

　　威爾許在 1980 年接掌奇異公司時，這家公司市值一百四十億美元，二十年後，它的市值已經增加到四千九百億美元，是舉世最有價值的公司。[49]《財星》(Fortune) 雜誌稱許威爾許是：「他那個年代最廣受敬佩、研究與效法的執行長……，他成就的總經濟影響難以估算，但一定巨倍於他在奇異創造的績效。」[50]

　　但在我看來，更感人的是財捷公司 (Intuit) 執行長史帝夫・班尼特 (Steve Bennett)，在《紐約時報》社論對頁撰寫的文章：「我在任職奇異集團時，從威爾許那裡學到如何培育員工……。他會直接走到前線員工那裡，了解實際狀況。1990年代初期的某一天，我在位於路易維爾市 (Louisville) 的一座冰箱製造廠看到他……，他直接走向組裝線作業員，去聽他們在說些什麼。身為執行長，我也經常和前線員工聊天，這是

我從威爾許那兒學來的。」[51]

這段文章道出了很多。威爾許顯然是個大忙人，一個重要人物，但他的經營方式不像艾科卡那樣——在豪華舒適的公司總部指揮，最常接觸的是戴著白手套的服務生。威爾許總是風塵僕僕地走訪工廠，直接傾聽員工，他敬重這些人，向他們學習，並且回過頭來栽培他們。

他著重團隊合作，而非強調我就是國王。從其自傳中的獻詞及作者注的內容，就能看出威爾許的不同。那不是李艾科卡的「我是超級明星」，也不是鄧樂普的「我是英雄」，儘管他大可做出這兩項宣示。但我們看到的是：「我討厭必須在文中使用第一人稱，我在人生中做過的近乎每件事，都是和其他人一起完成的……。請記得，每當你在本書中看到『我』這個字眼時，指的是所有的那些同仁與朋友，我可能還遺漏了一些人。」[52] 或是，「他們用樂趣和學習填滿我的旅程，往往使我看起來比實際上還要好。」[53]

從這些簡短片斷，我們就已經看到，念茲在茲都是「我、我、我」、渴望證明自己的執行長，變成強調「我們」的成長心態領導人。

值得注意的是，在威爾許根除公司的定型心態之前，他必須先根除自己的定型心態。請相信我，在這一點上，威爾許有好長的一段路要走，他並非一直都是後來世人看到的那種領導人。1971 年，奇異公司考慮晉升威爾許，但該公司當時的人

力資源部門主管，寫了一份警告備忘錄給高層。他在這份備忘錄中指出，儘管威爾許有許多長處，這項人事任命：「挾帶的風險高於普通程度。」他說，威爾許為人傲慢，不能承受批評，太倚恃才賦，而非仰賴努力及他的有見識的幕僚，這些都不是好徵兆。[54]

所幸，每當他的成功浮現他腦海時，他都獲得一記警醒。有一天，年輕的威爾許「博士」西裝筆挺，進入他新購的敞篷車，接著他放下車頂蓬，汗油霎時濺髒他的西裝及愛車。「我原本想著自己很了不起，這當頭棒喝把我打回現實。很棒的一個教訓！」[55]

威爾許的自傳中有一章的標題是「太自以為是」（Too Full of Myself），講述他在一樁收購案的過程中覺得自己不會犯錯。當時，他收購華爾街投資銀行吉德佩寶（Kidder, Peabody & Co.），這家公司有著類似安隆的文化，收購後真是災難一場，導致奇異集團損失數億美元。威爾許說，那一次的經驗教訓他：「我永遠不會忘記吉德佩寶的經驗，自信與自大只有一線之隔。這一回，自大贏了，教了我永遠不會忘記的一課。」[56]

他學到了這件事：真正的自信是：「有勇氣敞開心胸，歡迎改變和新點子，不論它們源自何處。」[57]真正的自信，不是反映在頭銜、昂貴的西裝、高端的車子，或是一連串的收購案上頭，而是反映在你的心態上：你欣然擁抱成長。

謙遜是個開始，但管理技巧呢？

　　威爾許從經驗中學到愈來愈多有關他想成為的那種經理人：成長心態的經理人，當個嚮導，而非裁判。威爾許還是個年輕的奇異公司工程師時，曾經導致一場化學物品爆炸事件，掀翻他正在工作的那棟建物的屋頂。這使他嚇壞了，緊張地開了上百哩車程到公司總部，勇敢面對懲罰，親自向上司解釋。但到了那裡，他獲得的對待是理解與支持。這使他終身難忘，他說：「察理的反應令我印象深刻極了……。若我們管理的優秀人才明顯為錯誤承擔責任，我們的工作是幫助他們度過難關。」[58]

　　他學會如何選人？看他們的心態，不是出身。他原本很看重名門學府，喜歡錄用出身麻省理工學院、普林斯頓大學、加州理工學院的工程師，但後來他認知到，重要的不是這個。「最終，我認知到，我真正想要的是充滿熱情、有達成目標欲望的人，履歷表無法告訴我多少有關這種內在的渴望。」[59]

　　然後，成為執行長的機會來了，三位候選人必須說服現任執行長，他是這個職務的最適任者。威爾許推銷他的成長能力，他並未自稱為英才，或是有史以來最優秀的領導人，但他承諾他會持續成長。他獲得這項職務，也實踐他當時的承諾。

　　上任後，他立刻開啟交談與誠實反饋意見的管道，他不久就開始詢問高階主管們，他們喜歡及不喜歡這家公司的哪些部分，他們認為這家公司需要改變什麼。這些高階主管們驚訝極了，事實上，他們已經習慣於逢迎上司，以至於這些詢問令他

們的腦筋一時轉不過來。然後，他散播訊息：這家公司重視的
是成長，不是自負。

相反於前述定型心態領導人，威爾許遏止精英主義。某天
晚上，他在奇異公司的一個精英主管俱樂部講話，這裡是該公
司舉足輕重人物交流之地。大出他們意外，威爾許非但沒有對
他們說他們有多棒，他竟然說：「我看不出你們這麼做有什麼
價值」，他要求他們去想一個對他們及公司而言更有意義的角
色。[60] 一個月後，那個俱樂部的會長來找威爾許，提出一個新
構想：把這個俱樂部變成社會志工團。二十年後，這項開放給
所有員工的方案已有四萬兩千名會員，他們從事的活動包括在
城中排名貧民區學校推出指導方案，為需要的社區興建公園、
遊樂場、圖書館。他們現在貢獻於幫助他人的成長，而非聚焦
於膨脹他們的自負。

威爾許開除苛刻的上司。艾科卡容許、甚至誇獎那些能夠
逼使員工生產的苛刻上司，這對他的業績有利。威爾許承認，
他以前也常認為嚴苛才能逼出好績效，但在他如今想望的組織
中，他不能再那麼做。在五百名經理人面前，「我解釋在上一
年為何要求四名公司主管離開，儘管他們交出優良的財務績
效……，他們被要求離開是因為他們沒有奉行我們的價值
觀。」[61] 威爾許及其執掌下的公司認同的提升生產力方式是透
過指導，而非透過威嚇。

他獎勵團隊合作，而非個人才能。多年來，奇異公司跟安

隆一樣，獎勵提出構想的個人，但現在，威爾許想要獎勵把構想化為果實的團隊。「結果，公司的領導人被鼓勵去和他們的團隊分享構想的功勞，而非自己獨攬功勞。這對我們全員彼此間的互動與關連方式產生很大的影響。」[62]

威爾許不是一個完美的人，但他致力於成長，這努力使他克制自負，使他能夠連通事實，使他能夠保持他的人性。最終，這努力使他的旅程、乃至於無數其他人的流程成功且心滿意足。

葛斯納：根除定型心態

到了 1980 年代末期時，IBM 已經變成像安隆一般，但有個差別：董事會知道這家公司陷入麻煩了。

當時，IBM 有著自鳴得意與精英主義文化，公司內充斥著「我們都是優越尊貴者，但我比你更優越尊貴」的症候群，沒有團隊合作，只有地盤爭戰。有生意，但沒有後續服務，他們不關心顧客，但若生意不受影響，大概誰也不在乎。

1993 年，IBM 董事會找上葛斯納，請他來當新任執行長，葛斯納婉拒了。他們再度找他，告訴他：「你該為美國做這個，我們會讓柯林頓總統打電話給你，叫你接下這工作。拜託，拜託，拜託，我們需要你在美國運通（American Express）和納貝斯克（RJR Nabisco）創造的那種策略和文化變革。」[63]

最終，他投降，不過，他已經不記得當時為何會答應。這下，IBM 有了一位相信個人成長、相信應該創造一個促進個人成長的企業文化的領導人了。他如何在 IBM 做到這個呢？

跟威爾許一樣，他首先開啟整個公司上上下下溝通的管道。上任六天後，他發出一份備忘錄給每一位 IBM 員工，告訴他們：「在接下來幾個月，我打算盡我所能地造訪我們的許多營運地和辦公室，只要可能的話，我打算和你們許多人會面，談談我們該如何齊力加強這公司。」[64]

葛斯納把他撰寫的回憶錄《誰說大象不會跳舞》(Who Says Elephants Can't Dance?) 獻給 IBM 員工：「這本書獻給數萬名從不放棄他們的公司、他們的同事，以及他們本身的 IBM 人，他們是 IBM 重生的真正英雄。」[65]

如同威爾許，葛斯納也拿精英主義開刀。跟安隆公司一樣，IBM 當時的整個公司文化就是在公司內抓緊個人地位，葛斯納解散 IBM 高階主管終極權力角色所在的管理委員會，經常向公司高層之外尋求專家意見。從成長心態來看，並非只有少數精英才有好東西可提供，「我不在乎階級，讓我們把能夠幫助解決問題的人找來一起開會吧，別管他是什麼職階。」[66]

再來是團隊合作。葛斯納開除那些在公司內部搞勾心鬥角的政客，獎勵那些幫助其他同仁者。他禁止 IBM 銷售部門為了贏得生意而自相殘殺，他開始更加根據 IBM 的整體績效來決定主管的分紅，減少以主管個別部門或事業單位的績效為根

據。這些作為要傳達的訊息是：我們不為少數王子加冕，我們必須以團隊來運作。

跟安隆公司一樣，在 IBM，談生意和贏得生意才是有趣之事，其餘事務平庸乏味，無數的生意和決策未能貫徹執行，而公司對此無限地寬容，這令葛斯納非常震驚。他要求並激勵更好的執行，傳達的訊息是：光有才智還不夠，我們必須把工作完成。

最後，葛斯納聚焦於客戶。IBM 的客戶覺得被 IBM 背叛，感到憤怒，IBM 太自私，只顧自己，不再服務客戶的需要。客戶對 IBM 的訂價很感冒，對 IBM 的官僚作風很不滿，它們很惱怒 IBM 不幫助它們整合它們的系統。在和美國最大的公司的 175 位資訊長開會時，葛斯納宣布，從現在起，IBM 會把客戶擺在第一，並且宣布大幅降低 IBM 主機電腦的價格。葛斯納傳達的訊息是：我們不是世襲的皇族，我們為取悅顧客而服務。

在過了艱辛的頭三個月時，葛斯納收到來自華爾街的評價：「IBM 的股價毫無起色，因為他一事無成。」[67] 葛斯納很惱火，但不為動搖，他繼續他的反尊貴行動，把 IBM 從「瀕死體驗」中救回來。這是短跑，換作鄧樂普，他會帶著他的錢跑走。前路更艱辛，他必須持續他的政策，直到 IBM 重新奪回產業領先地位，那就是馬拉松了。到了 2002 年 3 月，他把 IBM 交還到 IBM 人手上時，公司股價已經漲了 800％，IBM

已經是「IT 服務、硬體、企業軟體（個人電腦除外）、客製化高性能電腦晶片領域的世界第一名。」此外，IBM 再度成為定義產業未來方向的公司。

穆卡伊：學習、堅韌果敢、同情心

讓 IBM 的負債達到一百七十億美元，摧毀它的信用評等，讓它成為美國證管會調查的對象，讓它的股價從 63.69 美元跌到只剩 4.43 美元。你會得出什麼？全錄公司。

這就是安妮・穆卡伊在 2000 年接掌時的全錄，[68] 當時，該公司不僅沒能多角化，甚至已經無法再賣它的影印機了。但是，三年後，全錄連四季獲利，《財星》雜誌在 2004 年評價穆卡伊為「自葛斯納以來最火紅的逆轉行動。」[69] 她如何做呢？

她進入難以想像的學習模式，使自己成為全錄求生存所需要的執行長。她和她的高層人員，例如烏蘇拉・伯恩斯（Ursula Burns），* 一起學習企業管理每個部分的基本東西。例如，《財星》雜誌記者貝西・摩里斯（Betsy Morris）解釋，穆卡伊上資產負債表基礎課程，學習負債、存貨、財稅、貨幣理論等東西，使她能夠預期每項決策將對資產負債表產生什麼影響。每個週末，她把一些大卷宗帶回家，仔細鑽研，彷彿在準備下週一的期末考。[70] 她接下執行長職務時，全錄事業單位人

---

* 後從穆卡伊手上接下執行長的棒子。

員無法提供她有關公司有什麼、賣什麼，或誰負責什麼的簡單
答案，經過學習，她變成一位知道所有答案或知道往何處取得
答案的執行長。

穆卡伊堅韌果敢，她告訴所有人不願意知道的冷酷事
實——全錄的事業模式何以無法支撐下去，公司的錢快用光
了，她裁員 30％。但她不是鏈鋸艾爾，她忍受她的決策造成
的沉重情緒壓力，在公司四處巡走，和員工相處與交談，對他
們說：「我很抱歉」。她堅韌果敢，但有同情心，她經常在夜裡
醒來，憂心萬一公司倒了，剩下的員工和退休員工將遭遇什麼
下場。[71]

她時常擔心員工的士氣和發展，因此縱使大舉裁員，她拒
絕犧牲全錄文化中獨特、美好的部分。業界都知道，全錄會在
員工退休時舉辦歡送會，也為已退休的前員工舉辦重聚會。對
於和她一起胼手胝足的員工，她拒絕取消他們的加薪；為了提
振員工士氣，她讓他們在生日當天放假。她想拯救公司的實體
與精神，這不是為了她自己或她的自負，而是為了所有為公司
生存而竭盡全力的員工。

在賣力苦幹了兩年後，穆卡伊打開《時代》雜誌，看到她
的一張相片和惡名昭彰的前泰科國際公司（Tyco）及世界通訊
公司（WorldCom）領導人的相片擺在一起，這兩人搞出當時
最大的企業財務醜聞。[72]

但一年後，前寶鹼公司執行長告訴穆卡伊：「我從未料想

到，我的名字會再度和這家公司關連在一起，並且對此引以為傲，我錯了。」聽到這番話，穆卡伊知道她的努力終於獲得回報。[73]

穆卡伊在短跑中獲勝，接下來是一場馬拉松，全錄是否也能在馬拉松賽中勝出呢？或許，該公司在領域桂冠上停留得太久了，拒絕變革，讓太多機會溜走。又或許，成長心態──穆卡伊轉變自己和公司的使命──將幫助拯救又一個美國企業。

威爾許、葛斯納、穆卡伊，他們全都相信成長，全都充滿熱情，全都相信領導是關乎成長與熱情，不是僅憑藉聰明才智。定型心態領導人最終滿懷怨憤，成長心態領導人最終滿懷感激，他們感激地仰視那些使他們的旅程美好、有成就的員工們，他們稱那些員工為真正的英雄。

執行長＝男人？

看到那些由執行長們撰寫或有關執行長的書籍，你大概會這麼認為：執行長都是男人。柯林斯列出的那些從優秀到卓越的公司領導人（以及其對照組中不是那麼卓越的領導人），全都是男性，這或許是因為男性掌權的時期很久。

幾年前，你大概很難想像女性執掌大公司；事實上，許多執掌大公司的女性，本身是這些公司的創辦人，例如玫琳凱‧艾許（Mary Kay Ash，化粧品業大亨）、瑪莎‧史都華（Martha Stewart）或歐普拉‧溫芙瑞（Oprah Winfrey）；或是這些公司

的繼承人，例如前《華盛頓郵報》領導人凱薩琳・葛拉罕
（Katherine Graham）。

情況開始改變了，如今有更多女性在大企業裡居要位。[74]
不僅全錄公司的執行長是女性，eBay、惠普科技、維亞康集團
（Viacom）旗下的音樂電視網（MTV Networks）、時代華納旗
下的時代公司（Time, Inc.）、朗訊科技（Lucent Technologies）、
來德愛連鎖藥房（Rite Aid），都曾經由女性擔任執行長；花旗
集團（Citigroup）、百事公司（PepsiCo）、威訊通信（Verizon），
這些公司都曾經由女性擔任總裁或財務長。《財星》雜誌當年
評價 eBay 執行長梅格・惠特曼（Meg Whitman）為：堪稱「舉
世最火紅公司」的「美國最佳執行長」。[75]

我在想，幾年之後，我會不會撰寫要角大多是女性的一整
章內容。但另一方面，我希望不會。我希望幾年後，在最重要
的公司高層，很難找到定型心態的領導人。

有關管理團隊的研究

社會心理學家羅伯・伍德及其同事做了另一項出色的研
究，[76] 這回他們創造出管理團隊，總計三十支團隊，每個團隊
有三人。他們讓其中半數團隊的三人具有定型心態，另外半數
團隊的三人具有成長心態。

那些具有定型心態的團隊相信：「人具有固定程度的管理
能力，無法對此能力做出多少改變。」相反地，那些具有成長

心態的團隊相信：「人可以顯著改變他們管理他人的基本技巧。」也就是說，一群團隊認為，你要不就是有管理能力，要不就是沒有；另一群團隊則認為，你的管理技巧可以隨著經驗歷練而提升。

每一支團隊一起執行一項作業幾週時間，這項作業和先前那項研究中交付的作業相同：經營一家模擬的家具公司，設法布署員工職務，激勵他們，以提升生產力。差別在於，這回不是由個人經營，而是由三人團隊經營，他們可以討論抉擇和獲得的反饋資訊，一起改善決策。

定型心態團隊和成長心態團隊的起始管理能力水準相同，但成長心態團隊的表現明顯與時精進，團隊運作得愈久，這種差異性變得愈大。相較於定型心態團隊，成長心態團隊從錯誤及反饋資訊中學習得更多。但更有趣的是，團隊的運作方式。

成長心態團隊的成員在溝通管理決策時，更可能誠實說出意見，坦率表達異議，每個人都參與學習過程。定型心態團隊的成員則是關心誰聰明、誰笨拙，擔心自己的意見不獲認同，因此未能出現坦誠、有建設性的討論，反而更像「團體迷思」（groupthink）。

團體迷思 & 一起思考

心理學家艾爾文・詹尼斯（Irving Janis）在 1970 年代初期提出「團體迷思」一詞，[77] 指的是團體中的所有人開始傾向

一致思維，沒有人提出異議，沒有人提出批評。這種現象可能導致糟糕決策，如同伍德的研究顯示，這往往源於定型心態。

當人們對一位能幹的領導人寄以無限信心時，可能會發生團體迷思。當年美國思慮不周下祕密入侵古巴、意圖推翻卡斯楚、但失敗收場，而且引發災難性後果的豬灣（Bay of Pigs）入侵事件，就是這樣發生的。甘迺迪總統敏銳、精明的顧問群，並未充分發揮判斷力，為什麼？因為他們認為甘迺迪英明、能幹，做的每件事情都會成功。

曾經擔任甘迺迪總統特別助理的亞瑟・史列辛格（Arthur Schlesinger）指出，甘迺迪身邊的人對他的能力及運氣有著無比的信心。他說：「自 1956 年起，他一帆風順，克服一切阻力，贏得黨內提名與選舉。他身邊的人全都認為他有點金術，不會失敗。」[78]

史列辛格也說：「若當時有一個高級顧問出言反對這項行動的話，我相信甘迺迪會取消，但沒有人出言反對。」[79] 邱吉爾（Winston Churchill）為了防止這種情形發生於他身上，成立了一個特別部門。其他人或許敬畏他的偉大，但柯林斯指出，這個部門的職責，是對邱吉爾提供所有最壞訊息。這麼一來，邱吉爾就能安心睡覺，知道他不會被團體迷思引入錯誤的安全感。[80]

當團隊因其聰明和優越感而得意忘形時，也可能發生團體迷思。安隆公司的高階主管們相信，因為他們聰明，所以他們

的所有點子都很優，絕對不會出錯。一位外面的顧問不斷詢問安隆人員：「你們認為，你們的弱點是什麼？」[81] 沒人回答他，沒人了解過這個疑問的含義。該公司一名高級主管說：「我們甚至得意到了自以為刀槍不入的地步。」[82]

通用汽車公司（General Motors）前執行長阿佛列德‧史隆（Alfred P. Sloan），是一個很好的反例。某天，他和一群高階決策者開會，似乎達成了共識。史隆說：「各位，我就當我們全都同意這項決策……，那麼，我提議我們把這件事的進一步討論，延至我們的下一次會議。讓我們有時間去思考和得出異議，或許還能讓大家對於這項決策有一些了解。」[83]

歷史學家希羅多德（Herodotus）在西元前五世紀時記載，古波斯人使用另一種版本的史隆方法來發展團體迷思：每當一群人在沒喝醉的清醒狀態下達成一項決策時，他們會在喝醉時，重新考慮這項決策。[84]

當一位定型心態領導人懲罰異議時，也可能發生團體迷思，人們或許不會停止思辨性思考，但他們不會開口說出來。艾科卡試圖讓那些批評其點子與決策的人閉嘴或走人，他說外型流線更圓滑的新車款看起來像在飛的馬鈴薯，就這樣，這種新設計被否定，不得有人提出異議。大家眼睜睜看著克萊斯勒和它那四四方方的車子的市場占有率，愈掉愈多。[85]

反觀大衛‧帕克（David Parkard），則是頒發一面獎章給一位敢於違逆他的員工，這是這位惠普科技公司共同創辦人講

述的故事。多年前，在惠普的實驗室裡，他們叫一名年輕工程師放棄他正在研發的一種顯示器，這位工程師於是申請休假，前往加州，順便拜訪潛在客戶，向他們展示這顯示器，探詢他們的興趣。潛在客戶很喜愛，於是這名工程師繼續研發，然後設法說服他的經理生產這顯示器。結果，這款顯示器銷售量超過一萬七千台，創造了三千五百萬美元的營收。後來，在一場惠普工程師會議上，帕克頒發獎章給這位年輕人，以表彰他：「超越正規的工程師職責，展現非凡的藐視與違抗行為。」[86]

　　定型心態以非常多的方式生成團體迷思：領導人被視為絕對不會犯錯的神；團隊以特殊才能和權力包覆自己；領導人為膨脹自負而鎮壓異議；員工為了獲取領導者的肯定而逢迎。正因此，在做出重要決策時，必須要有成長心態。誠如伍德在其研究中展示的，成長心態使人擺脫錯覺或固定能力的包袱，促成對資訊的充分與坦誠討論，對決策有幫助。

受讚美世代步入職場

　　將來會不會出現適任領導人難覓的問題？有關讚美在職場上引發的問題，已經有很多的探討，雜誌上看得到，電台上也聽得到，所以我們可以預見適任領導人難覓問題的到來。[87]

　　前文探討過，立意良善的父母試圖透過讚美──告訴孩子他們有多聰穎、多有才華，藉此提升孩子的自尊，我們探討過這類讚美的負面效果。這些受讚美的孩子現在已經步入職場，

想當然耳，若不給予刺激，他們當中有許多人將沒勁，動不起來。於是，一些公司現在不是只有發放年終獎金，它們發放季獎金、月獎金；不再是評選「本月最佳員工」，而是評選「本日最佳員工」；公司找顧問教導它們如何才是獎勵這被過度讚美世代的最佳方法。我們現在的勞動力中，充滿需要不斷獲得肯定、無法承受批評的人，這非常不利於企業，因為接受挑戰、展現毅力、承認與修正錯誤，這些是企業生存與成功的必要能力。

為何企業界延續這問題？為何它們繼續使用那些過度讚美孩子的父母所使用的誤導方法，然後付錢請顧問教自己該怎麼做？或許，我們應該後退一步，從另一個角度來看這問題。

若不當的讚美會導致孩子步入自覺應得、依賴、脆弱的途徑，那麼，或許「適當」的讚美可以引導他們走上努力、更堅強的途徑。前文提到，我們的研究顯示，給予適當的反饋，就連成年人也能受到激勵，選擇富有挑戰性的工作，並且坦然面對錯誤。

那麼，在職場上，「適當」的反饋意見是什麼呢？不是對最聰明的點子給予獎勵，或是讚美出色的表現，而是讚美這些：主動精神與行為；有始有終地完成困難工作的毅力；奮鬥與努力學習新東西；不因挫折而灰心害怕；敞開心胸接受批評，並且據以行動。甚至，你可以讚美那些不需要經常依賴讚美的人。

1990 年代（以及 2000 年代），許多父母愛孩子的觀念與方式錯誤，導致他們失職。雖然，收拾父母留下的爛攤子，並不是企業的職責，但企業現在可能被迫必須做這些事，因為若不去發展更成熟、具有成長心態的人才，試問未來的領導人要來自何處呢？

談判人才是天生的，抑或後天育成的？

談判技巧是成功企業人士必須具備的重要能力之一，事實上，很難想像沒有優秀談判人才的公司要如何生存與成功。心理與行為學家蘿拉・克瑞（Laura Kray）和麥克・海索杭（Michael Haselhuhn）的系列實驗性研究顯示，心態對談判的成敗具有重要影響。[88]

在這項研究中，他們讓半數實驗參與者閱讀一篇文章〈談判能力就像石膏，歷經時日仍然相當穩定不變〉（"Negotiation Ability, Like Plaster, Is Pretty Stable Over Time"），以使他們對談判技巧產生定型心態。他們讓另外半數實驗參與者閱讀一篇文章〈談判能力是可以改變與發展的〉（"Negotiation Ability Is Changeable and Can Be Developed"），以使他們對談判技巧產生成長心態。這篇教導成長心態的文章一開頭是這麼寫的：「以前，人們相信談判是一種固定性質的技巧，有些人天生有，有些人天生沒有。但是，這個領域的專家現在相信，談判是是一種變動性質的技巧，可以在一生中培養與發展。」

　　接著，研究人員讓實驗參與者選擇想要的談判工作種類，他們可以選擇能夠賣弄談判技巧、但不會學到任何新東西的工作，或是選擇可能犯錯、困惑，但能從中學到一些實用談判技巧的工作。在那些對談判技巧產生定型心態的人當中，有大約半數（47％）選擇能夠賣弄談判技巧的工作，但在那些對談判技巧產生成長心態的人當中，只有 12％選擇這種工作。也就是說，學到成長心態的人當中有 88％，想做能夠改善談判技巧的工作。

　　在下一項研究中，克瑞和海索杭觀察不同心態者進行談判的情形。同樣地，他們讓半數實驗參與者對談判技巧產生定型心態，另外半數則是產生成長心態。然後，他們讓實驗參與者兩人一組，進行工作應徵談判，其中一人扮演應徵者，另一人扮演招募者，談判的項目包括薪資、休假、福利等八個項目。結果，在談判結束時，成長心態者是明顯的贏家，收穫近乎兩倍於定型心態者。那些學到成長心態者在談判中遭遇困難和陷入僵持狀態時，仍然堅持不懈，最終贏得更有利的結果。

　　在最後三項研究中，研究人員檢視上談判術課程的企管碩士班學生的表現，他們首先評量這些學生既有的心態，詢問他們對於定型心態陳述的贊同程度（「一個人是哪種類型的談判者，這是很基本的東西，不大能夠改變」；「優秀的談判者是天生的」），以及他們對於成長心態陳述的贊同程度（「所有人都可以改變最基本的談判素質」；「說到談判，經驗是很有助

益的老師。」）相似於先前的研究結果，他們發現，成長心態較為濃厚的學生，在談判工作上的表現較佳。

但是，成長心態只是使人更善於在談判中爭取到自己想要的東西嗎？其實，談判往往也需要去了解並嘗試設想與滿足對方的利益。最理想的情形時，談判結束時，雙方都覺得結果符合需求。在後續研究中，當給予較困難的談判工作時，具有成長心態者能夠在談判初步失敗後，建構出符合雙方利益的交易。也就是說，具有成長心態者不僅為自己獲得更有利的結果；更重要的是，他們也會想出更有創意、照顧到雙方利益的解方。

最後的研究顯示，成長心態激發更多學習。那些在上談判課程之初的心態評量中就顯示具有成長心態的企管碩士班學生，在課程數週後的最終成績較佳。這項成績的評量是根據學生的作業、課堂討論、課堂報告等表現，反映出對談判理論與實務有更深的了解。

公司訓練：經理人是天生的，抑或後天育成的？

企業界每年投入大量金錢和時間，教導領導人和經理人指導員工，對員工提供有效的反饋意見，但這些效率大多成效不彰，許多領導人和經理人依舊是糟糕的教練。這是因為這些管理技巧是無法訓練習得的嗎？不，這不是原因，研究幫助我們洞察公司訓練為何往往成效不彰。

學者彼得・賀斯林（Peter Heslin）、唐・范德瓦利（Don VandeWalle），以及蓋瑞・雷騰（Gary Latham）共同進行的研究顯示，許多經理人不相信個人能做出多少改變。[89] 這些具有定型心態的經理人直接尋找現成人才，從一開始就評斷員工有勝任能力或沒勝任能力，很少栽培員工，當員工真的進步時，他們也可能沒注意到，依舊停在最初的印象裡。此外，就如同安隆公司的經理人，他們比較不會尋求或接受來自員工的批評性反饋意見。既然員工的能力是不會改變的，何必訓練他們？既然經理人本身是不會改變的，何必徵詢員工的反饋意見？

具有成長心態的經理人認為，有才能固然很好，但這只是起點。這些經理人更投入於員工和自身的成長與發展，對員工提供遠遠更多的輔導，他們會注意到員工的進步，也歡迎來自員工的批評。

更令人振奮的是，可以對經理人教導成長心態。賀斯林及其同事舉辦了一個研習營，以廣為接受的心理學原理為基礎。順便一提，只需做出少許改變，這種研習營也可被用於提升教師或教練的成長心態。研習營一開始先播放一段影片，閱讀一篇有關學習如何改變大腦的科學文章。如同我們的「大腦學」（Brainology，參見第 8 章）研習營所觀察到的，當人們了解到大腦有多活躍，以及學習如何改變大腦時，往往對他們產生很大的影響。這篇科學文章談到，人的一生都有可能做出改變，只要接受教導與練習，人們可以發展出絕大多數工作需要的能

力。雖然經理人當然都想找到職務最適任者，但未必總是能在需要之時，就找得到適任的人。但是，透過訓練與經驗累積，往往能夠引導及發展出成功表現所需要的素質。

這個研習營接著帶領經理人做一系列練習：a）人們能夠發展潛能，請經理人思考何以了解這點很重要；b）請經理人想想自己曾經能力差、但現在做得很好的領域；c）請經理人寫信給一位正陷入瓶頸的「門徒」，告訴他／她可以如何發展能力；d）請經理人回想曾經看到員工學習做他們從未想過這些員工能做的事的經驗。在每一個練習中，這些經理人嘗試思考，為何會發生改變，改變是如何發生的？

研習營後，發生明顯改變：這些經理人很快就能察覺到員工表現進步了，不但更願意指導表現不佳的員工，建議數量與品質也明顯提升了。此外，在研究人員後續追蹤的六週期間內，這些改變持續發生，未有消減。

這意味什麼呢？首先，這意味的是，企業用人的最佳之道，並非只是雇用可以找到的最能幹經理人，然後放手不管，應該是找也具有成長心態的經理人：有教導他人及學習的熱情；胸襟開放，提供與接受反饋意見；能夠勇於面對，並且克服阻礙。

其次，這也意味，我們必須訓練領導人、經理人及員工相信，人都是可以成長的，同時訓練他們擁有有效溝通與指導的技巧。事實上，在任何重要的訓練課程中，舉辦一場成長心態

研習營，會是很好的第一步。

　　最後，這意味組織應該創造一個能讓人們有所發展與進步的成長心態環境，包括：

• 以能夠學習的方式展示技能；

• 傳達這種訊息：組織重視學習與毅力，而非只重視現成的天才或人才；

• 以能夠促進學習及未來成功的方式提供反饋意見；

• 讓經理人成為幫助員工學習的資源。

　　由於不相信人是可以發展的，許多公司的訓練方案淪為沒有明顯成效與價值的活動。如果相信人是可以發展的，這類訓練方案將賦予「人力資源」這個名詞真正意義，變成汲用人類龐大潛能的一種工具。

領導人是天生的，抑或後天育成的？

　　華倫・班尼斯說，他訪談傑出領導人時，「他們全都認為領導人不是天生的，是後天育成的，而且自己下的苦功遠勝於任何外力。」[90] 班尼斯認同：「我相信⋯⋯，每一個人，不論什麼年紀與境況，都能做出自我轉變。」[91] 這並不是說，人人都將變成領導人，很遺憾，多數經理人、甚至執行長最終變成上司，而非領導人。他們行使權力，而不是改變自己、員工及組織。

　　為何如此？領導力培訓顧問約翰・曾格（John Zenger）和

約瑟夫‧佛克曼（Joseph Folkman）指出，多數人在成為經理人之初進入很好的學習期，獲得大量訓練與輔導，對各種思想與觀念敞開心胸，十分認真思考如何做好職務。一言以蔽之，他們追求發展。但是，一旦他們學到基本的技能之後，很容易就會停止追求改進。可能是因為他們覺得太麻煩了，或是他們看不出改進能帶給他們什麼益處。他們滿足做著自己的工作，而非追求使自己變成領導人。[92]

或者，如同組織行為學教授摩根‧麥考所言，許多組織相信天賦，不尋找有發展潛力的人。[93] 這些組織不僅錯失一大池潛在的卓越領導人，他們相信天賦，可能反而害了原本認為的天生好手，使這些人變成傲慢、自負、防衛心過重的不學習者。啟示是：請致力於打造一個重視發展能力的組織，這樣組織就能看到有潛力的領導人出現。

組織的心態

當我們談到葛斯納和穆卡伊時，我們看出他們想創造怎樣的公司，而他們也做到了。這些公司重視所有員工的發展，而非崇拜少數被神聖化的「天才」。

這引發了一項疑問：一個組織的領導人顯然可以具有定型心態或成長心態，但組織呢？一整個組織能夠具有一種心態嗎？一個組織能普遍相信才能是定型的，或是普遍相信所有員工可以、也應該發展才能嗎？若是可以的話，這將對組織及其

員工造成什麼影響呢？為了解答此項疑問，我們研究名列「財星五百大企業」和「財星一千大企業」的一群大型企業。[94]

　　一個組織可能體現定型心態，表現出員工要不就是「有才賦」，要不就是「沒有才賦」的信念，我們稱此為「天才文化」（culture of genius）。或者，一個組織可能體現成長心態，表現出只要努力、有好方法、獲得良好指導，人們就能成長與進步的信念，我們稱此為「發展文化」（culture of development）。

　　為了衡量一間公司的心態，我們在每個組織多樣化選取一群員工，詢問他們對類似下列陳述的贊同程度：「在評斷成功與否時，貴公司似乎相信人們有已定程度的才能，無法對此做出多少改變」（定型心態）；「貴公司看重天生智力和商業才能，勝過任何其他特質」（定型心態）；「貴公司十分重視員工個人的發展與成長」（成長心態）。

　　我們匯總了員工的回答，獲得一項重要發現：每家公司到底是定型心態抑或成長心態，從員工的回答可以看出他們的意見高度一致。因此，接下來，我們可以檢視公司心態對下列項目造成的影響：員工對公司的信賴程度；員工的賦能感與投入程度；組織內擁抱通力合作、創新及道德行為的程度。

　　我們的發現很有趣，任職於成長心態組織的人們，對公司的信賴程度遠遠更高，賦能感、所有權感及投入程度也更強烈。舉例而言，當我們請員工回答他們對「公司的人值得信賴」等陳述的贊同程度時，成長心態公司的員工的贊同程度遠遠較

高。成長心態公司的員工對其公司的投入程度也較高，更願意為公司多走一哩路，會說：「我對這家公司的前景，有強烈的所有權感，並且為此努力。」但是，定型心態公司的員工想離開公司，尋覓他職的念頭較為強烈。

成長心態公司的員工對公司有信賴感和貢獻意願，這很好，但機敏度和創新呢？這是現今組織應該、也確實非常關心的部分。或許，公司必須為了競爭優勢而犧牲一些安適與忠誠；或許，相信才能定型的信念，有助於激勵創新？看起來並非如此。

實際上，那些任職於成長心態公司的員工說，他們的組織支持合理冒險、創新及創意。例如，他們對諸如下列的陳述贊同程度遠遠較高：「這家公司支持冒險，縱使我失敗了，仍然支持我」；「在這家公司，員工被鼓勵創新，創意受到歡迎。」

任職於定型心態公司的員工，不僅表示公司較不支持冒險及創新，贊同組織充斥惡劣競爭或不道德行為的程度也遠遠較高：「在這家公司，有很多欺騙、抄捷徑、便宜行事的行為」；或「在這家公司，人們往往隱藏資訊，保守祕密。」其實，認真想想，這是很有道理的。當組織更看重天賦時，人人都想成為超級巨星，人人都想比別人更耀眼，因此員工更可能為此而欺騙或便宜行事，可能會嚴重傷害到團隊合作。

所以，成長心態公司的員工，對組織有更強烈的正面觀點。但是，這種欣賞是雙向的嗎？是的，成長心態公司的上

司，對員工及公司應該關心的層面，抱持著明顯較為濃厚的正面觀點。成長心態公司的上司對員工在通力合作、致力於學習及成長、創新、管理潛能等方面的表現評價較高，而這些全都是使一家公司更機敏、更可能保持競爭優勢的要素。

　　我很喜歡最後的這項發現：成長心態公司的主管，對團隊成員的管理潛能評價，遠高於定型心態公司的主管。他們認為，公司的未來領導人正在育成中。我也很喜歡這個諷刺：定型心態公司想必喜歡尋找、雇用、獎酬天賦英才，但現在它們回過頭來問：「人才都跑去哪裡了？」天賦並未發光。

　　我們的研究發現指出，定型或成長心態有可能滲透到組織紋理中，形成天才文化或發展文化。人人都知道，以往的經營模式不再管用，現代的公司必須不斷地自我改造，才能夠繼續生存下去。請問，你認為哪一種公司比較有機會在現今世界中生存繁榮？

發展你的心態

- 你任職於定型心態或成長心態組織？你感覺組織裡的人只是在評價你，抑或幫助你發展、成長？或許，你可以嘗試把這個組織變成一個更具有成長心態的地方，從你本身做起。你是否對犯錯能夠不再那麼具有

防衛心？你能不能更敞開心胸，從獲得的反饋意見中獲益？你是否能夠設法為自己創造更多的學習經驗？

• 在你任職的組織中，你如何對待其他同事？你是一個定型心態主管，聚焦於權力，更甚於部屬的福祉嗎？你是否曾經藉由貶低他人來鞏固你的地位？你是否曾經抑制表現優秀的部屬，因為他們對你構成威脅？

• 請思考用什麼方法來幫助同事在職務上發展、成長。師徒制？研習營？教練營？請思考你可以如何開始把同事看成團隊合作者，不妨試著列出一張清單，開始嘗試各種方法。就算你認為自己是個擁有成長心態的主管，也可以嘗試做這些，對同仁提供切要的支持，幫助他們成長、提供反饋意見，畢竟這些做法只會有益，不會有害。

• 若你是一家公司的經營者，請從心態角度來檢視公司的運作。你是否需要效法葛斯納的做法，根除這家公司的定型心態？請認真思考，該如何根除精英主義，創造一個自我檢討、坦誠溝通、重視團隊合作的公司文化。有空時，不妨閱讀葛斯納的優異著作《誰說大象不會跳舞》，看看他如何做。

• 你任職的組織助長團體迷思嗎？如果是，那麼整個決策流程可能有問題。請設法促進另類觀點和有建設性

的批評，指派一些人扮演魔鬼代言人的角色，提出對立的觀點，幫助你看出自身立場與論點的漏洞。不妨鼓勵人們辯論，從不同角度來議論事情。也可以設立一個匿名意見箱，要求員工參與決策流程，提出意見。記得，人可以既是獨立思考者，又是團隊合作者，請幫助他們扮演這兩種角色。

第 6 章
人際關係：愛的心態

　　眾所周知，真愛的過程絕對不會平順無波。哎，追求真愛之路，同樣不是非常一帆風順，這條路上往往散布著失望與心碎。有些人被這些經驗嚇退，使他們無法在未來建立滿意的關係；也有人能夠痊癒，繼續追求真愛之路。是什麼造成這種差異？為了尋求答案，我們徵求上百人，請他們述說曾經遭背棄的難過經驗。[1]

> 　　初至紐約時，我非常寂寞，像失了神似地，強烈感覺自己不屬於這個地方。這種痛苦生活過了大約一年後，我遇到傑克，用「一見鍾情」這個字眼，還不足以形容，我們感覺我們好像已經認識了一輩子。
>
> 　　過沒多久，我們便同居了。我們兩人如影隨形，我想一輩子都跟他在一起，他說他也有相同感覺。我們在一起度過了非常快樂的兩年，然後有一天，我回到家看到一張字條，他說必須離開，要我別再試圖找

他，字條最末署名，甚至沒加上一個「愛」字。從此，我再也沒有他的消息，有時電話響起時，我仍然會想也許是他。

我們一再聽到類似這樣的故事，故事主人翁有定型心態者，也有成長心態者，幾乎人人都曾經愛過，也受傷過。不同的是，而且是明顯的不同，他們應付的方式。

在這些人說完他們的故事後，我們詢問：這對你／妳有何意義？你／妳如何應付？你／妳懷抱什麼希望？當人們具有定型心態時，遭背棄令他們感覺被評價、被貼上標籤，永久的標籤。彷彿陪審團做出了判決，在他們的額頭上烙印：「不討人喜歡！」，然後他們猛烈反擊。

因為定型心態不能提供他們療傷處方，他們只能希望去傷害那傷害他們的人。前述故事的主人翁萊蒂雅告訴我們，她有持久、強烈的仇恨感：「如果有機會的話，我要報復他。用我所能的任何方法傷害他，這是他應得的。」

事實上，對定型心態者來說，他們受傷後的第一目標明確且強烈：報仇。一位男士說：「她離開時，把我和她在一起的價值給粉碎了，我沒有一天不想著要如何讓她付出代價。」在進行這項研究期間，我問我的一位定型心態朋友有關她的離婚，我永遠忘不了她說的話：「若要我在我本身快樂和他悲慘這兩者之間做出選擇的話，我絕對選擇要他悲慘。」

「報仇的滋味甜美」，創造這句話的人，一定是某個定型心態者，認為伴隨報仇而來的是你的救贖。因為成長心態者不會覺得報仇有啥甜美滋味可言，他們述說的故事痛苦程度絲毫不亞，但他們的反應卻截然不同。

對成長心態者來說，在遭遇這樣的背棄後，他們的反應是理解、原諒、繼續走下去。雖然，他們往往因為被棄而非常難過，但他們想從中學習：「那段關係和它的結束方式，教會我溝通的重要性。我以前以為愛可以征服一切，但現在，我知道愛需要很多的協助。」這位男士繼續說道：「我也了解到，什麼樣的人對我才合適。我想，每段關係都會讓你學到更多有關合適的問題。」

法國人有句話說：「Tout comprendre c'est tout pardonner」，意思就是「理解一切，就是寬恕一切。」當然，這或許扯得太遠了，但這是一個不錯的起點。對成長心態者來說，第一目標是原諒，誠如一位女士所言：「我不是聖人，但我知道，如果我想要獲得平靜，就必須原諒與忘記。他傷害我，但我還有整個人生在等著我。如果我一直活在過去，我會過得很慘。所以，有一天，我對自己說：『祝他好運，也祝我好運。』」

我的表姊凱蒂體現成長心態，幾年前，在結褵二十三年後，她的丈夫背棄她。雪上加霜的是，她發生意外，傷了腿。一個週六晚上，她獨自坐在家中告訴自己：「如果我繼續坐在這裡，為自己悲哀難過，我將會過得很慘！（或許，這句話應

該成為成長心態的座右銘。）」於是，她出去參加一場舞會，在那裡遇見她未來的丈夫。

康托斯一家人卯足全力，[2] 妮可．康托斯（Nicole Contos）穿著漂亮新娘裝，乘坐勞斯萊斯抵達教堂。樞機主教在裡頭等候主持這場婚禮，數百位親朋好友從世界各地前來參加。一切都很完美，直到男儐相走來告訴妮可：新郎落跑了。你能想像妮可的震驚與痛苦嗎？

想到還有數百名賓客，這家人決定繼續完成晚宴。他們圍繞妮可身邊，鼓舞她，問她想做什麼？妮可鼓起十足勇氣，換上黑色禮服，參加宴會，在歌曲〈我會活下去〉（"I Will Survive"）聲中獨舞。這不是她預期中的一支舞，但這支舞使她在第二天躍上全國媒體，成為絕佳勇氣人物。妮可就像前文提到的那位跑錯邊的美式足球球員，這是一件可能定義她、貶低她的事件，但她的勇氣反而使她獲得激賞。

值得一提的是，妮可一再對媒體講述獨自站在婚禮上的創痛，但她從未使用「丟臉」這個字眼。若她當時如此評價自己，覺得自己有瑕疵、不名譽、丟臉，她當時就會跑掉、躲起來。但她的高尚勇敢面對痛苦，使她能被親友們的愛包圍，立刻開始了療癒的過程。

那位落跑新郎到底到哪兒去？他自己飛去大溪地度蜜月了。妮可後來怎樣了？幾年後，她穿著同一件新娘服，在同一座教堂，嫁給一位很棒的傢伙。她當時感到害怕嗎？不，她

說：「我知道，他一定會到場。」

　　想到背棄如何傷害與激怒定型心態者，我們就不會訝異，那些遭到嘲弄及霸凌後心生強烈報復念頭的孩子，就是定型心態者。我稍後會探討這個。

關係不同於能力

　　教育心理學家班傑明・布魯姆研究有才華與傑出成就者，包括鋼琴演奏家、雕塑家、奧運游泳選手、網球運動員、數學家、神經學家，但並未包括在人際關係方面才華出眾者。他原本打算納入這樣的人，畢竟，在許多行業中，例如教師、心理學家、行政管理者、外交官，人際關係技巧是很重要的一環。但是，不論他怎麼努力嘗試，就是無法找到一種被廣為認同、用以評量社會性能力的方法。[3]

　　有時候，我們甚至不確定，人際關係技巧算不算是一種能力。當我們看到人際關係技巧出眾的人時，我們不會認為他們是有才華的人，我們認為他們是很酷的人，或是有魅力的人。當我們看到一個琴瑟和鳴的婚姻關係時，我們不會說這些人是聰明的關係打造者，我們說他們是好人，或說他們很投緣。這意味什麼？

　　這意味我們整個社會並不了解關係技巧，但人際關係影響著每一個領域、每一個層面。難怪丹尼爾・高曼（Daniel Goleman）的著作《EQ》（*Emotional Intelligence*）引起如此大

的共鳴。這本書說：我可以告訴你，什麼是社交情緒技巧。[4]

心態增添了另一個層面，幫助我們了解更多有關為何人們往往不學習需要的技巧，或是使用他們已經具有的技巧；為何人們滿懷希望地進入新關係，最後卻自我傷害；為何愛往往演變成驚人的殺戮戰場。最重要的是，心態幫助我們了解何以有些人能夠建立持久且令人滿意的關係。

戀愛心態

截至目前為止，我們所談的定型心態，指的是相信你的個人素質是固定、難以改變的。但是，在關係中，還加入了兩樣東西：你的伴侶，關係本身。這下子，你有了關於三樣東西的定型心態：你相信你的素質是固定的；你相信你的伴侶的素質是固定的；你相信你們之間的關係素質是固定的——亦即，好關係或壞關係；真命天子或不是真命天子。這些，全都端在那兒被評價。

成長心態說，所有這些東西都是可以發展的；你、你的伴侶、你們的關係，全都能夠成長與改變。

在定型心態下，理想指的是立即完美、永遠合拍，彷彿命中注定般，彷彿一切就此圓滿，聽起來就像「他們從此過著幸福、快樂的日子。」

許多人想覺得他們的關係是特別的，不是偶然發生的，這似乎不要緊。那麼，定型心態到底有何問題呢？有兩個問題。

#１　如果你們需要努力，就不是對的人。

　　第一個問題是，定型心態者期望所有好事自然發生。不是伴侶努力幫助彼此解決問題或學習相處技巧，而是認為這將會經由他們的愛奇蹟似地自然發生。就像王子的一吻，使昏迷的睡美人醒過來，或是灰姑娘的悲慘生活，突然被她的王子拯救而改變了。

　　夏琳的朋友向她談到鎮上新來的音樂家麥克斯，他在交響樂團拉大提琴。翌日晚上，夏琳和她的朋友一起去看交響樂團演出，音樂會結束後，他們去後臺，麥克斯牽起夏琳的手，說：「下次，我們相處久一點。」她被他的熱情浪漫風度吸引，他傾心於她的迷人風采和異國相貌。他們外出約會後，感情進一步發展，他們似乎很了解彼此，他們有相同的喜好——食物、分析人們，還有旅行。兩人都想：你／妳怎麼會現在才出現在我的生命裡？

　　但是，過了一段時日，麥克斯變得喜怒無常。其實，他一直是這樣的人，只是在一開始時沒有表現出來。當他心情不好時，他想獨處，夏琳想談談是什麼使他心情不好，但這令他不悅，他會堅持：「就讓我一個人靜一靜」，而且語氣愈來愈強烈，這令夏琳感覺自己被阻擋在外。

　　再者，麥克斯的壞心情有時發作在不恰當的時間。有時候，他們原本計畫好外出，或是打算兩人共進特別的晚餐，但臨時，他要不就是不想做原先計畫好的事，要不就是她必須一

整晚忍受他繃著臉的沉默。若夏琳試圖來點輕鬆的交談，麥克斯會潑她冷水：「我以為妳了解我。」

朋友們看出他們對彼此很真心，便勸他們應該溝通這個問題。但是，這兩人都非常悲哀地覺得，若這關係是合適的，他們就不必這麼費心費力了；若這是合適的關係，他們自然能夠了解並尊重彼此的需要。結果，他們愈來愈疏遠，最終分手。

若是成長心態者，在這種境況下或許仍然存有最初激動的熱情，但他們不會期望奇蹟，他們相信持久的好關係來自努力，來自化解無可避免的歧見。

但是，定型心態者不相信這個。還記得前文提到的嗎？定型心態認為，若你有能力，就不應該需要努力。在關係方面，定型心態者也抱持這種信念：若你們合得來，一切都應該來得很自然。

所有關係專家都不贊同這種信念。知名精神病學家艾倫・貝克（Aaron Beck）說，對關係最具殺傷力的一個信念是：「若我們需要對我們之間的關係做出努力，那就代表我們的關係中存在嚴重問題。」[5]

首屈一指的關係研究學者約翰・高曼（John Gottman）說：「每一段婚姻都需要努力，才能繼續走下去。婚姻中總是存在拉鋸戰……把你們拉向彼此的力量，以及把你們推離彼此的力量。」[6]

跟個人成就一樣，這種「成功不應需要努力」的信念，使

人們並未做出維繫關係所需做出的一切努力。這或許是那麼多關係走不下去的原因，因為人們相信，相愛就代表不必做任何費勁的事。

讀心　在這種不需要努力的信念中，有一個觀念，那就是夫婦或戀人應該能夠讀出對方的心思：我們就像一體，我的伴侶應該知道我的想法、感覺及需要，我也應該知道我的伴侶的想法、感覺、和需要。但這是不可能的，讀心而不溝通，這必然會引發逆火。

家庭心理師伊蘭・沙維奇（Elayne Savage）在其著作《我的感覺你懂嗎？》（*Don't Take It Personally*）中講述湯姆和露西的故事。[7] 兩人在一起三個月後，湯姆告訴露西，他們的關係中存在不平衡。露西判讀他的心思後認為，湯姆的意思是，他對這關係的投入沒有她那麼深。她感到失望，心想，她是否該在他提出分手前，主動結束這段關係呢？但是，經過心理諮商後，露西鼓起勇氣去探究湯姆的話，究竟是什麼意思？原來，湯姆是在使用一個音樂詞，來表達他希望調整一下關係，進入下一個階段。

我本身也曾經差點落入相同的陷阱。當時，我和我先生結識了幾個月，一切看來進展得很順利。某天晚上，我們坐在一起，他對我說：「我需要多一點空間」，我頓時腦袋一片空白，難以相信我聽到的話。我心想，難道我完全誤解這段關係了嗎？最後，我鼓起勇氣問他：「你的意思是？」他說：「我想請

妳坐過去一點，讓我多一點空間。」哎呀！幸好我當時有開口問。

事事皆同意　相信讀心，這很奇怪，不過，當你知道，許多定型心態者相信，一對夫婦或戀人應該贊同彼此的所有觀點時，你就不會覺得奇怪了。相信兩人的所有觀點必然一致，你們就不需要溝通了，你只需要假定你的伴侶對所有事情的看法都跟你相同。

社會心理學家雷蒙‧尼（Raymond Knee）及其同事做了一項研究，他們把一些戀人找來，討論他們對關係的看法。那些定型心態者在討論中，如果和伴侶對關係的看法出現了不一致，縱使只是輕微的差異，也會令他們在討論後心生威脅感及敵意。[8] 縱使只是輕微的差異，也會威脅到他們的信念：彼此的觀點應該一致。

夫婦或戀人的所有想法與期望一致，這是不可能的。丈夫可能認為妻子會辭去工作，專心照顧家庭；妻子可能認為，她將工作，一起分擔家計。一方可能認為，他們將居住於市郊房子，另一方可能以為，他們將有個波希米亞風格的愛巢。

麥克和蘿蘋剛完成大學學業，即將結婚。麥克是波希米亞風格愛巢類型的人，他想像他們婚後將一起享受年輕、嬉皮格林威治村式的生活，於是，他找了一間理想的公寓，心想蘿蘋一定很高興。看到這間公寓時，蘿蘋暴怒，她已經在寒酸小公寓生活了一輩子，現在結了婚，還要繼續住在這種破公寓！她

認為，結婚的人應該要住舒適、體面的房子，外頭停放了新車。兩人都覺得被辜負，關係從此沒改善。

夫婦或戀人可能誤以為兩人對於各人的權利義務都有一致看法。試試看，在下列句子中填空：

「作為丈夫，我有權 _____，我的妻子有義務 _____。」

「作為妻子，我有權 _____，我的丈夫有義務 _____。」

在伴侶關係中，很少事情引發的憤怒，更甚於下列兩種情況。第一，當他們覺得自己的權利受到對方侵犯而感到惱怒時；第二，當一方自覺某件事理所當然、有權這麼做，但另一方並不這麼認為而感到惱怒時。

約翰‧高曼說：「在我的訪談中，有新婚男士很驕傲地告訴我：『我絕對不洗碗，那是女人的工作。』兩年後，說此話的傢伙問我：『為何我的太太和我不再有性行為了？』」[9] 夫婦或戀人或許對傳統角色達成共識，但這不同於假定它是理所當然。

珍妮（財務分析師）剛跟菲爾（房地產經紀人）交往時，菲爾剛買了一間新公寓，想辦場喬遷慶祝派對，邀請他的一些朋友來晚餐。他把這個想法告訴珍妮，珍妮說：「我們就這麼辦吧」，他很興奮。珍妮強調的是「我們」，但由於她的烹飪和主辦派對經驗較多，因此她做了絕大部分的準備工作，她很樂意做這些，她很開心看到菲爾對於舉辦這活動感到很快樂。但是，賓客抵達後，問題開始出現了，菲爾加入派對群中，表現

得一付他也是客人似地，似乎認為珍妮應該繼續做所有工作，這令她很惱怒。

成熟的處理方式，應該是把他拉到一旁討論，但珍妮決定給他一個教訓，她也加入派對群中。所幸，自覺理所當然和報復，並沒有變成他們關係中的型態，而是溝通成為型態。在他們往後的關係中，他們把事情拿出來討論，而不是一味假設。

不努力的關係不是好關係，注定會失敗。好關係需要致力於正確溝通，需要致力於揭露，並化解不一致的期望與信念。這並非指這世上沒有「他們從此過著幸福、快樂的生活」，而是更像「他們從此幸福、快樂地共同努力。」

2　問題代表性格有瑕疵

定型心態的第二個大問題是，相信關係中的問題是有根深蒂固瑕疵的徵兆。但是，就如同這世上沒有零挫折的卓越成就，這世上也沒有零衝突與問題的好關係。

定型心態者在談到他們發生的衝突時，總是歸咎，有時是歸咎自己，但更常的是歸咎他們的伴侶。而且，他們歸咎於素質——性格上的瑕疵。[10] 但還不止於此，當人們把問題歸咎於伴侶的個性時，他們對伴侶感到憤怒與厭惡。麻煩會愈演愈烈：由於認定問題來自固定不變的素質，所以認定問題無法解決。

定型心態者一旦認為伴侶性格有瑕疵，就會看不起伴侶，

並對整個關係感到不滿意。¹¹ 相反地，成長心態者能夠看出伴侶的不完美，但仍然認為兩人有不錯的關係。有時候，定型心態者矇蔽自己，不去看伴侶或關係中的問題，這樣就不必面對問題。

人人都認為依凡有外遇，她常接到神祕電話，常在接孩子時遲到，晚間「和一些女生出去」的次數增倍，時常心不在焉。但她的先生查理說，她只是在歷經一個階段，「所有女人都會歷經這樣的時期，這並不代表她在外面有男人」，他堅持。

查理最要好的朋友勸他調查一下，但他覺得若是面對事實，而且是負面事實的話，他的世界就會崩潰。在定型心態下，他必須面對（1）他愛的女人是個糟糕的人；或（2）他是個糟糕的人，因此才會導致她去外頭找別的男人；或（3）他們的關係糟糕，無法修復。

任何一種情形，他都無法應付。他沒有想到，也許是出現了可以解決的問題，依凡是在向他發送訊息，她迫切希望他聽到：別把我視為理所當然，我需要更多關注。

成長心態並非指他一定得面對、質問她，但他會面對它──狀況。他會思考哪裡出了問題，也許找個諮商者探究問題，了解接下來該怎麼做才明智。要是真的存在著必須解決的問題，那麼至少有個機會。

每個都是魯蛇　潘妮洛普的朋友們，總是坐在家中抱怨世上沒有好男人。但潘妮洛普不一樣，她出去尋覓好男人。每一

次，她都會找到一個好對象，然後一頭栽進去，神魂顛倒。
「他就是我的真命天子」，她會這麼告訴她的朋友，開始閱讀新
娘雜誌，練習撰寫登報結婚啟事。每一次，她們都會相信她，
因為在潘妮洛普口中，這是個有很多優點的男人。

但是，每一次，總是會發生了什麼事情，導致戀情告終。
張三送給她寒酸的生日禮物；李四竟然後他的食物上加入番茄
醬，有時穿白色鞋子；王五有不良的電子習慣：行動電話禮儀
不佳，電視看太多。但這些還只是清單的一部分喔！

潘妮洛普是個定型心態者，認定素質是固定的，因此她總
是斷定自己無法和這些有瑕疵的男人生活。但是，絕大多數的
這些瑕疵，並不是無法透過少許溝通來解決的根深蒂固或嚴重
的性格問題。

我和我先生交往近一年時，我的生日快到了，我向他發出
明確訊息：「我不是拜金女，但我喜歡一個好禮物。」他說：「心
意最重要，不是嗎？」我回答：「那是不想花心思的人才會說
的話。」「一年才一次」，我繼續說著我的道理：「我們都有我
們的生日，我愛你，我打算花時間和心力為你挑選禮物。我也
希望你為我這麼做。」他從沒讓我失望過。

潘妮洛普認為，這世上某處一定有個已經完美的男人。關
係專家丹尼爾・懷爾（Daniel Wile）說，挑選一個伴侶就是挑
選一堆問題，沒有零問題的候選人，訣竅在於承認彼此的有
限，從這裡開始。

瑕疵滿天飛　布蘭達和傑克找上懷爾諮商，懷爾在其著作中講述他們的故事。[12] 有一天，布蘭達下班回到家，向傑克述說一個冗長、詳細，但沒有重點的故事，傑克覺得乏味極了。但是，為了禮貌，他試圖掩飾。但布蘭達感覺得出他覺得乏味，她想變得有趣一點，於是又講了另一個冗長的故事，跟她工作上的一項計畫有關。這下，傑克已經瀕臨爆炸了，兩人在心裡互罵對方的性格。懷爾說，他們心裡想著：布蘭達很無聊，傑克很自私；我們的關係不好。

其實，兩人都是出於好意。布蘭達不想直截了當地說她今天在公司有個出色的表現，她不想顯得自誇，於是談論計畫細節。傑克不想顯得沒禮貌，於是詢問布蘭達問題，或是表達他的疑惑，他力撐下去，等待她的故事結束。

傑克其實只需要說：「親愛的，妳知道嗎？妳講了這麼多細節，我抓不到妳的重點，這很令人洩氣。妳何不告訴我，妳為何對這項計畫感到興奮？我很想聽聽看。」這是溝通問題，不是個性或性格問題，但在定型心態下，歸咎來得又快又猛。

順便一提，我很喜愛這類故事。小時候，《女士家庭月刊》（*Ladies' Home Journal*）每刊都有一個名為〈這婚姻有得救嗎？〉（"Can This Marriage Be Saved?"）的故事與分析專欄，通常，答案是可以挽救。那些故事是我必讀的部分，婚姻出問題的種種狀況，令我趣味盎然。更令我入迷的是，修復婚姻的方法。

　　艾倫・貝克在其著作中講述泰德和凱倫的故事，這是關於兩個定型心態者眼中彼此的所有好性格如何變成了壞性格的故事。[13] 泰德和凱倫結識時，兩人互被對方相反於自己的個性吸引，凱倫散發隨性、輕鬆性格，泰德則是個嚴肅、認真的傢伙，彷彿把世界的重量扛在肩上，他覺得凱倫那種無憂無慮的輕鬆風采改變了他的生活。泰德讚歎：「她的一言一行，充滿魅力。」[14] 反過來，在凱倫眼中，泰德是個固若磐石、如父親般的人，她的生命中從未有過這樣的穩固依靠，他是那種穩重可靠、能夠帶給她安全感的傢伙。

　　但是，短短幾年後，在泰德眼中，凱倫變成了一個不負責任、沒腦袋的人。他說：「她從不認真看待任何事……，我無法信賴她。」[15] 在凱倫眼中，泰德是個愛批判的專制者，她的一言一行都受到他的檢視。

　　最終，這婚姻挽回了，因為這對夫妻學習不用憤怒的標籤反應彼此的言行，改為採取有益的行為。某天，凱倫為工作忙得不可開交，泰德回到家，看到家裡亂糟糟，怒火上來，想責罵她。但是，想起從貝克那裡學到的，他抑制怒火，對自己說：「成熟的處理方式是？」[16] 他用行動回答了這個問題：開始動手清理。他對凱倫提供支援，而非批判。

　　這婚姻有得救嗎？　艾倫・貝克告訴尋求婚姻諮商的夫妻，[17] 絕對不要有下列的定型心態想法：我的配偶是個無法改變的人，沒有任何方法能夠改善我們的關係。貝克說，這種想

法幾乎總是不正確。

　　有時候，很難不產生這類想法，比爾和希拉蕊・柯林頓（Bill and Hillary Clinton）這對夫婦就是一例。擔任美國總統時，柯林頓對全國及妻子撒謊有關他和莫妮卡・陸文斯基（Monica Lewinsky）的關係，希拉蕊為他辯護：「我的丈夫或許有他的種種缺點，但他從不騙我。」[18]

　　真相出來了，真相總是傷人，尤其是在一位特任檢察官的幫助之下。遭到背叛又憤怒的希拉蕊，這下必須評斷柯林頓是無可救藥的壞蛋、不值得信賴的丈夫，抑或是個需要很多幫助的男人。我必須趁這個好時機談一個重點：不要把「相信伴侶有改變的潛能」和「伴侶將會改變」這兩者給混淆了，伴侶必須有意願去改變，信諾於改變，採取具體行動邁向改變。

　　柯林頓夫婦尋求婚姻諮商，每週花一整天接受諮商輔導，做了一整年。透過諮商，柯林頓了解到，身為酗酒雙親的小孩，他學會過雙面生活。[19]一方面，他從小就得學習肩負過多的責任，例如，堅決阻止他的繼父打他的母親。另一方面，他在他生活中的另一個部分不大負責任，認為不論發生什麼事，一切都會迎刃而解，所以他在電視上認真發誓他和陸文斯基沒有親密關係，這時的他就是置身於不負責任和強烈否認的空間裡。

　　人們敦促希拉蕊原諒比爾。一天晚上，知名歌手暨音樂製作人史提夫・汪達（Stevie Wonder）打電話到白宮，詢問他是

否能進白宮一趟。他為希拉蕊創作一首傳揚寬恕力量的歌曲，那晚他在白宮為她彈奏了這首歌。[20]

但是，希拉蕊無法原諒她視為撒謊者和不忠貞的人，只能原諒她認為正在為其問題認真奮鬥、試圖成長的男人。

另一半不是你的敵人

在定型心態下，這一刻，你的伴侶點亮你的生命，下一刻，他們是你的敵對者。人們怎麼會把心愛的人看成敵人呢？

若是在其他事務上，當你失敗或發生問題時，很難總是歸咎他人；但在關係中，當出現問題時，你可以很容易地歸咎他人。事實上，在定型心態下，你的選擇有限，其一是歸咎於你本身的固定素質，其二是歸咎於你的伴侶的固定素質，因此，你可以看出，你有多麼容易把問題和責任推到你的伴侶身上。

我仍然有一些根深蒂固的定型心態，當關係中出了什麼問題，我仍然會忍不住捍衛自己，歸咎於對方：「這不是我的錯！」為應付這個壞習慣，我和我的先生發明了一個第三方——一位想像的男士毛萊斯。每當我開始想該歸咎於誰時，我們就啟動可憐的毛萊斯先生，把問題歸咎於他。

記得前文提到，定型心態者有多麼難以做出寬恕嗎？一個原因是遭棄或分手令他們感覺被貼上標籤，另一個原因是，若他們原諒伴侶的話，若他們視對方為一個好人的話，他們本身就得為問題肩負更多責任：若我的伴侶是個好人，那我就是壞

人囉，錯就一定在我囉。

　　相同的情形也可能發生於父母身上。若你和父母關係很差，這是誰的錯？若你的父母不夠愛你，他們就是糟糕的父母或你是不可愛的人嗎？定型心態者總是被這類醜陋的疑問困擾，有沒有出路呢？

　　我也有這種困擾。我的母親不愛我，我這輩子大部分時間在應付這問題時，總是歸咎於她，非常憤恨。但後來，我不再滿足於只是保護自己，我渴望和我的母親有更親愛的關係，但我最不願做的事就是討好嚴苛的父母。後來，我認知到，我掌控了這關係中的一半——我本身，我可以掌控我這一半的關係，至少，我可以當個我想成為的那種親愛女兒。不管她怎麼想，怎麼做，我仍然可以比我現在的處境更進一步。

　　結果呢？擺脫我的憤恨，向母女關係靠近後，我獲得了很大的成長感，其餘的，並不是那麼重要，因為我並不是在尋求證明自己，但我還是在這裡談談其餘的發展吧。出人意外的事發生了，三年後，我的母親告訴我：「若在以前，有人告訴我，我不愛我的孩子，我會覺得那是在侮辱我。但我現在認知到，那是真的，也許是因為我的父母不愛我們，或是因為我太顧自己，或是因為我不知道愛是什麼，我不知道確切原因，但我現在知道愛是什麼了。」

　　從那時起，一直到二十五年後她離開人世，我們變得愈來愈親近。雖然我們兩人各自是個活潑的人，我們在彼此的生活

中變得更活潑、有趣。有一回，那是幾年前，她中風，醫生警告我，她無法說話，可能再也無法說話了。我走進她的房間，她看著我說：「卡蘿，我很喜歡妳穿的衣服。」

是什麼使我踏出第一步，選擇成長，冒著遭到拒絕的風險呢？在定型心態中，我需要歸咎及憤恨，比起想著錯在於我，歸咎和憤恨能使我感覺更正當有理、更強壯、更健全。成長心態使我放棄歸咎，往前走，成長心態帶給我一個母親。

我還記得小時候，當我們做了什麼蠢事時，例如把冰淇淋掉在腳上，我們會怪罪朋友說：「都是你害的。」歸咎或許使你感覺沒那麼愚蠢，但你的鞋子仍然沾滿了冰淇淋，還迫使你的朋友自我辯護。在關係中，成長心態使你昇華於歸咎之上，了解問題，嘗試和對方一起解決問題。

競爭心作祟：誰最棒？

在定型心態下，你需要一再證明你的能力，這使你很容易陷入和你的伴侶競爭：誰比較聰明？誰更能幹？誰比較可愛？

蘇珊的男友馬丁擔心她會成為注目焦點，他則淪為附屬品；若她成為出色的要角，他就會變成黯淡無光的小卒。但馬丁並不是無足輕重的人卒，他在他的領域很成功，甚至受人崇敬。他也英俊，很受喜愛。所以，一開始，蘇珊對這情況不以為意。有一天，他們一起參加一場研討會，他們各自抵達會場，報到時，蘇珊在大廳親切地和飯店人員聊天。那天晚上，

兩人一起行經大廳時，所有飯店人員都親切地問候她，馬丁暗自咕噥不滿。接著，他們搭乘計程車去吃晚餐，快抵達目的地之前，司機開始拐彎讚美蘇珊，對馬丁說：「你可要牢牢抓緊她哦，先生，她很不錯呢」，馬丁皺了一下臉。整個週末持續這樣，等到他們從研討會返回家中時，他們的關係已經非常緊繃了。

　　馬丁並不是很積極地和蘇珊競爭，他沒有試圖贏過她，他只是對她的較受歡迎感到吃味、不安。但有些伴侶可就是大剌剌地較勁了。

　　辛蒂亞是個科學家，幾乎所有她做的事都極其出色，已經到了令她的伴侶望塵莫及的地步。若非她總是跨入他們的領域，情況或許還不致出問題。她嫁給一位演員，後來，她開始寫劇本，並參與演出，表現得很出色。她說她只是想分享他的生活和興趣，但她的這個業餘嗜好光芒蓋過以此為正業的他，他覺得他必須逃離這關係，才能重拾信心，找到自己。接下來，蘇珊嫁給一位音樂家，他的廚藝了得，過沒多久，蘇珊開始彈鋼琴，還發明了優異的食譜。舊事重演，沮喪的丈夫最終逃離。辛蒂亞讓她的伴侶沒有擁有自己的識別的空間，她總是需要在他們擁有的技能上和他們勢均力敵或贏過他們。

　　有很多好方法可以支持伴侶，展現對其生活的興趣，但這種較勁不是好方法。

在關係中成長

在展開一個關係時，人們面對的是與他們不同的伴侶，他們沒有學過如何應付這種差異。在良好的關係中，人們發展這些技巧，在這過程中，雙方都成長，他們的關係更強化。但要發生這種正面、有益的情形，伴侶必須覺得他們站在同一邊。

蘿拉是個幸運的女人，她可以以自我為中心，自衛心態濃厚，她可以吼叫或板起臉，詹姆斯從不以為忤，總是覺得當他需要她時，她總是在那裡。因此，每當蘿拉發怒時，詹姆斯總是設法讓她冷靜下來，讓她和他好好商談。漸漸地，蘿拉學會不再怒吼或板起臉。

發展出信賴氛圍後，他們開始變得很關心彼此的發展。詹姆斯正在成立一家公司，蘿拉花很多時間和他討論他的計畫，以及他遭遇的一些問題。蘿拉一直夢想撰寫童書，詹姆斯讓她說出她的構想，敦促她寫初稿，敦促她接洽他們認識的一位插畫家。在這種關係中，伴侶幫助彼此做他們想做的事，成為他們想要成為的那種人。

不久前，我和一位朋友談到一些人抱持的育子觀，他們認為父母幫不了什麼忙。在解釋這觀點時，她把這比為婚姻關係：「就像婚姻中的夫妻，各自以成人狀態進入這段婚姻關係裡，你不會期望能夠影響對方，改變這個人。」

我回答：「喔，不！對我而言，婚姻的重點就是鼓勵你的

配偶發展，也讓對方鼓勵你的發展。」當然，我並不是指像電影《窈窕淑女》（*My Fair Lady*）裡的那種情節，試圖完全改造對方，然後又對改造後的自己覺得還不夠好。我指的是，在關係中幫助對方，追求目標、發揮潛能，這是成長心態的體現。

友誼

　　跟伴侶關係一樣，友誼關係也讓我們有機會彼此增進發展、相互肯定，這兩者都很重要。朋友可以為彼此提供做出增進成長的決策時，所需要的智慧與勇氣，也可以彼此肯定良好素質。儘管朋友之間存在不當或過度讚美對方素質的潛在危險性，但有時候，我們需要對自我的肯定：「我和男友分手了，告訴我，這並不代表我是個糟糕的人」；「我的考試考壞了，告訴我，這並不代表我很笨。」

　　事實上，這類境況讓我們有機會提供支持和成長訊息：「在這段三年關係中，妳已經盡了全力，他沒有努力做出改進，我認為妳現在正在向前走」；或是「考試怎麼了？你了解教材嗎？你夠用功嗎？你認為你需要請個家教嗎？我們來討論一下。」

　　但是，如同在所有關係中可能發生的情形，人們需要證明自己，但這種需要可能導致平衡傾往錯誤方向。心理學家雪莉・李維（Sheri Levy）做了一項不是關於友誼的研究，但這項研究顯示了一個相關的重點。

　　李維先衡量參與此研究的男孩的自負程度，然後詢問他們有多相信關於女孩的負面刻板印象，例如，他們有多相信女孩子的數學能力較差，或是女孩比男孩更不理性。接著，李維再度衡量這些男生的自負程度。

　　那些擁有定型心態的男孩，在認同有關女孩的負面刻板印象之後，自負程度更加提高。也就是說，想著女孩較笨且較不理性，使他們自我感覺更好。但擁有成長心態的男孩，較不認同這些刻板印象，而且縱使他們贊同這些刻板印象，也沒有因此使他們更自負。這種心理可能會傷害友誼：你愈差，我的感覺愈佳。

　　某天，我和一位聰明的親近友人談話，我很疑惑她為何會容忍她的一些朋友的行為，事實上，我很疑惑，她怎麼會有這樣的朋友。其中一個朋友經常表現不負責任的行為，另一個朋友不知羞恥地和她的丈夫調情。她的回答是，每個人都有一點和小缺點，若你只找完美的朋友，你的社交圈會枯竭。但是，有件事是她不會容忍的：那些令她感覺自己很糟的人。

　　我們全都認識這樣的人，他們或許聰明、有魅力、風趣，但和他們相處之後，你會感覺被貶低，你可能會問：「我是否在自我傷害呢？」但實際上是他們在傷害你，他們試圖藉由建立他們的優越性和你的較劣性來抬高自己。他們可能是刻意地、主動地貶低你，也可能是以漫不經心的方式貶低你，不論是哪一種情形，你都是他們用以確認自己的價值的工具，同

時，你也是受害人。

　　某天，我參加一位朋友的五十歲生日，她的姊姊致詞時說，我的這個朋友有無法滿足的性欲，她很幸運找到、並嫁給比她年輕、能夠滿足她的男人。她以這種自覺有趣的方式評論了我的這位朋友的相貌、腦筋及為人母的技巧。她講完這番「致詞」後，我突然想起一句話：「有這樣的朋友，你還需要敵人嗎？」

　　當朋友不希望你好時，真的很難理解。有天夜裡，我做了個非常生動的夢，我很熟識的某人進入我家，把我看重的所有東西一個接一個地取出。在夢中，我能看出正在發生的事，但看不出那個人是誰，我要求這個闖入者：「拜託你留下這個好嗎？它對我對很重要。」但那個人不理會，繼續拿走所有我看重的東西。第二天早上，我想起那是誰了，我了解了這個夢的含義。過去一年，我的一位親近友人經常請求我協助他的作品，我答應、並伸出援手。他承受很大的壓力，一開始，我很熱心地使用我的所有技巧來幫助他。但這種情形沒完沒了，而且不是互惠性質，這還不打緊，他甚至反過來懲罰我：「別以為妳能做這麼優秀的作品，妳是能夠幫助潤飾我的作品，但妳絕對無法這麼有創意。」他需要貶低我，才不會覺得自己低一級。我的夢告訴我，該是劃清界線的時候了。

　　我本身也是個因為定型心態而做出不智行為的人。我不認為我貶抑他人，但是，當你需要證明自己時，你會利用他人來

這麼做。我還是研究所學生時，有一天，我搭火車前往紐約，旁邊坐了一位於很友善的企業人士，在我看來，那一個半小時的車程，我們你來我往地交談愉快，但交談終了時，他對我說：「謝謝妳告訴我有關妳的事」，我頓時清醒。他是個理想的驗證人，英俊、有智慧、成功，我用了他來證明自己，我沒有對他這個人展現興趣，只是用他來當面鏡子，照出自己的優異。我很幸運，他照映給我遠遠更寶貴的一課。

傳統智慧說，在你需要的時候，你才知道誰是你真正的朋友。這樣的觀點當然有道理，當你陷入麻煩時，誰會日復一日地站在你身邊呢？但是，有時候，更冷酷的疑問是：當你有好事發生時，你會找誰分享你的喜悅呢？當你找到一位很棒的伴侶時，當你獲得一份很棒的工作或晉陞時，當你的孩子有好表現時，誰會高興聽到這消息，並真心為你感到高興？

你的失敗和不幸，不會威脅到他人的自負；在自負作祟下，我們很容易同情陷入困境的人。你的才能與成功才是問題，它們會對那些靠優越感來產生自尊自負的人構成威脅。

羞怯

從某些方面來說，羞怯是前文談論內容的反面。我們在前文中探討的是利用他人來抬高自己的人，怕羞的人擔心的是別人會看不起他們，他們常擔心在社交場合中被評價或困窘。

人的羞怯可能導致他們退縮而不結朋友及發展關係，怕羞

的人說，當他們和新認識的人在一起時，他們會感到焦慮不安，他們的心跳加快，他們會臉紅，避免目光接觸，他們可能會試圖儘快結束互動。私底下，怕羞的人可能很風趣，但他們通常無法在新認識的人面前展現這一面，他們本身知道這點。

關於羞怯，心態能教我們什麼呢？為探究，心理學家珍妮佛‧比爾（Jennifer Beer）研究數百人，她衡量這些人的心態，評估他們的怕羞程度，然後，她讓他們兩人一組地彼此結識與互動。她把這些互動的整個過程錄影下來，再請受過訓練的評估人員觀看這些影片，評估互動情形。[21]

比爾獲得一些發現。第一項發現是，定型心態者較容易羞怯。這是有道理的，定型心態使你擔心被評價，這使你較忸怩與焦慮。但是，很多怕羞的人可能是定型心態者，也可能是成長心態者，當比爾更深入檢視時，她發現更有趣的事。

羞怯會傷害定型心態者的社交互動，但不會傷害成長心態者的社會關係。觀察人員的評估顯示，雖然，定型心態和成長心態的怕羞者在互動的頭五分鐘看起來都很緊張，但五分鐘過後，怕羞的成長心態者展現更佳的社交技巧，較親切，也營造出較愉快的互動。事實上，他們開始顯得不像怕羞的人。

這種形象有其道理，怕羞的成長心態者把社交活動視為挑戰，儘管感到焦慮，他們積極擁抱結識新人的機會。怕羞的定型心態者想避免遇見社交技巧可能優於他們的人，他們說他們較擔心自己出錯。因此，怕羞的成長心態者和怕羞的定型心態

者以不同態度面對這類境況，前者擁抱挑戰，後者害怕風險。

在不同態度下，隨著互動時間增加，怕羞的成長心態者的羞怯和緊張感降低，但怕羞的定型心態者仍然繼續緊張，繼續展現社交笨拙行為，例如避免目光接觸，或是試圖避免交談。

你可以看出這些差異型態將如何影響結交朋友。怕羞的成長心態者控管他們的羞怯，踏出去結識新人，在緊張情緒消退後，他們進入正常關係，羞怯並沒有壓制他們。

反觀怕羞的定型心態者，羞怯心理掌控了他們，使他們畏於和新人社交，和新人結識互動時，他們無法放下他們的防衛，無法擺脫他們的畏懼。

精神治療學家史考特・魏茲勒（Scott Wetzler）在著作中，描繪了他的一名諮商客戶喬治，他是個怕羞的定型心態者。[22] 喬治極度怕羞，尤其是對女性，他太渴望表現得很酷、詼諧、有自信，又太擔心自己顯得過於熱切、不當，以至於他變得僵硬、冷酷。當迷人的同事珍開始對他眉來眼去時，他被自己的羞怯搞得很沮喪，便開始回避她。有一天，在公司附近的一間咖啡店，珍走向喬治，伶俐地暗示喬治邀請她跟他坐在一起。喬治想不出一個可以令珍產生好印象的回應，他這麼回答：「我不介意妳要不要坐下來。」[23]

喬治啊，你到底在做什麼？他在試圖保護自己免於遭到拒絕，方法是試圖不要顯得對珍太感興趣，他試圖結束這種尷尬場面。他弄巧成拙地成功了，他的確沒表現得太感興趣，兩人

的互動也很快就結束了，珍很快就離開咖啡店。喬治就像珍妮佛‧比爾的研究對象，害怕被評價的心理和逃避接觸的行為控制支配了他。

魏茲勒慢慢地幫助喬治克服他的完全聚焦於被評價，幫助他看出珍並不是要評價和羞辱他，而是試圖認識、了解他。把焦點從被評價轉向發展關係後，喬治終於變得能夠跟人往來，儘管焦慮，他向珍道歉他的無禮行為，邀請她一起午餐。珍接受了，還有她根本不像喬治所害怕的那樣，愛批評別人。

霸凌與受害者

我們再回到被排斥這個問題上，因為人們並非只有在愛的關係中經歷可怕的排斥，學校裡天天上演這種事。一些孩子打從小學起就是遭到排斥的受害人，他們被嘲笑、折磨、挨打，但不是因為他們做錯任何事，也許只是因為他們的個性較怯懦，或是他們的長相，或是他們的背景，或是他們的聰穎程度（有時是因為他們不夠聰穎，有時是因為他們太聰穎。）遭霸凌的情事可能天天發生，使他們的生活變成夢魘，進入長年的鬱卒與憤怒。

雪上加霜的是，學校往往對此漠視不管，可能是因為霸凌常在老師看不見時為之，或是因為霸凌者是學校鍾愛的學生，例如運動員，在這種情形下，被視為問題孩子或不適應環境的人可能是受害者，而非霸凌者。

　　我們的社會長期忽視這問題，直到近年才開始注意，然後是一再爆發的校園槍擊世界。最惡名昭彰的是發生於科倫拜高中（Columbine High School）的槍擊案，兩個行兇的男孩都是長年遭到殘忍霸凌者，一名同樣遭到霸凌的受害人描述了他們在高中被霸凌的情形。[24]

　　學校運動員經常在走廊上攔下他們，把他們推進更衣室，穢語汙言羞辱他們，旁邊所有人都笑著看戲。午餐時，運動員會故意打翻受害人的餐盤，出腳絆倒他們，或是用食物丟擲他們。受害人用餐中，霸凌者從背後推他們，使他們一臉趴倒在餐盤上。體育課前，霸凌者在更衣室打受害人，因為老師看不到。

　　誰是霸凌者？　霸凌就是在判決，在確立誰更有價值或更重要，較強壯的孩子普及較弱小者，他們判決較弱小者是較沒價值的人類，他們天天刁難這些受害人。霸凌者從中得到什麼，很顯然，跟雪莉‧李維研究中的那些男孩一樣，霸凌者從欺弱行為中得到自負膨脹。這不是說霸凌者本身是低自尊者，但判決和貶低他人可以抬高他們的自負。霸凌者也從他們的行為中獲得社會地位，其他人可能敬佩他們，評價他們很酷，強壯，或有趣；或是畏懼他們。不論敬佩或畏懼，霸凌者都抬升了他們的地位。

　　霸凌者有強烈的定型心態：有些人就是較優越，有些人就是較低劣。霸凌者是判官，科倫拜槍擊事件的兇手之一艾力

克・哈里斯（Eric Harris）是理想目標，他胸部畸形、個頭矮小，是個電腦技客，不是科羅拉多州的土生土長者，而是和家人從外州遷居此地。霸凌者冷酷地判決了他。

受害人與報復　定型心態也可能左右受害人回應霸凌的方式。當人們因為遭到排斥而深切感到被評價時，[25] 他們的衝動是自我感覺變很差，想發洩憤怒，他們被殘忍地貶低，他們也想以牙還牙。在我們的研究中，我們見過完全正常的人（小孩及成人皆有）在遭到排斥時，產生了強烈的報復念頭。

受過高等教育、一切正常的成人，在向我們敘述一個遭到排斥或背叛的慘痛經驗故事，認真地說：「我想要他死」；或「我可以輕易勒死她。」

當聽聞學校暴力事件時，我們通常認為，只有來自壞家庭的壞小孩才會訴諸暴力，但是，若你知道定型心態的普通孩子心生暴力報復念頭的速度有多麼快，你會大吃一驚。

我們在我們最喜愛的學校之一進行研究，讓八年級學生閱讀如下罷凌情境，請他們想像這件事發生在自己身上：

> 新學年開始，一切似乎很順利，突然間，一些在學校很出風頭的孩子開始嘲弄你，羞辱你。起初，你置之不理，這種事情常發生。但情況繼續，他們每天跟蹤你，當著所有人的面奚落你，嘲笑你的穿著，嘲笑你的長相，說你是個魯蛇。天天如此。

我們請這些學生寫下感想，以及他們會怎麼做，或是想要怎麼做。具有定型心態的學生較傾向把事件視為反映他們個人，他們說：「我會認為我是個沒用的人，沒人喜歡我」；或是「我會認為我很蠢，怪異，格格不入。」

他們想訴諸暴力報復，他們說自己會對那些人勃然大怒，對他們的臉飽以老拳，或是衝撞他們。他們強烈贊同下列這句話：「我的第一目標是報仇。」他們被這些霸凌者審判，所以也想以牙還牙。倫拜槍擊事件的兇手艾力克・哈里斯和迪蘭・克雷博（Dylan Klebold）就是這麼做的，回以審判，在恐怖的幾小時中，他們判決誰可以活命，誰必須死。

在我們的研究中，具有成長心態的學生，比較不那麼傾向把遭到霸凌這件事，視為反映他們是怎樣的人。他們視為是霸凌者心理有問題，想要藉此獲得地位，或是膨脹他們的自負。他們說：「我會認為，他騷擾我的原因，可能是他在家裡有問題，或是他的在校成績有問題」，或是「他們想找點事做，改變一下生活，而非只是使我難堪，讓自己好過。」

這些成長心態者的反應，往往是想要教育那些霸凌者。他們說：「我會很想跟他們認真談談，我會詢問他們一些問題（他們為何說這些話，他們為何對我做這些事）」；或是「我會面對他們，跟他們討論；我會想試圖幫助他們看出他們這樣並不有趣。」

具有成長心態的學生，也強烈贊同下列陳述：「最後，我

會想要原諒他們」，以及「我的第一目標是幫助他們變成更好的人。」他們能否成功憑藉己力，改變或教育那些頑固的霸凌者，這點雖然值得懷疑，但比起衝撞霸凌者，這些行為是較有建設性的第一步。

哈里斯和克雷博的同學布魯克斯・布朗（Brooks Brown），從三年級開始就遭到霸凌，痛苦極了，但他沒有採取報復。[26]他拒絕定型心態，不認同任何人有權評價他人，例如：「我是美式足球員，所以我比你優秀」，或是「我是籃球員……，像你這種可悲的怪胎，比不上我的水準。」[27]

不僅如此，布朗積極擁抱成長心態，他說：「人有改變的潛力」，或許就連這起槍擊案的主謀、更抑鬱、更懷恨的哈里斯也有改變的潛力。布朗在幾年前曾經和哈里斯發生非常嚴重的爭吵，但在高中高年級時，布朗向哈里斯提議休戰，「我告訴他，自那年之後，我已經改變很多了……我希望他對自己也有相同的感覺。」布朗說，若他發現艾力克沒有改變的話，他隨時可以撤出，「但若他已經成長了，何不給他一個證明的機會呢？」[28]

布朗沒有放棄，他仍然想改變人們，他想提醒世界注意霸凌問題，他想對受害人伸出援手，幫助他們摒棄暴力報復的念頭。因此，他協助製片人麥克・摩爾（Michael Moore）拍攝紀錄片《科倫拜校園事件》（*Bowling for Columbine*），他設立一個創新網站，讓受到霸凌的孩子可以彼此聯繫溝通，學會回應

之道不是殺戮報復，而是：「用你的頭腦，使情況好轉。」[29]

　　跟我一樣，布朗不認為那兩個凶手是不同於所有人的怪胎，他說，他的朋友克雷博曾經是個正常的孩子，來自好家庭，父母有愛心、很盡責。他提出警告：「我們可以淡而化之，稱這些兇手為『喪心病狂的魔鬼』，或者，我們可以認知到，這個社會存在著更多的哈里斯和克雷博，正逐漸被推上相同的路。」[30]

　　就算一個受害人一開始並不具有定型心態，長期遭到霸凌也可能對他灌輸定型心態，尤其是若其他人袖手旁觀或甚至加入霸凌行列的話。受害人說，當他們遭到嘲弄與貶低，沒人挺身捍衛他們的話，他們會開始相信自己罪有應得。他們開始評價自己，認為自己就是較低劣。

　　霸凌者做出判決，受害者信以為真。有時候，這種信念一直擱在受害者心裡，揮之不去，可能導致憂鬱症或自殺；有時候，這種信念爆炸成暴力報復。

面對霸凌，該怎麼辦？

　　孩子個人通常無法遏止霸凌者，尤其是當霸凌者吸引了一群支持者時。但是，學校可以做到，若學校改變心態的話。學校文化往往助長或至少認可定型心態，它們認可一些孩子自覺比他人優越，自覺有權對他人找碴兒。學校也認為一些孩子就是適應不良、格格不入者，學校幫不了什麼忙。

　　但也有一些學校藉由力抗評價他人的風氣，創造共同合作和自我改進的服氣，顯著減少霸凌情事。精神治療學家、學校輔導老師暨顧問史丹・戴維斯（Stan Davis），[31] 發展出有成效的反霸凌教育方案，以挪威學者丹・歐爾維斯（Dan Olweus）的研究為基礎，戴維斯設計的這個方案幫助霸凌者改變，支援受害者，促使旁觀者對受害人伸出援手。在短短幾年內，他任職的學校的肢體霸凌情事減少93％，言語取笑情事減少53％。

　　三年級生達拉體重過重、行動笨拙，是個愛哭的女孩，她是個太明顯的目標了，班上有半數同學天天霸凌她，打她、羞辱她，這些人彼此認同他們的霸凌行為。幾年後，因為戴維斯的反霸凌教育方案，這種霸凌停止，達拉學得更好的社交技巧，甚至結了朋友。達拉上國中一年後，回來報告她在新學校的情形，她的小學同學在新學校裡幫助她，他們幫助她結交朋友，當新同學想騷擾她時，他們保護她。

　　戴維斯也改變了霸凌者，事實上，在初中學校裡衝去幫助達拉的孩子當中，有一些就是當年霸凌她的人。戴維斯怎麼做呢？首先，在一貫祭出紀律的同時，他不評價霸凌者其人，不批評他們的性格，相反地，他使他們感覺天天在學校裡被喜歡、受到歡迎。

　　其次，在把霸凌者導向正確方向的過程中，他每一步都做出稱讚，但不是稱讚霸凌者其人，而是稱讚他們做出的努力。例如：「我注意到你沒有涉入爭吵，這顯示你努力於和他人和

氣相處。」[32] 你可以看出，戴維斯把學生導向成長心態，幫助他們看出他們的行為是努力改進的一部分；這麼一來，縱使霸凌者並未刻意改變，他們現在也可能嘗試刻意改變。

戴維斯在他的方案中，納入了我們在讚美、批評及心態方面的研究發現與建議，證明卓有成效。下列是他寫給我的信。

> 親愛的杜維克博士：
>
> 　　妳的研究顯著改變了我輔導學生的方式，我改變我在對年輕人提出反饋意見時使用的語言，我已經看到這改變的正面成果。明年，我們全校將展開一項方案，根據成長反饋意見來建立學生的積極主動精神。
>
> 　　　　　　　　　　　　　　　　史丹・戴維斯敬上

知名的兒童心理學家海伊姆・吉諾（Haim Ginott）也在著作中，[33] 展示教師可以如何引導霸凌者，從評價他人轉向改進與同情心。下列是一名教師寫給她班上一位八歲霸凌者的信，請特別注意到，她並未在字裡行間隱含他是個壞孩子。她對這個小孩展現尊重：提到他的領導力，用恭維之詞，徵求他的建議。

> 親愛的傑伊：
>
> 　　安迪的母親告訴我，她的兒子這一年變得很不快樂，羞辱和排斥令他變得哀傷和孤單。我對這個情況

感到憂心，你在班上是個領導者，所以，我想徵求你
的建議，我看重你對受苦者展現同情心的能力，請寫
信告訴我你建議我們該如何幫助安迪。

老師

在《紐約時報》一篇談論霸凌的文章中，哈里斯和克雷博
被指為「兩個不適應的青少年。」[34] 的確，他們不適應，但是
你從未聽過人們把霸凌者稱為「不適應的人」，因為他們不是
不適應者，他們適應得很，因為他們就是學校文化的定義者和
統治者。

有些人有權去殘酷粗暴地對待他人，這種觀念是絕對不健
康的觀念。戴維斯指出，我們的社會揚棄人們有權殘酷粗暴對
待黑人和騷擾女性的觀念，為何我們會容忍人們有權殘酷粗暴
對待我們的小孩這種觀念呢？

這麼做，我們其實也侮辱了霸凌者，因為這形同告訴他
們，我們不認為他們有能力做別的，而且我們還錯失了幫助他
們變得更有能力的機會。

發展你的心態

- 在遭到背棄或排斥後，你覺得自己被評斷，並因此感到憤怒，一心想要報復嗎？抑或你感到難過，但希望能夠寬恕、學習、繼續向前走呢？想想你曾經遭遇的最糟糕被棄經驗，回想你所有的感覺，試試看能否從成長心態來看待它。你從中學到什麼？你是否從中學到你在人生中想要什麼和不想要什麼？你是否從中學到有助於未來人際關係的正面東西？你是否能夠原諒那個人，祝福他／她？你可以放下怨憤嗎？

- 想像你理想中的愛情關係，它是否為完美的琴瑟和鳴——沒有歧見、不用妥協讓步，也不需努力？請再想想，在每一段關係中，一定會出現問題，請試著從成長心態去看待它們，問題可以變成更了解、更親近的途徑。讓伴侶說出不同意見，用心傾聽，以耐心和關心的態度來討論，你也許會被這種做法所產生的親密感嚇一跳。

- 你跟我一樣喜歡歸咎嗎？凡事都歸咎於你的伴侶，對你們的關係沒好處。試著創造一個虛擬的毛萊斯先生，歸咎於他吧！更好的做法是，矯治你本身需要歸咎他人的毛病，別總是去想錯誤和責任。別忘了，我

也在試著做這些努力。

- 你是個怕羞的人嗎？如果是，那你真的需要成長心態。儘管成長心態未必能夠治癒你的羞怯，它能幫助避免羞怯搞砸你的社交互動。下一次，當你進入一個社交場合時，想想這些：社交技巧是你可以改進的東西，社交互動可以提供學習和樂趣，不是被人評價。請持續不斷地練習這些。

第 7 章
父母、師長與教練：心態從何而來？

　　沒有任何父母會這麼想：「我在想，我今天可以做什麼，來暗中傷害我的孩子、破壞他們的努力，讓他們不學習，限制他們的成就。」當然不會有這樣的父母，他們想的是：「為了讓孩子成功，我願意做任何事，我願意付出一切。」但是，父母做的很多事情卻收到反效果，他們意圖幫助孩子判斷、幫助他們學會教訓，還有他們的激勵方法，往往都傳達了錯誤訊息。

　　事實上，一言一行都可能傳達一個訊息，告訴孩子、學生或運動員如何思考他們本身。傳達的訊息可能是定型心態訊息，說：你有固定的素質，我在評斷著。或者，傳達的訊息可能是成長心態訊息，說：你是一個發展中的人，我在幫助你發展與成長。

　　孩子對這些訊息非常敏感，他們非常關心自己。1950 年代至 1970 年代的著名育子專家海伊姆・吉諾講述了下列這個故事。[1]五歲的布魯斯跟著媽媽去他的新幼稚園，抵達時，布魯斯抬頭看牆上的畫作說：「那些醜醜的畫是誰畫的？」他的

媽媽趕忙糾正他：「把這麼美的畫說成醜，這樣不好。」但他的老師知道他的真正意思，「在這裡」，她說：「你不一定得畫美美的畫哦！要是你想的話，你也可以畫難看的畫。」布魯斯對她露出燦爛笑容，她回答了他真正的疑問：那個畫得不好的男孩怎樣了？

接著，布魯斯看到地上有個壞掉的玩具消防車，他撿起來，用自以為正直的口氣說：「誰弄壞這台消防車？」他的母親趕忙說：「誰弄壞的，對你有什麼差別？反正你又不認識這裡的任何人。」但老師了解布魯斯的心理，她告訴他：「玩具就是用來玩的，有時會玩壞，這是很平常的事。」她了解，這男孩真正想問的是：把這玩具弄壞的男孩怎樣了？

布魯斯和媽媽道再見，開始了第一天的幼稚園生活，這裡不是一個會評價他、對他貼標籤的地方。

人總是敏感於這類訊息，並不會因為長大後就不再有這種敏感性。幾年前，我和我先生在法國南部普羅旺斯渡假兩週，那裡，人人都對我們很好，很友善，也很大方。最後一天，我們開車去義大利吃午餐，抵達那裡，並且找到一間家庭式小餐廳時，我忍不住流下淚，感覺太溫馨了。我告訴我的先生大衛：「你知道嗎？在法國，當他們對你友好時，感覺彷彿你通過了測驗。但在義大利，沒有測驗。」

發出定型心態訊息的父母及教師就像法國，發出成長心態訊息的父母及教師就像義大利。

　　我們首先來看父母對其孩子發出的訊息，不過，你知道嗎，教師也可能對學生發出定型或成長心態訊息，教練也可能對運動員發出定型或成長心態訊息。

父母及師長發出的訊息

　　關於成功的訊息，聽聽下列這些例子。

> 「你學這學得眞快，你眞聰明！」
> 「瑪莎，瞧瞧這圖畫，他是不是畢卡索或什麼大畫家再世啊？」
> 「你眞是太優秀了，沒讀書就能拿 A ！」

　　若你和多數父母一樣，你會認為這些是支持性質、有助於提升自尊的訊息。但是，請更仔細聽，看你能否聽出另一個訊息。下列是孩子從前述這些訊息中聽到的另外一層意思：

> 「若我學東西學得不快，我就是不聰明。」
> 「我不應該嘗試困難的繪畫，不然，他們就不會認為我是畢卡索了。」
> 「我最好別用功，否則，他們就不會認為我優秀了。」

　　我怎麼知道呢？還記得我在第 3 章談到，許多父母大力讚美他們的孩子，希望藉此鼓舞他們的信心與成就嗎？[2] 你眞聰

明；你真有天賦；你真是個天生的運動員。我心想，且慢，那些定型心態、脆弱的孩子不就著迷於這個嗎？父母一再談到才智或天賦，不是更加令孩子著迷於這個嗎？

這就是我們決定研究這個的原因。對數百名孩子進行了七次研究實驗後，我們獲得了我所見過最明顯的一些發現：讚美孩子的才智，會傷害他們的幹勁及表現。為什麼會這樣？孩子不是喜歡受到讚美嗎？

是的，孩子喜愛讚美，他們尤其喜愛他們的才智能及天賦受到讚美，這真的會帶給他們振奮，一種特別的光彩，但只是一時的。一旦遭遇阻礙，他們的信心就會從窗戶飛走，他們的幹勁會降到谷底。若成功意味的是他們聰明，那麼，失敗就意味他們愚笨，這就是定型心態。

一個母親敘述她看到讚美才智對其小孩造成的影響：

> 我想和妳分享我的實際生活經驗。我有個非常聰明的五年級小孩，他在學校的數學、語文及科學標準測驗中，總是排名第99個百分位。但是，他有一些很嚴重的自負問題。我的先生也是個聰明的人，他覺得他父母從不重視才智，因此在這方面過度補償我們的兒子，總是讚美他聰明。
>
> 過去幾年，我懷疑這導致一個問題，因為我的兒子雖在學校很輕易地表現優異，但他不願意接受更困

難的功課或計畫（就如同妳的研究所顯示的），因爲
這樣一來，他會認爲他不聰明。他投射出對自身能力
的過度膨脹觀，聲稱他能夠表現得比別人好（包括智
識活動及體能活動），但他不會嘗試這些活動。因爲
若失敗的話，他就會被撼動。

下列是我的一位哥倫比亞大學學生回想他的過去：

我記得我的才智經常受到讚美，而不是努力受到讚
美。漸漸、但穩定地，我發展出回避困難挑戰，最令
人驚訝的是，這種情況延伸到學業之外，就連運動性
質的挑戰和情緒性質的挑戰也一樣。我最大的學習障
礙，就是傾向把表現視爲反映特質，若我無法立刻成
就某件事，我就傾向回避它，或是蔑視它。

我知道，感覺上，幾乎不可能去抗拒這種讚美。我們希望
我們所愛的人知道我們重視他們，欣賞他們的成功。就連我也
會落入這種陷阱。

有一天，我回到家，我的先生大衛已經解決了一個很困難
的問題，我們已經被這個問題困惑了一陣子。我脫口而出：
「你太優秀！」不消說，此話一出口，我就驚覺自己做了什麼，
馬上露出驚恐表情，大衛見狀，趕忙向我保證：「我知道妳是
以最強烈的成長心態說這句話，妳的意思是我尋找了種種方

法，不斷努力，嘗試各種解方，終於戰勝它。」我嫣然笑道：
「是的。我就是這個意思。」

　　父母認為，他們可以藉過讚美子女的的腦力與才能，來賦
予他們恆久信心，就像賜予他們一份禮物似地。但這其實不管
用，事實上具有反效果，一旦孩子碰上任何困難的事，或是遭
遇任何不順遂境況時，他們就會對自己產生懷疑。若父母想賜
予孩子一份禮物，做好的做法是教導孩子喜愛挑戰，被錯誤引
發好奇，享受努力的過程，尋求新挑戰，持續學習。這樣，他
們的孩子就不必成為讚美的奴隸，他們將有一輩子去建立和復
原自己的信心。

　　如何發出正確訊息？　不讚美天賦或才智，改而讚美什麼
呢？前述故事中，大衛向我做出的保證，給了我們暗示。我的
一位學生敘述的故事，給我們更多暗示：

> 某個週末，我回到家時，發現十二歲的妹妹對學校裡
> 發生的事欣喜若狂。我問她到底在興奮什麼，她說：
> 「我在社會研究這一科的考試中得了 102 分！」那個
> 週末，我聽她重複這句話大約五次。我決定把我們在
> 課堂上學到的東西，應用於這個實際生活狀況。我沒
> 有讚美她的才智或成績，而是詢問一些問題，使她思
> 考投入於用功讀書上的努力，以及她如何比去年更進
> 步。去年，她的成績不斷下滑，所以我當時想，我必

須干預，在今年一開始把她導回正軌。

這意味的是，當我們的孩子做了優異的事時，我們不能熱烈讚美他們嗎？我們應該試著克制，不去稱讚他們的成功嗎？絕對不是。這只是說，我們應該避免某種類型的讚美，我們應該避免評價他們的才智或天賦之類的讚美，或是隱含我們對他們的才智或天賦引以為傲，應該改而讚美他們做出的努力。

我們可以盡情地讚美成長導向過程——他們透過練習、用功、恆心及好方法等所達成的成果。我們可以詢問他們有關他們的努力過程，藉此肯定並展現對他們的努力和選擇感到興趣與關心。

「從你的進步可以看出，你真的很用功準備測驗。你把課本讀了好幾遍，做了重點整理，還自我測驗，這招真的奏效了！」

「你對這道數學題目嘗試了種種方法，終於搞懂了。你想了很多不同的做法，最終找到可行的方法，我很喜歡你的這種努力方式！」

「我喜歡你接受科學課程中那項富有挑戰性的計畫，這需要很多的努力耶！要做研究，要設計儀器，購買零件，還要動手做。哇，你將會學到很多很棒的東西。」

「我知道，在過去，學業對你而言很容易，你以前總是感覺自己像個聰穎的小孩。但事實上，你並未把你的頭腦用到最

大極限。我很高興你現在竭盡你的全力，努力學習困難的東西。」

「那份家庭作業真的很多、很複雜，我很敬佩你那麼專注完成它。」

「那幅畫有好多漂亮的顏色，跟我聊聊吧。」

「你對這篇文章花了很多心思，讓我用全新觀點了解莎士比亞。」

「你在彈奏那首鋼琴曲目時注入的熱情，帶給我強烈的樂趣感，你彈奏時感覺如何？」

很努力、但表現不佳的學生呢？

「我喜歡你做出的努力，但讓我們共同再努力一些，看看哪些是你不了解的。」

「我們全都有不同的學習曲線，你可能需要更多時間來理解這個，適應這份教材。如果你繼續努力，將會做到。」

「每個人的學習方式不同，我們繼續努力，一起找到最適合你的方式。」（這對那些有學習障礙的小孩來說可能特別重要，對他們而言，奏效的方法往往不是只有努力就行了，而是得找到適合他們的正確學習方式。）

我最近很興奮得知，海伊姆·吉諾從他終身的育才研究工作中，得出相同結論：「讚美不應該針對孩子的個性，應該針對他的努力與成就。」

有時候，父母很小心地對他們的孩子使用成長導向的讚

美，但說到別人時，卻用了定型心態，結果對自己的孩子造成影響。我聽到父母當著其孩子面前評論別人：「他天生就是個魯蛇」；或「她是個天才」；或「她是個笨蛋。」當孩子聽到他們的父母對他人做出這種定型化評價時，父母傳達的是定型心態，孩子會想：我是下一個嗎？

這項警告也適用教師！在一項研究實驗中，我們向學生敘述傑出數學家的故事，面對其中一半的學生，我們把那些傑出數學家講成輕而易舉就提出發現的天才，光是這點就使得這些學生進入定型心態。這種講述故事的方式向學生傳達如下訊息：有些人天生就有數學頭腦，數學對他們來說很容易，其餘的就是你們這些人。面對另半數學生，我們把傑出數學家講成對數學有熱情、最終得出優異的數學發現，這使得他們進入成長心態。這種講述方式向學生傳達如下訊息：技巧與成就來自投入與努力。我們別無用心之下講述的話，孩子們卻從中嗅出不同的訊息，這種差異著實令人驚奇。

關於讚美，還有值得一提的一點。當他們對孩子說：「哇，你做那個的速度真快！」，或是「瞧，你沒有犯任何錯耶！」傳達了什麼訊息呢？我們在告訴他們，我們重視速度與完美。但是，速度與完美是困難學習之敵。「當我快速又完美時，你認為我聰慧，那我最好別做任何具有挑戰性的事。」那麼，當孩子快速且完美地完成一件事（例如數學題目）時，我們該說什麼呢？他們不應該給予他們贏得的讚美嗎？是的。當

發生這種情形時，我會說：「喔喔，我猜是太容易了！我很抱歉，浪費了你的時間，我們來做能讓你真正學到東西的事吧。」

消除孩子的疑慮　在孩子考試或做事之前，你如何使孩子感到安心呢？若你說你對他們的才智或天賦有信心，這將引起反效果，他們只會更害怕顯露自己的才智慧或天分不足。

克莉絲汀娜是個很聰明的高中生，但考試成績總是欠佳，令她覺得很丟臉。她總是用功理解教材，但每次考試時，她都緊張到腦袋一片空白。她的成績不好，令老師失望，令父母沮喪。在面臨美國大學理事會舉辦的測驗時，情況變得更糟，因為她渴望進入的學校對成績要求很高。

考試前一晚，她的父母看到她擔心得都快瘋了，便試圖建立她的信心，他們對她說：「聽著，妳知道妳有多聰明，我們知道妳有多聰明，妳十拿九穩的，別再擔心了。」

他們是想支持她，但這番話反而更加提高了利害關係。他們應該改說什麼呢？

「這種感覺想必糟透了，彷彿人人都在評價妳，而妳無法展現妳懂的東西。但我們要妳知道，我們並不是在評價妳，我們關心的是妳的學習，我們知道妳已經學會了妳的課業，我們很驕傲妳堅持不懈，持續學習。」

關於失敗的訊息

讚美成功，這應該是我們最小的問題了，對吧？失敗應該

是遠遠更棘手的問題，孩子可能已經感到沮喪且脆弱了。且讓我們再來聽聽看，當孩子遭遇失敗時，父母可能傳達了什麼訊息。

九歲的伊麗莎白正前往參加她的首場體操比賽，瘦長、柔軟、有力，她很適合體操，她也很喜愛體操。當然，比賽令她有點緊張，但她很擅長體操，有自信能做好，甚至已經想過要把贏得的獎牌掛在臥室何處最理想。

第一項競賽是地板項目，伊麗莎白第一個出場，雖然表現不錯，但在頭幾位女孩上場後，分數變化，她輸了。伊麗莎白在其他項目的表現也很好，但不夠好到足以勝出。傍晚，全部賽事結束，她沒有贏得任何獎牌，難過極了。

若你是伊麗莎白的父母，你會怎麼做？

1. 告訴伊麗莎白，你認為她是表現最好的一個。
2. 告訴她，她被奪走了理當贏得的獎牌。
3. 告訴她，體操其實不是那麼重要。
4. 告訴她，她有能力，下次一定能夠勝出。
5. 告訴她，她的表現確實沒有資格勝出。

對於如何提振孩子的自尊心，我們的社會持有強烈意見，這意見內含的主要訊息是：在他們遭遇失敗時，保護他們！這麼做或許有助於舒緩當下問題——孩子的失望，但長期而言可

能有害。為什麼？

且讓我們從心態觀點來檢視前述五種反應傳達的訊息。

第一個反應（你認為她是表現最好的一個），基本上並不真誠。她並不是表現最好的一個，你知道，她也知道。這句話沒有提供她如何復原或如何改進的處方。

第二個反應（她被奪走了理當贏得的獎牌），這是在歸咎他人，但問題其實注意在於她的表現，並非在於評審。你希望她在成長過程中養成把自己的不足歸咎於他人的習慣嗎？

第三個反應（體操其實不是那麼重要），這是在教她，當她沒有立即把一件事做好時，就貶低這件事。你真的想傳達這種訊息嗎？

第四個反應（她有能力），可能是所有反應中最危險的一個。能力一定會自動地帶你達成目標嗎？伊麗莎白沒能在這次比賽中勝出，何以她就能在下次比賽中勝出？

第五個反應（她的表現確實沒有資格勝出），在此境況下說這句話，似乎很殘酷，你當然不會這麼直截了當地說，但是，她那位成長心態的父親大致上就是這麼告訴她的。

她的父親實際上是這麼說的：「伊麗莎白，我知道妳的感覺，妳抱持這麼高的希望，又做出妳的最佳表現，但未能勝出，當然會非常失望。但妳知道嗎？妳其實還沒到可以勝出的火候，有許多女孩訓練體操的時間比妳還長，遠比妳還努力。若這真是妳很想做的事，那妳就必須非常努力去做。」

　　他也讓伊麗莎白知道，若她純粹是為了趣味而練體操，那也沒關係；但若她想在競賽中優勝，那就需要做更多。

　　伊麗莎白謹記父親的教誨，花更多時間重複練習，精進她的動作，尤其是她最弱的部分。下次比賽時，全區有八十名女孩參賽，伊麗莎白在個人賽事中贏了五面獎牌，並且得到競賽總冠軍，把一座大獎杯帶回家。現在，她的臥室牆壁已經被贏得的獎牌獎杯占滿，幾乎看不到空白處了。

　　基本上，她的父親不僅對她說實話，也教她如何從失敗中學習，以及該如何做才能在未來成功。他很同情伊麗莎白的失望，但沒有給她虛偽的鼓勵，那只會導致她的進一步失望。

　　我見過許多教練，他們問我：「那些可教之材的運動員呢？他們都去哪裡了？」許多教練嘆息，當他們向運動員提供修正意見時，運動員咕噥抱怨他們的信心都被侵蝕了，有時候，運動員還會打電話回家向父母抱怨。那些運動員似乎想要的是只會對他們說他們多有天賦、然後任由他們自然發展的那種教練。

　　教練們說，在以前，小聯盟比賽或小孩足球賽完，回家途中，父母會和子女檢討及分析比賽，提供有助益的比賽過程告誡。他們說，現在，回家途中，父母把孩子的糟糕表現或球隊的輸球歸咎於教練和裁判，他們不想歸咎於孩子，怕傷了孩子的信心。

　　但是，如同伊麗莎白的例子所示，孩子需要誠實且建設性

的反饋意見，若為了保護孩子而不提供這些，他們就不會有好的學習，他們將會把忠告、教導及反饋意見視為負面、有傷害性。隱瞞建設性批評無助於孩子的信心，會傷害他們的未來。

建設性批評　我們常聽到「建設性批評」這個名詞，但是，人人都認為他們對孩子提出的批評都具有建設性，不是嗎？若非認為有助益，他們又怎會提供這些批評呢？其實，很多批評根本沒有助益，充滿對孩子的評價。所謂建設性，指的是能夠幫助孩子矯正，得出更好的作品，或是有更好的表現。

比利草率地做完他的家庭作業，漏寫幾題，其他題目則是回答得簡短馬虎。他的父親氣炸了：「這是你的家庭作業？你就不能好好做嗎？你要不就是笨，要不就是不負責任，你是哪個？笨，還是不負責任？」這樣的反饋意見既懷疑兒子的智力，又懷疑他的品格，並且隱含他的缺點是持久不變的。

這個父親該如何表達他的沮喪與失望，同時又不詆毀兒子的素質呢？下列是一些可行的方法。

「兒子，當你做事不盡力時，我真的很難過。你想你何時可以完成這作業？」

「兒子，這作業裡頭是不是有你不了解的東西？你想要我跟你一起檢查、溫習一遍嗎？」

「兒子，看到你錯過一次學習機會，我很難過。你能否用可以幫助你學習更多的方式做這作業？」

「兒子，這作業看起來似乎很乏味，我跟你有同感。但你

能否想個方法，使它變得更有趣呢？」或是，「咱們來想想辦法，看有沒有法子既可減輕痛苦，又仍然能把它做好。你有什麼點子？」

「兒子，還記得我告訴你的嗎？冗長乏味的東西能幫助我們學習專注。這份作業就是真正的挑戰，需要你使出全部的專注技巧，我們來看看你能不能專注地完成這整份作業！」

有時候，孩子會自己評價自己，對自己貼標籤。吉諾在其著作中講述菲利普的故事，[3] 這個十四歲青少年和他的父親一起做一件工作，不慎打翻釘子盒，散落一地，他內疚地看著父親說：

菲利普：唉，我真是笨手笨腳。

父親：釘子散落一地時，我們不是這樣說的。

菲利普：那你們怎麼說？

父親：就說釘子散落了，我會把它們撿起來！

菲利普：就這樣？

父親：就這樣。

菲利普：謝謝你，老爸。

孩子如何解讀訊息？

我們的研究發現，[4] 具有定型心態的孩子總是把父母的言

行解讀為在評價他們，他們說，他們總是覺得彷彿他們的素質
受到評量。

> Q：「若你的父母說要協助你的學校作業，你認為他
> 們為何要這麼做？」
> A：「真正的原因是，他們想看看我在做學校作業時
> 聰不聰明。」
> Q：「若你的父母對你的好成績感到高興，你認為他
> 們為何高興？」
> A：「他們高興是因為看到我是個聰明的孩子。」
> Q：「當你在學校有不佳表現時，父母和你討論你的
> 表現，你認為他們為何這麼做？」
> A：「他們可能擔心我不是聰明的孩子」，以及「他們
> 認為成績差可能代表我不聰明。」

也就是說，每當發生了什麼，這些孩子聽到的是評價他們
的訊息。

或許，所有孩子都認為他們的父母在評價他們，父母不就
是在做這樣的事——嘮叨他們，評價他們—嗎？具有成長心態
的孩子不是這麼想的，他們認為他們的父母只是在試圖鼓勵他
們學習，鼓勵他們養成良好的讀書習慣，下列是他們對於父母
的動機的回答。

Q:若你的父母說要協助你的學校作業，你認為他們
為何要這麼做？

A:他們想確保我從學校作業中學到更多。

Q 若你的父母對你的好成績感到高興，你認為他們為
何高興？

A:他們高興是因為好成績代表我真的很用功。

Q:當你在學校有不佳表現時，父母和你討論你的表
現，你認為他們為何這麼做？

A:他們想教我未來更好的學習方法。

縱使在涉及他們的行為或關係時，定型心態的孩子也感覺
受到評價，但成長心態的孩子則是覺得受到幫助。

Q:想像你的父母因為你沒有做他們叫你去做的事而
生氣，你認為他們為何會這樣？

定型心態的孩子回答:因為他們擔心我可能是個壞孩子。

成長心態的孩子回答:因為他們想幫助我學習下次做
得更好的方法。

所有孩子都會有不當行為，研究顯示，一般小孩平均每三
分鐘就會出現不當行為。當孩子出現不當行為時，就是評價他
們的性格或教導他們的時機嗎？

Q:想像因為你不和其他孩子分享，你的父母不高
興，你認為他們為何會這樣？

定型心態的孩子回答：他們認為這顯示我是怎樣的一
個人。

成長心態的孩子回答：他們想幫助我學習和其他孩子
相處的更佳技巧。

孩子從小就會學習這些解讀，學步童從父母的言行中獲得
訊息，他們學到，他們犯錯時將遭到評斷及處罰，或是學到，
他們犯錯時將得到建議與教導。

下列是一個我們永遠忘不了的幼稚園男童，你將聽到他角
色扮演他的父母時說的話。下列談話的假設背景情境是：他在
學校寫了一些數字，裡頭有個錯誤，接著，他告訴我們他的父
母會如何反應。[5]

母親：哈囉，你在難過什麼呢？

男孩：我寫了一些數字給老師，我漏掉了8，我現在
　　　覺得難過。

母親：喔，有件事可以使你心情好轉。

男孩：什麼事？

母親：如果你認真告訴老師，你已經盡了全力，她不
　　　會對你生氣的。〔母親轉頭問父親〕我們不會

生氣，對吧？

父親：會！我們會生氣。兒子，你現在最好馬上進你
的房間。

我真希望我能告訴你，這男孩聽的是其母親的成長導向訊
息，但在我們的研究中，他似乎注意的是父親的評價導向訊
息，因為他犯的錯而貶低他，也沒有提出修正這些錯誤的好方
法。不過，他至少獲得了母親提供的努力導向訊息，但願他將
來能夠使用此訊息。

父母總是馬上對孩子的行為做出解讀和反應。一位新手媽
媽試圖給她的寶寶餵奶，寶寶哭不停，不肯吸奶，或是吸了幾
下就放棄，開始大哭。這意味這個寶寶頑固嗎？這寶寶有缺陷
嗎？畢竟，吸奶是嬰兒天生的本能反應，不是嗎？嬰兒不是應
該天生就會吸奶嗎？我的寶寶怎麼了？

一位面臨這處境的新手媽媽告訴我：「起初，我真的很沮
喪，然後，我牢記妳所說的，不停地對我的寶寶說：『我們兩
人都在學習這個，我知道妳餓了，我知道這令人沮喪，但我們
在學習當中。』這種思維幫助我保持冷靜，引導她直到奏效。
這也幫助我更加了解我的寶寶，使我知道該如何教她其他事。」

別評斷，教導，這是一種學習過程。

孩子傳遞什麼訊息？

從觀察孩子如何傳遞訊息，也可以看出孩子學到了什麼訊息，縱使是小孩，也會很快傳遞他們學到的智慧。我們詢問二年級小孩：「對於你班上在數學科目有困難的小孩，你會給他什麼建議？」下列是一個具有成長心態的孩子提供的建議：[6]

> 你是不是經常放棄？你是不是思考了一分鐘就停止了？若是的話，你應該思考久一點，或許思考兩分鐘，若不通的話，你應該再把題目讀一遍，若還是不行，你應該舉手問老師。

這是不是很棒？定型心態孩子提供的建議就沒那麼有用了。由於在定型心態中沒有成功祕訣，他們的建議往往簡短、溫柔，例如，一位定型心態孩子的回答只是簡短地慰問：「我很抱歉。」

就連幼兒也會傳遞他們接收到的訊息。心理學家瑪麗·梅恩（Mary Main）和卡蘿·喬治（Carol George），研究那些因為哭泣或吵鬧而遭到父母評斷與處罰的受虐孩童，這些父母通常不了解孩子哭泣是一種有所需求的訊號，或者，寶寶不會聽命令而停止哭泣，他們斷定小孩的哭鬧是不乖、任性或惡劣。

梅恩和喬治在托兒所觀察一到三歲的受虐孩童，觀察當其他小孩哭鬧時，這些受虐兒會如何反應。她們發現，這些受虐

兒往往憤怒對待其他哭鬧的小孩，有些受虐兒甚至試圖攻擊哭鬧的小孩。這是因為他們從父母那裡學到訊息：哭鬧的小孩會受到評斷和處罰。[7]

我們往往以為，唯有在受虐者成為父母後，他們才會把習得的虐待行為轉施於他人，但梅恩和喬治的這項研究顯示，孩子很小就會學到訊息與啟示，並且據以行動。

那麼，非受虐兒對哭鬧的小孩又如何反應呢？他們會展現同情，他們當中有許多會走向哭鬧的小孩，看看出了什麼問題，看看他們是否能幫上忙。

處罰難道不是一種教導方式嗎？

許多父母認為，當他們判斷及處罰孩子時，他們是在教導：「我給你一個教訓，你就永遠不會忘記。」他們在教導什麼呢？他們在教孩子，若他們不遵守父母的規定或價值觀，他們就會被評斷和處罰。他們不是在教導他們的孩子如何仔細思考問題，自己得出有道德、成熟的決定。

他們可能也未教導他們的孩子，溝通管道是暢通的。

十六歲的愛麗莎向母親說，她和她的朋友想嘗試喝酒，她能否邀請他們來家裡舉辦一場雞尾酒派對？表面上，這看來可能令人覺得無法無天，但愛麗莎的實際意思是，她和朋友曾經參加供應酒品的派對，但他們不想在他們感覺不安全、沒有掌控的場合中嘗試喝酒，他們也不想酒後開車回家。他們想在獲

得父母准許、有人監督的環境下嘗試，結束後，父母可以來載他們回家。

愛麗莎的父母說好或不好，這並不重要，重要的是，他們充分討論過涉及的問題，他們的討論具有教育意義，遠勝過憤怒、評斷性的駁回。

具有成長心態的父母並不是縱容及溺愛他們的孩子，絕對不是。他們訂定高標準，但他們教導孩子如何達到這些標準，他們也對他們的孩子說「不」，但那是公正、思慮周到、且尊重的「不」。下次，當你打算懲罰孩子時，問問自己，我這麼做在傳達什麼訊息？我將評斷並處罰你？抑或我將幫助你思考與學習？

心態可能攸關生死

父母當然是望子成龍，望女成鳳，但有時候，父母可能使孩子陷入危險。身為哥倫比亞大學我任教的科系大學部主任，我看到很多學生陷入麻煩，下列是一位優秀的孩子差點畢不了業的故事。

珊蒂在畢業前一週來我的辦公室，她想把她的主修改為心理學，這根本是個怪誕的要求，但我察覺她的絕望，便仔細傾聽她的故事。我看她的成績單，全都是 A+ 和 F（當掉），到底怎麼回事？

珊蒂的父母一心想栽培她進入哈佛大學，因為他們的定型

心態，珊蒂受教育的唯一目標是進入哈佛大學，以證明她的價值與能力（或許也是證明他們為人父母者的價值與能力。）進入哈佛大學代表她非常聰慧，對他們來說，目的不是為了學習，不是研讀她喜愛的科學，甚至不是為了做出優異貢獻，而是為了光耀的標籤。但珊蒂沒能進入哈佛大學，她從此被沮喪纏身，有時候，她能夠有效應付（那些 A^+ 成績），但有時候，她應付不來（那些 F）。

我知道，若我不幫助她，她將無法畢業；若無法畢業，她將無法面對父母；若她無法面對父母，我不知道會發生什麼事。我當然能夠幫助珊蒂畢業，但這不是重點。一個像珊蒂這麼聰明、這麼棒的孩子，用這些沉重的標籤來壓垮她，真是悲劇。

我希望這些故事，能夠教導父母以正確方式去望子成龍，望女成鳳：助長他們的興趣、成長及學習。讓我們更深入檢視珊蒂的父母傳達的訊息：我們不管妳是怎樣的人、妳的興趣是什麼，能夠成為什麼人，我們不管學習，唯有上哈佛大學，我們才會愛妳、看重妳。

馬克的父母也有相同思維。馬克是個數學資優生，完成初中學業時，他很興奮即將進入紐約的史岱文森高中，那是一所以數學和科學課程見長的優異高中。在那所高中，他將受教於最優的教師，和該市頂尖的學生一起討論數學，而且史岱文森高中有一個方案，條件符合的學生可以去哥倫比亞大學修數

學課。

但是，最後一刻，他的父母不讓他讀那所高中，因為他們聽說史岱文森高中的學生很難上哈佛大學，他們讓他去讀另一所高中。在他的父母眼裡，他不能追求他的興趣或發展他的天賦，這些都不重要，重要的只有一個，那就是上哈佛大學。

我們非常愛你，如果你按照要求和標準的話

這類父母傳達的訊息不僅僅是「我在評價你」，而是：我在評價你，唯有你成功，而且是照我們的要求和標準，我們才會愛你。

我們研究從六歲到大學年齡的孩子，那些具有定型心態的孩子感覺，若他們未能實現父母對他們的期望，父母就不會愛他們，看重他們。定型心態的大學生說：「我常覺得，若我不能如我的父母所期望地那樣成功，他們就不會看重我」，或是「我的父母說，我想從事什麼行業都行，但骨子裡，我覺得，除非我從事他們欣賞的職業，否則他們不會對我感到滿意。」

約翰·馬克安諾的父親就是這樣，他是個愛評斷的人，所有事情非黑即白，而且他會施加壓力。馬克安諾在回憶錄中說：「我的父母逼促我……，主要的推手是我爸，我小時候，他似乎為我的網球生涯發展而活……。我記得我曾經告訴他，我不喜歡。我常說：『你一定要每場比賽都到場嗎？你一定要來看這練習嗎？你就不能缺席一次嗎？』」[8]

馬克安諾為他的父親贏得他渴望的成功，但馬克安諾本身一點也不樂在其中，他說他喜歡成功的果實——站在頂尖，受到恭維諂媚，贏得獎金，但他說：「許多運動員似乎真心喜愛他們從事的運動，我不認為我曾經對網球有這種感覺。」[9]

我想，一開始，他的確喜愛網球，因為他談到一開始他著迷於種種揮拍方式和創造新的揮拍方式。但後來，我們再也沒聽到他提及這樣的著迷。馬克安諾的父親看到他的男孩對網球很有兩把刷子，便開始施壓、評斷，他對這個兒子的愛變成取決於兒子的成功與否。

老虎‧伍茲的父親是另一個相反的典型。他的雄心企圖是無疑的，他也視這個兒子為天生好手，上天注定他是吃這行飯的料，但他培養老虎‧伍茲對高爾夫的熱愛，教導他聚焦於成長和學習。他說：「若老虎‧伍茲想成為水電工，我不介意，只要他是個優異的水電工。目標是他能夠成為一個優秀的人，他的確是個優異的人。」[10]

老虎‧伍茲說：「我的父母對我的人生影響最大，他們教我投入自己、時間、才賦，最重要的是，投入我的愛。」[11]這告訴我們，你可以是個超級參與的父母，但仍然助長孩子本身的成長，而不是對孩子施加壓力與評斷。

著名小提琴教師桃樂蒂‧迪雷經常碰到壓力鍋型的父母，他們更關心的是孩子的才能、形象和標籤，而非孩子的長期學習。[12]

　　一對父母把他們的八歲兒子帶到迪雷面前演奏小提琴，他們讓這小男孩熟記貝多芬小提琴協奏曲（儘管迪雷警告他們別這麼做），音符完美無誤，但他演奏得像個嚇僵的機器人。[13]為了符合他們觀念裡的天賦：「我兒子八歲，能夠演奏貝多芬小提琴協奏曲，你們的能做什麼？」他們反而壞了兒子的表現。

　　一位母親堅持該是讓她的兒子和一家特殊人才經紀公司簽約的時候了，迪雷花了很多時間勸說她，但她有沒有接受的雷的忠告呢？沒有。有好一陣子，迪雷警告她，她的兒子還沒有夠多的技巧，但她沒有聽從專家的忠告，促進兒子的發展，她拒絕相信任何人都可能因為這麼簡單的理由，拒絕像她的兒子這樣的人才。[14]

　　韓裔小提琴家李良（Yura Lee）的母親，是個明顯相反的典型。李良練琴時，她總是氣定神閒地坐在一旁，不像一些學生的父母那樣緊張、拚命做筆記。她總是面帶微笑，隨著音樂微微擺動，沉浸其中，自得其樂。結果，李良不像那些父母過度投入、愛評斷的孩子，發展出焦慮感和不安全感，「拉小提琴時，我總是很快樂」，李良說。[15]

設定理想，不好嗎？

　　父母為孩子訂定目標及理想，這不是很自然的事嗎？是的，但一些理想對孩子有幫助，其他則否。我們請大學生描述他們理想中的成功學生模樣，接著，我們問他們是否認為自己

符合此理想。[16]

具有定型心態的學生描述的理想，是無法靠著努力而邁進的理想，亦即你要不就是這個理想典型，要不就不是。

他們說：「理想的成功學生是有天賦的學生」，或是「天才，體格好，擅長運動……天生能力使他們成功。」

他們是否認為自己符合這理想呢？大多數不認為。相反地，他們說這些理想擾亂他們的思緒，導致他們遲疑、放棄、充滿緊張與壓力。他們被無望達到的理想，搞得灰心喪志。

具有成長心態的學生，如此描述他們理想中的成功學生模樣：「一個成功的學生，首要目標是拓展知識及思維、探索世界，不會把成績本身視為一個目的，而是把成績視為繼續成長的手段。」或是，「理想的學生重視知識本身，也重視知識的功用，他或她希望能夠對整個社會做出貢獻。」

他們是否認為自己類似這樣的理想典範呢？他們朝理想境界努力：「我盡力朝向這理想，嘿，這需要努力啊」，或是「我相信，對許多人而言，成績或考試最重要，但我現在努力超越這個。」他們理想中的典範激勵他們。

當父母給予孩子一個定型心態理想典範時，他們是在要求孩子符合聰明、有才華的孩子典型，否則就被視為不合格。沒有犯錯的空間，不容空間給孩子個人特質——他們的興趣，他們的怪癖、他們的欲望、他們的價值觀。數不清有多少定型心態父母焦急、苦惱地告訴我，他們的孩子叛逆或輟學。

　　海伊姆・吉諾在書中描述十七歲的尼可拉斯，如此述說他的故事：[17]

> 我父親心中有幅理想兒子面貌，當他把我拿來和那個理想中的兒子相比時，他深深感到失望，我不符合我父親的夢想。打從小時候起，我就覺察他的失望了，他試圖隱藏，但他的語氣、他的話、他的沉默，從無數小地方就可以看出他的失望。他很努力試圖使我成為他夢想中典型兒子的複製人，當他失敗時，就放棄了，但在內心深處留下傷疤，一種恆久的失敗感。

　　若父母幫助孩子建立成長心態的理想典範，就會給予孩子努力的目標，給予他們成長空間，讓他們有空間成長為成熟的人，能夠以符合自己興趣的方式對社會做出貢獻。我鮮少聽到成長心態的父母說：「我對我的孩子感到失望」，通常他們都是面帶微笑地說：「我很驚訝我的孩子變成這麼了不起的人。」

　　我講述的這一切育才心態，也適用於教師，但教師有其他考量，必須面對一整班有不同技能的學生。而且，他們並未參與這些學生以往的學習，那麼教育這些學生的最佳之道是什麼呢？

如何成為優秀的師長？

許多教師認為，降低他們的標準將可讓學生獲得成功經驗，有助於提升他們的自尊，提高他們的成就。這種思維的背後原理相同於過度讚美學生的才智，當然，同樣行不通。降低標準只會產生教育程度不佳的學生，自覺理應獲得輕鬆容易的工作和大量讚美。

雪拉・史瓦茲（Sheila Schwartz）授業有志成為英文教師者長達三十五年，她嘗試訂定高標準，尤其是因為他們將傳授知識給新世代的孩子，但是，這種訂定高標準的做法令這些人憤憤不平。[18] 史瓦茲說：「有個學生，作文中充滿錯誤的文法和拼字。她和她先生來我的辦公室，她先生出身西點軍校，穿著制服，胸前掛著很多勳章。他們慍怒而來，因為我堅持糾正她的錯誤拼字，這令她很感冒。」

另一名學生被要求總結摘要《梅岡城故事》（*To Kill a Mockingbird*）一書的故事主題，這本哈波・李（Harper Lee）撰寫的小說，描述美國南方一名律師對抗不正義之事，並為一名被控強姦一個白人女孩的男性黑人辯護。但這名學生堅持這本小說的故事主題是「基本上，所有人都是友善的」，史瓦茲質疑這個結論時，這名學生離開教室，向學院院長舉報她，史瓦茲因為訂定太高標準而受到譴責。史瓦茲問，為何要對這些未來的教師訂定低標準，而不顧及他們的未來學生的需要？

　　但另一方面，光是提高學校的標準，但不提供學生達到這些標準的方法，同樣會導致災難，因為這只會把素養不足或士氣低落的學生逼向失敗，逼出學校。

　　有沒有方法既可樹立高標準，又能使學生達到這些標準呢？

　　第 3 章曾提到，德國心理學家法柯・萊因柏格的研究發現，具有成長心態的教師把許多低能力群的學生提升至高能力群。我們也看到，在賈米・艾斯卡蘭提的成長心態教學之下，貧民區的高中生能夠學習大學程度的微積分；在瑪華・柯林斯的成長心態教學下，貧民區的小學生能夠閱讀莎士比亞。在這一章，我們將看到更多這樣的例子，我們將看到成長導向的教學如何釋放孩子的心智力。

　　下列內容聚焦於三位優良教師，其中兩位教師對弱勢學生下工夫，另一位教師面對的是被視為超有天賦的學生。這三位優良教師有何共通點？優良教師相信智力與才能是可以發展與成長的，他們醉心於學習的過程。

　　在芝加哥，瑪華・柯林斯教的是那些被評斷和放棄的孩子，對其中許多孩子來說，柯林斯的教室是他們的最後一站，例如，一個男孩在四年間進出了十三所學校；一個男孩用鉛筆刺傷其他小孩，被逐出心理矯治中心；一個八歲男孩取出削鉛筆機的刀片，去割同學的外套、帽子、手套、圍巾；一個孩子在他講的近乎每句話中都說到要殺死自己；一個男孩上學第一

天就用鐵鎚敲另一位學生。這些孩子在校沒學習多少東西，但人人都認為錯在他們本身，只有柯林斯不這麼認為。[19]

電視節目《六十分鐘》（*60 Minutes*）報導柯林斯的學校，記者暨製作人摩利・賽佛（Morley Safer）想盡辦法要套出一位柯林斯的學生說他不喜歡這所學校，賽佛說：「這裡這麼嚴格，沒有課間休息，沒有體育館，整天操你，只有四十分鐘的午餐時間，太苛了，你為何喜歡這裡？」但該名學生回答：「這就是我喜歡它的原因啊，因為它使你的頭腦變得更好。」[20]

《芝加哥太陽時報》的專欄作家澤伊・史密斯（Zay Smith）造訪該校，訪談一位小孩，這小孩說：「我們在這裡做辛苦的事，他們充實你的頭腦。」[21]

柯林斯回顧她的起步說：「我向來醉心於學習，著迷於在學習過程中發現新東西，興奮於分享我的學生獲得的發現。」[22] 開學頭一天，她總是向所有學生保證，他們將會學習，她和他們立下約定。

「我知道你們多數人不會拼自己的姓名，不知道全套字母，不懂如何閱讀，不知道什麼是同音異義詞或如何分開音節，我向你們保證，你們將學會這些東西。你們當中沒人是失敗者，或許是學校辜負了你們。來吧！孩子們，向失敗告別，歡迎成功。在這裡，你們將閱讀艱澀的書籍，並且了解你們閱讀到的東西。你們將天天寫東西……。但你們必須協助我幫助你們，若你們不付出，就別期望有收穫，成功不會走向你們，

你們必須走向成功。」[23]

柯林斯非常欣喜於看到她的學生學習，看到他們從初來時臉龐冷漠、眼神呆滯的孩子，變成開始散發熱情的孩子，她告訴他們：「我不知道聖彼得對我有什麼計畫，但你們這些孩子帶給我人世間的天堂。」[24]

雷夫・艾斯奎（Rafe Esquith）在洛杉磯教的五年級學生，大多來自犯罪猖獗的貧民區，許多學生和有毒品、酒精、情緒問題的一起生活。艾斯奎天天告訴他的學生，他並沒有比他們聰明，只是閱歷比他們多罷了。他經常使學生看出他們在智識上成長了多少，曾經看起來困難的作業，因為他們的練習與紀律，後來都變得更容易了。[25]

不同於柯林斯的學校或艾斯奎的學校，茱莉亞音樂學院只收全世界最有天賦的學生，你大概會想：既然你們全都有天賦，我們現在就開始學習吧。但實際不然，在這所學校，才賦與天資的觀念更甚，事實上，那裡的許多教師心理上剔除了他們不想費神的學生，唯獨教出伊札卡帕爾曼（Itzhak Perlman）、宓多里（美島綠）、張永宙（Sarah Chang）等高徒的傳奇小提琴教師桃樂蒂・迪雷是個例外。

迪雷的先生總是挪揄她那相信任何事都有可能的「美國中西部人」信念：「這裡是個空無一物的大草原，咱們在這裡建個城市吧。」[26] 這正是她之所以熱愛授業的原因，於她而言，授業就是看著某人在她眼前成長，其中的挑戰是設法使這發

生，若學生未能演奏得流暢滑順，那是因為他們還未學會如何做到這境界。

她在茱莉亞音樂學院的良師益友暨同事伊凡・葛拉米安（Ivan Galamian）會說：「喔，他沒音感，別浪費妳的時間了！」但她曾堅持嘗試各種方法來改變這點（思考我該如何改變它？）而且，她通常能找到方法。伴隨愈來愈多學生想成為這種心態，以及她「浪費」愈來愈多時間在這些努力上，葛拉米安曾經試圖說服茱莉亞音樂學院的校長開除她。[27]

這很有趣，迪雷和葛拉米安都重視才華，但葛拉米安相信才華是與生俱來的，迪雷則是相信才華是一種可以取得的素養。迪雷說：「我認為，教師太容易說：『喔，這孩子天生不是這塊料，所以我不想浪費我的時間！』太多教師用這種說詞，來隱藏本身的能力不足。」[28]

迪雷對她的每一位學生全力以赴，帕爾曼是她的學生，他的太太托比（Toby Perlman）也是。托比說，帕爾曼一生中，很少教師引導出他的潛能，連一小部分都做不到：「迪雷引導出他的全部潛能，但我相信，她給予我的，比她給予帕爾曼的還要多……。我相信，我只是許許多多從她那兒受益良多的人當中的一位。」[29] 曾經有人問迪雷，她為何對一位看來沒啥前途的弟子投入這麼多的時間，迪雷說：「我認為她有特別之處……，這特別之處在於她這個人，那是一種高尚。」[30] 迪雷認為，若這名學生能夠把這特色投入於她的演奏，她將成為一

位特別的小提琴家。

高標準與關愛的氛圍

優良教師對所有學生樹立高標準，而非只是針對那些已有良好表現的學生訂定高標準。瑪華·柯林斯打從一開始就訂定極高標準，她教的詞彙及概念是她的學生一開始無法理解的，但是，她也打從第一天起就建立真誠感情與關心的氛圍，向學生保證他們會成長。她告訴不願意努力的男孩：「我將會愛你……，我已經愛你了，縱使在你不愛自己時，我也會愛你。」[31] 教師必須喜愛他們的所有學生嗎？不，但他們必須關心每一個學生。

定型心態的教師創造出評斷的氛圍，他們看學生一開始的表現，斷定誰聰明、誰愚笨，然後他們放棄那些「愚笨」者，認為這些人不是他們的責任。這類教師不相信改進，因此不試圖創造改進，還記得第 3 章中提到的嗎？定型心態教師說：「根據我的經驗，學生在一年期間的成績大致維持不變」，以及「身為教師，我無法影響學生的智力。」

這就是刻板印象的作用，刻板印象告訴教師，哪些類群的人聰明，哪些類群的人不聰明，於是，定型心態的教師甚至在還未見到學生之前，就已經知道要放棄哪些學生。

教育心理學家班傑明·布倫研究 120 位世界級演奏鋼琴家、雕塑家、游泳選手、網球運動員、數學家、神經學家，獲

得一個有趣發現：[32] 他們當中多數人最早的教師非常親切包容。這不是說他們訂定低標準，完全不然。但是，他們創造信任、不評斷的氛圍，他們表現出「我將會教導你」，而非「我將評斷你的才能」。

看看柯林斯和艾斯奎對其所有學生的要求，真的很驚人。柯林斯擴大她的學校，接收年幼學生時，她要求所有九月入學的四歲小孩在聖誕節前必須學會閱讀，結果，他們全做到了。[33] 那些三歲及四歲的小孩使用一本名為《中學生詞彙》（*Vocabulary for High School Student*）的詞彙書，七歲孩子閱讀《華爾街日報》，年紀更大的孩子討論柏拉圖的《理想國》（*Republic*），進而討論托克維爾（Alexis de Tocqueville）的《美國的民主》（*Democracy in America*）、歐威爾（George Orwell）的《動物農莊》（*Animal Farm*）、馬基維利（Niccolo Machiavelli）、芝加哥市議會等。

她開給最高年級學生的閱讀清單中，包含《契訶夫全集》（*The Complete Plays of Anton Chekhov*）、《實驗物理學》（*Physics Through Experiment*）、《坎特伯雷故事》（*The Caterbury Tales*）。喔！還有，書單上總是少不了莎士比亞的著作，柯林斯說，就連那些用彈簧刀剔牙的男孩也愛莎士比亞，總是乞求閱讀更多莎士比亞作品。

但是，柯林斯維持一個極其滋養的氛圍，很嚴格、紀律分明，但很有愛心的環境。柯林斯知道她的學生以往的教師總是

說他們的毛病與缺點，因此，她一開始就讓他們知道她完全信諾他們，既把他們當學生看待，也把他們當人看待。

艾斯奎嘆息標準的降低，他在著作中說，他任教的學校的學生閱讀評量分數，比全國平均低了二十分，但學校仍然很開心，為什麼？因為這成績比去年高了一、兩分。他說：「看好的一面、保持樂觀，這或許重要，但錯覺並不正確。那些現在讚美失敗的人，將來可不會讚美這些學生找到煎漢堡排的工作……。得有人告訴孩子他們是否落後了，並且研擬計畫，幫助他們迎頭趕上。」[34]

艾斯奎的五年級學生全都嫻熟於閱讀，他們的閱讀書單包括：《人鼠之間》（*Of Mice and Men*）、《土生子》（*Native Son*）、《魂斷傷膝谷》（*Bury My Heart at Wounded Knee*）、《喜福會》（*The Joy Luck Club*）、《安妮日記》（*The Diary of Anne Frank*）、《梅岡城故事》、《返校日》（*A Separate Peace*）。他的六年級生全都通過一科會令多數八年級生和九年級生頭痛到哭出來的代數期末考，但這樣的成績全都是在艾思奎對每個學生充滿感情和深切個人信諾的氛圍下締造出來的。

迪雷的教學方法也可以用「挑戰與滋養」來形容，她以前的一個學生這麼說：「使學生進入能夠全力以赴的心境中，這是迪雷女士的才能之一。很少教師能夠真的使你發揮最大潛能，迪雷女士有這樣的才能。她挑戰你，但在此同時，她會令你覺得自己獲得關愛。」[35]

努力，再努力

　　但是，挑戰與愛心，這樣就夠了嗎？不夠。所有優良教師教學生如何達到高標準。柯林斯和艾斯奎並非只是把閱讀書單發給學生，祝他們路途平安，就完事了。柯林斯的學生閱讀並在課堂上討論逐句《馬克白》(*Macbeth*)，「我知道哪個孩子能應付最難段落的挑戰，我細心刻意地安排讓羞怯的孩子負責分析哪一段，使他能夠以勝任的閱讀者之姿展開他的旅程。一切都精心規劃，沒有半點馬虎……，這得花費極大心力，但是，看到孩子們仔細思考經典著作裡的每字每句，若我停止，他們就會乞求再給他們更多閱讀清單，這一切使得所有努力與規劃很值得。」[36]

　　他們在過程中教了學生什麼呢？教他們熱愛學習，使他們最終學會自己思考，教他們在最基本的東西上下功夫。艾斯奎的編輯經常早在學校上課時間開始前到校，放學後留校，在學校放假期間到校，一起研讀和練習英文及數學的基礎東西，尤其是當課程內容變得更難時。艾斯奎的座右銘是：「沒有捷徑」，柯林斯也認同這觀念，她告訴學生：「這裡沒有什麼奇蹟，柯林斯女士不是什麼奇蹟製造者，我不會在水面上行走，我無法把海水一分為二，我只是愛我的孩子們，比很多人更努力，你們也要這麼做。」[37]

　　迪雷對她的學生期望很高，但她也指導他們。多數學生被

天賦的觀念威嚇，這種觀念導致他們陷入定型心態，但迪雷消除天賦的迷思。有個學生認定自己演奏一首曲子的速度無法像帕爾曼那麼快，迪雷便不讓他看節拍器，直到他達到跟帕爾曼一樣的速度。迪雷說：「我很確知，若他看著節拍器的話，一接近那速度時，他就會對自己說，我永遠做不到像帕爾曼那麼快，他就會自我停止。」[38]

另一名學生被有天賦的小提琴家拉出的美妙音色嚇到，他回憶道：「我們當時正在訓練我的音色，我拉了一個音符，迪雷女士讓我停下來，說道：『瞧，這就是美妙的音色。』」[39] 接著，她解釋，每個音符都必須有個漂亮的開始、過程及收尾，再進入下一個音符。這個學生心想：「哇！我可以在那個音符上做到，那就代表我也能在任何一個音符上做到。」突然間，帕爾曼的美妙音色有其道理，而非只是一個嚇人的概念。

當有些學生不知如何做某個東西，但其他人知道如何做時，這種落差似乎無法消除，令人沮喪。在這種境況下，為使學生安心，一些教師會告訴他們，他們的表現已經很好了，但成長心態的教師會告訴學生事實，並對他們提供消弭這種落差的方法。柯林斯曾經對一個在班上到處嬉鬧的男孩說：「你已經六年級了，你的閱讀成績是 1.1 分，我不會把你的成績隱藏在資料夾裡。我告訴你這些成績，好讓你知道自己必須做什麼。現在，你的嬉鬧日子結束了！」接著，他們開始謀求改進。[40]

如果學生毫不在乎呢？

那些不努力、不關心學習的學生呢？下文精簡敘述柯林斯和其學生蓋瑞之間的互動，蓋瑞拒絕努力，撕掉他的家庭作業，在課堂上也不參與。[41] 柯林斯試圖叫他到台上，在黑板上解一些題目：

柯林斯：甜心，你打算怎麼做？善用你的人生，或是丟棄它？

蓋　瑞：我才不要做什麼鬼作業呢！

柯林斯：我不會放棄你的，我也不會讓你放棄自己。要是你整天坐在那裡，靠著牆，你一輩子都不會學到東西或認識別人，裝在你腦袋裡的聰明才智將白白浪費掉。

此時，蓋瑞同意上台，但拒絕解黑板上的題目。過了一會兒，柯林斯說：「你若不想參與，那就去打電話告訴你母親：『媽，在這所學校，我們得學習。柯林斯女士說，我不能打混，請妳來載我好嗎？』」

蓋瑞開始在黑板上寫東西了。後來，蓋瑞變成課堂上的熱烈參與者，在寫作上也變得勁頭十足。那年後來的一堂課上，全班討論馬克白，以及他的錯誤思維導致他走上毀滅。蓋瑞大發議論：「就像蘇格拉底，對吧！柯林斯女士？馬克白應該要

明白：『正直的思想，得出正直的生活。』」[42] 在一份作業上，蓋瑞寫道：「睡眠之神索莫納斯（Somnus）啊，請搖醒我們吧！在我們沉睡時，無知便控管了這世界。……撤掉你下在我們身上的符咒吧，我們不能沉睡太久，無知會快手快腳地顛覆這個世界。」[43]

當教師評斷學生時，學生便會用不不嘗試和不努力來搗亂教師。但當學生了解，學校是個幫助他們成長心智的地方時，他們就不會堅持搗亂自己。

在我的研究中，我曾目睹冷酷的傢伙在認知到他們可以變得更聰慧時，流下眼淚。學生不理睬學校，擺出漠不關心的神態，這是常見的事，但若我們因此認為有任何學生真的不關心、不在乎，那就錯了。

成長心態的教師

成長心態的教師為何能夠如此無私地投入無數時間，在那些最糟糕的學生身上呢？他們根本是聖人嗎？期望人人都當個聖人，這會不會不合理？答案是，成長心態的教師並非全然無私，他們本身愛學習，而教導是一種很棒的學習方式，你可以從中了解人們，了解他們如何起作用，了解你教的東西，了解你自己，了解人生。

定型心態的教師往往把自己想成是成品，認為他們的角色只是在傳授他們的知識。可是，年復一年如此，你不會感到乏

味嗎？站在又一群面孔地前，再傳授相同的知識，很難不感到乏味。

西摩爾‧薩拉森（Seymour Sarason）是我讀研究所時的一位教授，他是個很棒的教育家，總是告訴我們要質疑假說。他說：「有一種假說，說學校是讓學生學習的地方。咦？為啥學校不也是教師學習的地方呢？」我永遠不會忘記這句話。在我的整個教學生涯中，我總是思考自己好奇、感興趣的東西，思考我很想多學習和探索的東西。我用教學使自己成長，這使得我縱使在過了這麼多年後，仍然是個活力充沛、有熱情的教師。

瑪華‧柯林斯早年的導師之一，也教導她相同的理念：一個優秀的教師，總是持續跟著學生一起學習。她讓學生一開始就知道這點：「有時候，我不喜歡別人成長得太多、太快，因為他們會認為已經學會所有東西了！我可不是全知者，所以，我總是能夠學習。」[44]

曾有人說，迪雷之所以是個卓越的小提琴教師，是因為她不是對授業感興趣，而是因為她對學習感興趣。

那麼，優良教師是天生的，還是後天育成的？任何人都能成為柯林斯、艾斯奎或迪雷嗎？想成為優良教師，首先得對自己和學生抱持成長心態，別只是嘴巴上說所有孩子都能學習，而是深切想要觸及和激發每個孩子的心智。《魔球》一書作者麥可‧路易士在《紐約時報雜誌》（*The New York Times*

Magazine）上講述一位教練帶給他的啟示：「我有了一個新嗜好……做額外練習……。不久，我就認知到，要是我把從棒球場上產生的這種新熱情應用於其他領域，我的生活將變得遠遠更好。這彷彿有個棒球教練進入我心裡，發現一個生了銹的開關，上頭寫著『使用前請先開啟』，那教練把這開關打開了。」[45]

　　教練也是教師，但他們的學生的成敗，是在眾人面前上演，被刊載於報上，被寫入記錄簿裡，他們的工作取決於栽培出優勝者。我們來深入檢視三位傳奇教練，看看他們的心態如何作用。

傳奇教練：心態致勝

　　每一個熟識我的人在聽到我說某人複雜時，都會笑出來：「妳認為某某人怎樣？」，「喔，他是個『複雜』的人。」這通常不是什麼恭維之詞，而是指某某人可能很有魅力、親切、寬宏，但有自負的暗流，隨時可能爆發，你永遠不能確知什麼時候可以信賴他。

　　定型心態使人變得複雜，使人擔心自己的固定素質，使他們需要證明自己，有時是犧牲你來證明他們。定型心態也使人愛評斷。

　　知名且具爭議性的大學籃球教練鮑伯・奈特（Bobby Knight）是個複雜的人。他有時極其仁慈，有一回，他放棄一

個重要且有利可圖的比賽實況轉播評論員機會，因為他以前的
一位球員出了嚴重意外，奈特趕到他身邊，陪他度過難關。[46]

　　他有時極為體貼周到。當他執教的籃球隊贏得奧運金牌
時，他堅持隊員首先向教練亨利・艾巴（Henry Iba）致敬，艾
巴的奧運成就從未能贏得適當的崇敬，奈特想用他所能的方法
對艾巴做出彌補，他讓球隊把艾巴扛在他們肩上，繞場一周。

　　奈特非常關心其球員的學業，他想要他們獲得教育，嚴格
禁止球員蹺課或不上輔導課。

　　但是，奈特有時也很殘酷，這殘酷來自他的定型心態。約
翰・費恩斯坦（John Feinstein）在講述奈特及其球隊的著作《賽
季邊緣》（*A Season on the Brink*）中寫道：「奈特很不能接受失
敗，每場輸球都讓他耿耿於懷，視為自己的恥辱──他的球隊
輸了，他挑選和執教的球隊輸了……。任何程度的失敗都會重
創他，尤其是教練指導方面的失敗，因為教練之職帶給他身分
識別、使他特別、使他與眾不同。」[47]輸球使他成為失敗者，
抹去他的身分識別，因此，當他是你的教練時──當你的輸贏
評量他這個人時，他變得極其批判，對於那些令他失望的球
員，他的鄙視貶低態度無人能比。

　　費恩斯坦在書中寫道：「奈特看出戴羅・湯瑪斯（Daryl
Thomas）是個極具潛力的球員，他有教練稱之為『百萬美元
的身材』。」[48]湯瑪斯既高且壯，但速度也很快，左右手都能
射籃，奈特無法接受湯瑪斯及其百萬美元的身材不能為球隊帶

來成功。

「你知道你是什麼嗎，戴羅？你是我在這所學校見過的籃球員當中最爛的娘炮，絕對是有史以來最爛的娘炮。你的能力比我們這裡 95％的球員都要強，但你從頭到腳都是個娘炮，十足的娘炮，這就是我經過三年後對你的評價。」[49]

有一次，奈特做出類似侮辱的方式是，在一位球員的置物櫃裡放一條衛生棉條。

湯瑪斯是個敏感的傢伙，一位助理教練曾給他忠告：當他（奈特）罵你混球時，別聽；但當他開始告訴你為何你是個混球時，認真聽。這樣，你會變得更好。[50] 湯瑪斯沒能遵循這個忠告，他把奈特的每字每句都聽進去，在奈特辱罵了上述一長串後，湯瑪斯在場上崩潰失靈。

那些膽敢輸球的球員，奈特殘酷無情的批判斧頭一定劈在他們身上。奈特往往不讓那些他認為有罪的球員和其他球員和職員一起搭車回去，他認為他們不配再獲得尊重對待。有一次，他的球隊進入全國聯賽準決賽（但未進入全國決賽），記者訪問他時問到他最喜歡這支球隊的什麼部分，奈特回答：「我現在最喜歡這支球隊的部分就是，我只需要再看它比賽一場就結束了。」[51]

有些球員的忍受度優於其他球員。後來在進入籃壇職涯的史帝夫・艾爾福特（Steve Alford）抱著清楚的目標來到印第安納大學，並且能夠在大部分時間保持堅定聚焦於成長，他能

夠聆聽並使用奈特的智慧，大部分時候不去理會奈特那些噁心或貶低的辱罵。但是，就連他也忍不住敘述球隊如何在奈特的批判壓力下崩潰，以及他本身如何因此變得非常不快樂，乃至於在一些時刻失去了對籃球運動的熱情。[52]

「那時的氛圍非常惡毒……。在以前，我打得好時，不論教練如何叫罵，我總是保持愉快樂觀……。可是，現在，他的否定態度加在我自己的否定之上，幾乎把我淹死，我媽和我爹對此感到憂心，他們可以看出我漸漸失去對籃球賽的熱愛。」[53]

艾爾福特說：「奈特教練的聖杯是零失誤比賽」[54]，喔喔，我們知道，怎樣的心態無法忍受失誤。奈特的火爆是出了名的，他曾經把椅子甩到場內；他曾經抓著球員的衣服，把他拉出場外；他曾經掐住球員的脖子。他經常為他的行為合理化，說這是為了使球隊更堅韌，能夠在壓力下比賽。但事實是，他無法控制自己。甩椅子是一種教導方法嗎？掐脖子有教育作用嗎？

他不是透過尊重來激勵他的球員，而是透過恐嚇、畏懼來激勵，球員畏懼他的批判與火爆。這管用嗎？

有時管用，他領軍的印第安納大學曾經奪得三次 NCAA 冠軍，費恩斯坦在其著作中描述，那個「賽季邊緣」（1985 年~1986 年的賽季），這支球隊不論在身材、經驗或速度上都不足，但他們是強悍的競爭者，拜奈特的優異籃球知識和指導技巧，他們在那個賽季贏了二十一場。[55]

　　但其他時候，不管用，個別球員或整個球隊會崩潰。就拿那個「賽季邊緣」來說吧，球隊到了季末就崩潰失靈了。前一年也是，在奈特的壓力下，球隊也崩潰。多年間，一些球員受不了而逃離，他們故意違反隊規（例如蹺課或不上輔導課），轉往其他學校，或是提早進入職籃，例如以賽亞‧湯瑪斯（Isiah Thomas）。球員們經常坐在一起幻想，若當年他們沒有錯誤地選擇印第安納大學，他們應該會去哪一所學校。

　　奈特並不是對其球員的能力抱持定型心態，他堅信他們有發展潛力。但是，他對自己和自己的教練能力抱持定型心態，球隊是他的產品，他們必須在每場比賽中證明他的能力，他不容許他們輸球、犯錯或以任何方式質疑他，因為這些會反映他的能力。當他的激勵方法失靈時，他似乎也不分析檢討，也許戴羅‧湯瑪斯需要另一種激勵法，而不是譏諷或羞辱。

　　我們應該怎樣看待這位身為年輕球員的導師的複雜男人呢？他麾下最耀眼的明星以賽亞‧湯瑪斯這麼表達他對奈特的複雜矛盾心理：「有時候，若我有把槍，我想我會射殺他；但也有其他時候，我想大力擁抱他，告訴他，我愛他。」[56] 若我的最優秀學生曾經有射殺我的念頭，我不會認為我是個完全成功者。

成長心態教練實例

　　日月精忠的教練　約翰‧伍登教練在運動界締造了最輝煌

的冠軍紀錄之一，他領軍的加州大學洛杉磯分校（UCLA）籃球隊贏得 1964 年、1965 年、1967 年、1968 年、1969 年、1970 年、1971 年、1972 年、1973 年及 1975 年 NCAA 冠軍，他的球隊曾在許多賽季所向無敵，他們曾經締造八十八場連勝。[57] 這些，我都知道。

我不知道的是，當伍登抵達 UCLA 時，那裡離籃球王朝還差得遠呢！事實上，伍登根本不想去 UCLA 執教，他想去明尼蘇達。當時的安排是，明尼蘇達將在某天傍晚六點打電話告訴他是否聘請他當教練，所以，他請 UCLA 那邊七點打電話給他。但是，六點，六點半、六點四十五分，都沒電話進來，UCLA 在七點打來，他答應了。電話一掛斷，明尼蘇達的電話就進來了，暴風雨搞斷電話線路，明尼蘇達那邊無法在六點打電話通知在聘用他。

UCLA 的設備非常差，執教的頭十六年，伍登在擁擠、陰暗、通風不良的體育館操兵，人稱這體育館為「體臭倉房」（B.O. Barn），因為通風不良，運動員的汗臭味難以消散。在這體育館裡，籃球隊訓練時，旁邊常同時進行著摔角、體操、彈簧墊跳躍、啦啦隊等訓練。

這裡也沒有比賽場，頭幾年，他們得使用體臭倉房，然後，再十四個年頭，他們必須在該地區到處奔波，向其他學校和城鎮借體育館。

再來是球員。伍登召集他們進行第一次操兵時，他嚇壞

了，他們糟糕到令他馬上想打退堂鼓，若他當時有個體面的方式可以退出的話，他會收拾包袱走人。媒體已經很敏銳地預測，他的這支球隊將是該區墊底者，但伍登很努力，這支可笑的球隊最終不但沒有墊底，還以該賽季 22 勝 7 負的成績，贏得該區冠軍。翌年，他們打進 NCAA 季後賽。

伍登給了他們什麼？他持續訓練他們的基本技巧，他讓他們不懈地訓練，他給他們正確心態。

聖杯：充分準備及全力以赴　伍登不是個複雜的人，他睿智、風趣，但不複雜，他只是個勇往直前、具有成長心態傢伙，信奉這個法則：「你必須天天致力於使自己變得更進步一點。藉由致力於使自己天天變得更進步一點，假以時日，你就會變得進步很多。」[58]

他不要求比賽零失誤，他不要求他的球員絕對不可以輸，他只要求他們充分準備，全力以赴。他說：「我贏了嗎？我輸了嗎？這些是不對的問題，正確的問題是：我有沒有克盡全力？」[59] 若有的話，他說：「你或許得分不如對手，但你絕對沒有輸。」[60]

他不是個心軟的人，他不容許馬虎、不認真，若球員在訓練時馬虎，他便把燈關掉，準備離去，告訴球員：「各位，練習結束」，他們失去當天進步一點的機會了。[61]

平等待遇　和迪雷一樣，伍登對他的所有球員給予相同的時間和關注，不論他們的初始技巧如何；球員用全力以赴和苦

壯成長來回報他。伍登回憶兩名新球員抵達 UCLA 時的情形：
「我端詳這兩人中的每一個，告訴自己：『喔，天哪，若他能夠
對我們的球隊做出大貢獻，比賽貢獻，那現在的我們一定是相
當差囉！』但是，我無法看到的是這兩人的內心。」[62] 這兩名
球員竭盡全力，使出渾身解數，兩人都成為先發，其中一人是
贏得全美冠軍時的先發中鋒。

　　伍登平等重視所有球員。眾所周知，在籃壇，一些球員離
開球隊時，他的球衣背號就隨之退休，以對他們的傑出表達敬
意。但伍登當教練時，沒有一位球員的球衣背號退休，儘管，
他訓練出一些有史以來最傑出的球員，例如賈霸、比爾·華頓
（Bill Walton）。後來，當球隊讓他們的球衣背號退休時，伍登
反對，他說：「我們隊上的其他球員也穿那些號碼，他們當中
的一些球員也竭盡他們所能地做出貢獻……。球衣及背號永遠
不該專屬於任何單一球員，不論這名球員有多優異或是多大的
『明星』，這麼做有違團隊這個概念。」[63]

　　且慢，他的任務是贏得比賽，難道不該重用最有才能的球
員，少用後備球員嗎？喔，伍登並沒有在比賽時讓所有球員有
平等上場的機會，但在關注與訓練上，他對所有球員一視同
仁。舉例而言，招募比爾·華頓的同時，他也引進另一名球
員，伍登對他說，因為有華頓，因此，他將來實際上場比賽的
機會很少，但伍登向他承諾：「到你畢業時，你將會獲得職籃
球隊的合約，因為屆時你將會有那麼好的水準。」[64] 到了第三

年，這名球員在和華頓配對訓練時，使出他的渾身解數，竭盡所能；轉入職籃時，他被評為他所屬聯盟的年度最佳新人。

為球員的人生而教育他們　伍登是個能夠把平庸球員轉化為冠軍球員的天才、魔術師嗎？其實，他自己承認，在籃球戰術及戰略方面，他的才能相當普通。他真正擅長的是分析和激勵他的球員，這些技巧使他能夠幫助球員發揮他們的潛能，不只在籃球方面，也包括他們的生活方面，伍登覺得這方面的收穫比贏得比賽更有價值。

伍登的方法有效嗎？除了十屆 NCAA 冠軍，還有其球員的證詞，沒有一個球員提到要射殺他。

名人堂球員比爾·華頓說：「當然，他教育我們、讓我們做好準備，真正競賽是我們的人生……，他教我們不僅成為優秀球員，也成為優秀的人的價值觀與性格。」[65]

成功的教練丹尼·克朗（Denny Crum）說：「若非有伍登教練做為我的指引明燈，我無法想像我的人生會是什麼模樣。隨著年歲增長，我愈來愈感激他，我只能祈禱，我對我訓練的年輕人產生的影響若有伍登教練對我產生的影響的一半，我就心滿意足了。」[66]

名人堂球員賈霸表示：「伍登教練的智慧對身為運動員的我有深刻影響，但對我這個人的影響更大。我能成為現在的我，有部分得歸功於他。」[67]

來看看下列這則故事。

　　這是勝利的時刻，UCLA 剛贏得該校史上第一座 NCAA 冠軍。但是，伍登此刻正在憂心弗瑞・史勞特（Fred Slaughter），這位球員每場比賽都先發，直到這場最後的冠軍賽之前，一整年表現出色。史勞特在這場比賽中表現不佳，看著他的狀況愈來愈差，伍登覺得必須做出改變，他把史勞特換下來，替補上場的球員表現優異，伍登讓他繼續留在場上，直到最後勝利。

　　勝利是高潮時刻，他們不僅擊敗杜克大學，贏得 UCLA 的首座 NCAA 冠軍，還以三十勝零負的戰績結束這個賽季，但是，伍登對史勞特的憂心削減了他的喜悅。伍登離開記者會，去找史勞特，他打開更衣間的門，史勞特正在等他。史勞特說：「教練，我想要你知道，我能理解，你必須讓道格留在場上，因為他表現得這麼好，而我表現得不好。我非常想上場，但我能理解。若有人說我不高興，那不是事實，我是感到失望，但沒有不高興，我為道格感到很高興。」[68]

　　「有些教練靠著高壓獨裁的方法贏得冠軍，這其中包括文斯・隆巴迪（Vince Lombardi）和鮑伯・奈特，我有不同於他們的理念……。在我而言，關心、同情、體貼，這些永遠擺在最優先。」[69]

　　請再讀一次弗瑞・史勞特的改善，請你告訴我，在相同的情況下，奈特教練會趕去安慰戴羅・湯瑪斯嗎？奈特能讓湯瑪斯在其失望時刻潛入內心深處，找到自己的榮耀、尊嚴及寬宏

大度嗎？

何者才是敵害？成功或失敗？

派翠西雅・薩密特（Pat Summitt）是田納西大學女籃隊教練，在她麾下，這支女籃隊贏得八屆 NCAA 冠軍。[70] 一開始，薩密特並不是伍登理念的那種風格，而是更偏向奈特類型，每當球隊輸了比賽，她都無法釋懷，憤恨揮之不去，折磨自己，也折磨球隊。後來，她和輸球發展出一種愛恨關係，情緒上，輸球仍然令她惱怒，但她愛上輸球帶來的：迫使每一個球員和教練更努力，發展出更完滿的比賽表現。於是，成功反而變成了敵害。

伍登稱此為：被成功「腐蝕」（infected）；[71] 前洛杉磯湖人隊（Los Angeles Lakers）冠軍教練派特・萊利（Pat Riley）稱此為：「我的疾病」（disease of me）——[72] 想著你是成功者，扔掉把你帶向成功的訓練與努力。薩密特解釋：「成功使你鬆懈，使最富雄心企圖的我們變得志得意滿而懶散。」她說這話的當時，田納西大學女籃隊當時已經贏了五屆 NCAA 冠軍，但她說，其中只有一次他們被看好會勝出：「其他每一次，我們都因為不被看好而激發出鬥志。還有另外四、五次，我們被看好會贏得冠軍，但最終都鎩羽而歸。」[73]

1996 年奪冠後，田納西大學女籃隊變得志得意滿，較老的球員是全美冠軍，較新的球員預期只要在田納西大學，她們

就能所向披靡，贏得勝利。這種志得意滿帶來災難，她們開始
輸球，而且輸得很慘。12 月 15 日，她們的主場被史丹佛大學
擊潰；再幾場賽事後，她們又潰敗。現在，她們已經輸了五
場，大家都已經放棄她們了。北卡羅來納大學的教練出於安慰
之意，告訴薩密特：「唉！撐著吧，明年再來。」[74] HBO 早前
來田納西大學拍攝這支女籃隊的紀錄片，但現在，製作人改而
尋覓另一支球隊。就連薩密特的助理也認為，她們將無法打進
三月的季後錦標賽。

在下場比賽前，薩密特和球隊談了五小時。那晚，她們對
上當時全美排名第二的老道明大學（Old Dominion），這是她
們在該賽季頭次全力以赴，但仍然輸了。這令她們難過極了，
她們做出了努力，竭盡全力，仍然敗北，一些球員哭到無法言
語或呼吸。「抬起妳們的頭」，薩密特對她們說：「若妳們每場
比賽都像這場這樣克盡全力，像這場這樣奮鬥，我告訴妳們，
我保證我們會進入三月的季後賽。」[75] 兩個月後，她們贏得全
國冠軍。

結論是？成功時，務必誠慎，成功可能導致你進入定型心
態：「我贏了，我有才能，所以，我會繼續贏。」成功可能腐
蝕一支球隊，或腐蝕一個人，明星級棒球員「A-Rod」艾力士・
羅德里奎茲沒有被成功腐蝕，他說：「你絕對不會一直都成
功，不進則退。」[76]

偽成長心態

我見過許多父母、師長和教練，以最驚人的方式運用成長心態觀念，獲致很棒的結果。許多學校和球隊使用成長心態理念，進步至頂尖水準。它們以顯著的學習文化、團隊合作，以及傑出成就而聞名。不消說，這令人感到非常高興。

但是，幾年前，我的一位澳洲同事蘇珊‧麥基（Susan Mackie）告訴我，現在爆發了「偽成長心態」。我不懂她在講什麼，事實上，我有點不高興，成長心態是個相當簡單明瞭的觀念啊！若你有真正的成長心態，又怎麼會有偽成長心態呢？

但她的話埋下了種子，我很快就在工作中理解到她的意思，一些父母、師長及教練的確誤解了心態的觀念。於是，我立刻決定去了解他們的誤解，探索該如何矯正他們。所以，接下來，我們更深入探討：1）成長心態是什麼，不是什麼；2）如何獲得成長心態；3）如何把成長心態傳遞給他人。

成長心態是什麼，不是什麼　成長心態是相信人可以發展他們的能力，就這麼簡單。它可能有很多的回響，但基本上，這就是它的核心含義。但是，許多人對它投射了不同的含義。

誤解 # 1：許多人把他們喜歡自己的部分成為一種「成長心態」。若他們思想開明或有彈性，他們就說他們有成長心態，我常聽到人們稱之為「開放心態」（open mindset），但是，彈性或開明思想和致力於發展才能這兩者是不同的。若人們偏

離了成長心態的真正含義，他們就偏離了它的益處，他們可能沉浸於自己的好素質之中，卻從不致力於增長自己的能力，或他們的孩子或學生的能力。

誤解＃2：許多人以為，成長心態只是關乎努力，尤其是讚美努力的行為。我在前文中談到，讚美孩子投入的過程——他們的努力、方法、專注、毅力，能促進成長心態，使孩子學到，是他們投入的過程帶給他們進步與學習，他們的學習並不會奇蹟似地從他們的一些天生能力中自然產生。

必須切記的第一件要事是，過程包含的並非只有努力。當然啦，我們希望孩子享受努力的果實，但我們也必須讓他們了解，當他們正在使用的方法行不通時，嘗試新方法是很重要的。也就是說，別讓他們只是嘗試更加努力，但仍一逕使用同一種沒成效的方法。我們也希望他們在必要時，能夠尋求他人的協助或意見。這才是我們希望他們了解與重視的過程：努力，嘗試新方法，尋求幫助與意見。

另一個陷阱是讚美實際上並不存在的努力，或是過程中的任何一個部分。我不只一次聽到家長告訴我：「我讚美孩子的努力，但沒效。」我立刻問：「你的孩子真的很努力嗎？」家長羞怯地回答：「喔，其實並沒有。」這是在讚美實際上並不存在的過程，絕對別以為這麼做，能夠帶來什麼好結果。

不過，更令我擔心的一個問題是，一些教師和教練使用讚美努力來做為安慰獎，但實際上，孩子並未學習。若學生非常

努力，但沒有進步，或是只有少許進步，我們當然可以肯定他們的努力，但我們絕對不能滿足於沒有獲得更多效益的努力，我們必須探究為何努力沒有效果，指導孩子改用能夠幫助他們繼續獲得學習的其他方法和資源。

最近，有人問我：「有什麼事會令妳夜裡輾轉難眠？」我回答：「我擔心人們把心態的概念，用來使那些實際上沒有學習的孩子感到安心，就像失敗的自尊心運動。」成長心態的目的是要幫助孩子學習，而非用來粉飾他們未能學習的事實。

最後，當人們得知我是倡導成長心態的人時，他們往往會說：「喔，是的，讚美過程，而非讚美結果，對吧？」哎，這麼說其實不大正確，這是個常見的誤解。在我們所有的關於讚美的研究中，我們的確強調要讚美過程，但我們把過程和結果關連在一起，也就是說，我們把過程和孩子的學習、進步或成就關連起來。我們必須讓孩子了解，投入於這樣的過程，對他們有幫助。

不久前，一位母親告訴我，當她的女兒有很棒的表現時，她不能讚美，只能在女兒掙扎奮鬥之時才讚美她，這令做母親的她感到非常難過。喔，不，不，不，不是這樣的，妳當然可以稱讚孩子的優異成就，但請記得把那些成就和他們投入的過程關連在一起。

還有，記得，我們不需要總是發出讚美。探索孩子的過程，對他們的過程展現興趣，這樣就能產生很大的影響了。

誤解 ﹟3：成長心態就是告訴孩子，他們能夠做任何事。

我經常聽到教師說：「我向來具有成長心態，我總是告訴我的學生：『你們能夠做任何事！』」很少人像我這麼相信孩子的潛能，或渴望看到所有孩子發揮他們的無限潛力，但是，光告訴他們：「你們能夠做任何事」，並不會促使他們發揮潛能。我們還必須幫助他們獲得技能、找到資源，使他們朝目標邁進，否則那句話只是空保證，把責任完全堆到學生身上，若他們未能達到目標，他們可能會覺得自己是失敗者。

關於把責任堆到學生身上，還有最後一點要說。我很傷心地發現，一些教師和教練責怪孩子具有定型心態，斥責或批評他們未能展現成長心態的素養。這些大人是在推卸他們本身的責任——不光是推卸他們應該教導成長心態的責任，也推卸他們應該教導孩子如何學習的責任，他們的怪罪行為形同在說：「我無法教導這孩子，他有定型心態。」

咱們得在這裡說清楚，身為教師，我們必須認真負起我們的重要責任之一——創造友善於成長心態的環境，讓孩子們安心知道他們不會受到評斷，讓他們了解我們相信他們的成長潛力，讓他們知道我們全心全意致力於和他們合作，促進他們的學習。身為教師，我們的職責是幫助孩子成長，不是為他們的不能成長找理由。

如何獲得正確的成長心態？

你不能靠聲稱而獲得成長心態，你必須展開旅程，走向成長心態。

伴隨成長心態概念的廣為散播與被接受，成為一些層面的正確思維，愈來愈多人聲稱自己具有成長心態。這種形象有其道理，畢竟，我們全都希望自認為是開明、幫助孩子實現潛能的人。一位有名的教育家告訴我，如今已經演變成，教師若談到（甚至想到）在任何一個領域具有定型心態，就是政治不正確。一位校長告訴我，他最近向一名教師提出一些溫和的建議，該教師怒視他說：「你的意思是說，我有定型心態嗎？」

雖然，為了簡單起見，我的論述彷彿有些人具有成長心態，有些人具有定型心態，但其實我們全都混合了這兩種心態，這是沒必要否認的事實。我們有時處於成長心態，有時處於定型心態，因此重點在於我們必須了解是什麼觸動了我們的定型心態。什麼事件或情況，使我們覺得自己（或他人）的能力是固定、無法改變的？什麼事件或情況，使我們變得傾向評斷，而非相信發展與成長潛力？

當我們的定型心態「人物」（persona）現身，警告我們避開挑戰，或是在我們失敗時打擊我們，會發生什麼？這個角色將使我們有何感覺？它會使我們產生什麼想法和行為？最重要的是，我們該如何做，以漸漸避免這個人物干擾我們的成長，

干擾我們的孩子的成長？我們要如何說服那個定型心態人物贊同源自我們的成長心態的目標？

我將在最後一章探討個人轉變過程時回答這些疑問，現下我要強調的是，這是一段很長的旅程，需要承諾與毅力。不過，一旦我們認知到，我們全都有一再出現的定型心態時，我們就能敞開心胸，彼此討論。我們可以談論自己的定型心態，它於何時現身，如何影響我們，該如何學習應付它們？當我們敞開心胸討論這些時，就會認知到在這段旅程上，我們有很多同伴。

如何把成長心態傳遞給他人？

你是否認為，一旦成人採取成長心態，這種心態就會自然而然地傳遞給孩子，孩子的言行自然而然會冒出這種心態？我們這麼認為，但我們的研究發現卻不是如此，我們的研究發現，許多成人並沒有傳遞成長心態給孩子。怎麼會這樣呢？

首先，我們來看看研究獲得的發現。在一些研究中，我們和其他研究人員檢視父母及其子女的心態，每一項研究都發現，許多父母有成長心態，但他們未必把成長心態傳遞給他們的孩子。也有研究人員檢視教師及其學生的心態，同樣地，每一項研究都發現，許多教師具有成長心態，但他們未必把成長心態傳遞給他們的學生。這其中顯然有學問。

當然啦，也有可能這其中的一些父母或教師具有的是偽成

長心態。但是，撇開這可能性不談，我們獲得了有趣的發現。成人的心態在他們的腦袋裡，孩子沒法直接看到；成人的外顯行為昭然，孩子注意到的是這些，但不幸的是，成人的這些行為往往和他們腦袋裡的成長心態不符。那麼，哪些行為傳達了非成長心態呢？

首先，不意外地，成人的讚美行為。父母的讚美形塑其孩子的心態。[77] 但是，父母的讚美之詞未必和他們的心態一致，縱使是具有成長心態的父母，也可能讚美孩子的能力，忽略應該聚焦於孩子的學習過程。讚美孩子聰明，有助於建立他們的信心，這是相當根深蒂固的觀念，不容易擺脫。

其次，是成人對孩子的錯誤或失敗所做出的反應。[78] 當孩子遭遇挫折時，父母反應出焦慮或關切孩子的能力，這種行為助長了孩子的定型心態。父母可能試圖掩飾孩子的失敗，但這麼做可能向孩子傳達一個訊息：失敗是個問題。因此，儘管父母可能抱持成長心態，但當孩子犯錯或遭遇挫敗時，他們可能仍然在行為上表現出擔心孩子的信心或士氣。

當孩子遭遇挫折時，若父母展現關心，把挫折視為學習的機會，這樣的態度才會向孩子傳遞成長心態。這些父母把挫折視為應該擁抱的好事，認為應該把挫折拿來當作學習的平台，他們正視挫折，和孩子討論接下來的學習步驟。

換言之，每一天，父母都在教他們的孩子，錯誤、阻礙及挫折是好事抑或壞事，把這些視為好事的父母較可能把成長心

態傳遞給他們的孩子。

　　第三，想傳遞成長心態，得看教師的教學方式是在幫助學生了解，抑或只是在要求學生硬記事實、規則及步驟。研究顯示，當教師關心的是學生更深入了解，並且幫助學生更深入了解，那麼，學生較可能相信他們的能力是可以發展與成長的。一項研究發現，若數學老師的教學側重理解概念，提供反饋意見來加深學生的理解，並且讓學生修改自己的作業，以讓他們體驗及展現他們的深入理解，那麼，這些學生就會在數學科目上趨向成長心態，他們會相信他們能夠發展自己的基本數學能力。[79]

　　另一方面，若數學老師認為數學只是一套必須記住的規則與步驟，雖然他們可能會強調努力或恆心的重要性，但學生可能無法感受到他們的能力正在成長，他們不會在數學科目上趨向成長心態。順便一提的是，許多這樣的教師在課堂上使用「成長心態」這個字眼，但他們的教學方法及他們的行為，並沒有培養學生的成長心態。

　　其他研究也得出類似發現。[80] 在一項研究中，高中學生談論他們的數學老師，一些學生說，當他們陷入困頓時，他們的老師讓他們坐下來，說類似這樣的話：「來，告訴我你是怎麼做的。我們來試著了解你是如何思考的，然後再來想想你接下來應該嘗試如何做。」這樣的態度令學生覺得，理解最為重要，有來自老師的支援，可以獲得正確的理解，這些學生在數

學科目上趨向成長心態。

但是，在這個測驗成績攸關至要的時代，許多教師的教學側重硬記事實、規則及步驟，以確保學生在至關重要的考試中獲得好成績。如前文所述，這可能會助長更多的定型心態，而且，可能反而導致學生在這些考試中表現得不理想。最能確保好成果的，莫過於深度學習。

可悲的是，在這種環境中，許多學生把學習和死記劃上等號。我聽到許多研究人員和教師說，來自各種經濟背景的學生，愈來愈不了解死記事實、規則及步驟和確實理解教材的基本概念這兩者之間的區別。這對成長心態而言是壞消息，但撇開這個不談，這種現象對我們的國家有值得憂心的含義。好奇心和深度理解，孕育出對社會的優異貢獻，若學生不再認知與重視深度學習，將來的優異貢獻要來自何處呢？

我們起初很訝於發現，許多具有成長心態的成人，並沒有把這種心態傳遞給孩子，但這個故事的寓意是：父母、師長及教練並不是靠著腦袋裡的信念來傳遞成長心態，而是藉由在言行中體現成長心態來傳遞，包括：他們的讚美之詞（傳達「過程產生學習」的訊息）；他們看待挫折的方式（把挫折視為學習的機會）；他們聚焦於加強理解（把深度理解視為學習的目標）。

身為父母、師長與教練，無數人的人生託付於我們，他們是我們的責任，我們的傳承。我們現在已經知道，在幫助我們

履行我們的使命方面，在幫助他們發揮他們的潛能方面，成長心態都扮演了一個重要角色。

發展你的心態

- 父母對孩子的一言一行，都發出訊息。明天，請注意聽聽你對孩子說的話，仔細思考你的這些話傳達了什麼訊息。它們是否傳達這樣的訊息：你的固定不變的素質，我正在評斷它們？抑或它們傳達這樣的訊息：你是個正在發展中的人，我對你的發展很感興趣？

- 你如何使用讚美？切記，讚美孩子的才智或才能，儘管動人，但這樣的讚美傳達的是定型心態訊息，將使他們的信心和幹勁變得更脆弱。你應該嘗試在讚美時聚焦於過程——他們的方法、努力或選擇。練習在你和孩子的互動中，使用過程性質的讚美。

- 當你的孩子犯錯時，請小心注意及聆聽你的反應。切記，建設性的批評是指能夠幫助孩子了解如何矯正的反饋意見，而非對孩子貼標籤或為他們找藉口的反饋意見。每天結束時，把你這一天對孩子提出的建設性批評（及過程性質的讚美）寫下來。

- 父母常為孩子訂定努力的目標，切記，有天賦並不是一個目標，拓展技能與知識才是努力的目標。

為孩子訂定目標時，請審慎為之。

• 若你是一位教師，切記，降低標準並不會提升學生的自尊心。但只是提高標準，沒有提供學生達到這些標準的方法，同樣也無助於提升學生的自尊心。成長心態提供你訂定高標準，同時又讓學生達到這些標準的途徑，試著以成長架構來傳授你的教材，對學生提供過程性質的反饋意見，我想，你將會喜歡看到這麼做的成果。

• 你是否認為，你那些發展得較為遲緩的學生，是永遠無法有效學習的孩子？他們是否認為自己永遠愚笨，無可救藥？請試著了解他們到底不了解哪些部分，以及他們尚未使用什麼學習方法。切記，優良教師相信才能與才智是可以發展、成長的，他們著迷於學習的過程。

• 你是個定型心態的教練嗎？你最首要的考量，是你自己的紀錄和聲譽嗎？你不能容忍失誤嗎？你試圖透過評斷來激勵你的運動員嗎？這可能阻礙你的運動員。請試試成長心態，別要求比賽零失誤，要求他們完全投入，全力以赴。別評斷你的運動員，以尊重待之，對他們施以發展及成長所需要的訓練與指導。

• 身為父母、師長與教練，我們的使命是發展人們的潛
能。讓我們運用成長心態的所有啟示，竭盡所能履行
使命。

第 8 章
改變心態

　　成長心態的基本信念，是相信人可以改變與成長，在我的工作中，最令我感到心滿意足之事，莫過於看到人們做出改變。看到人們找到途徑去做他們看重的事，這是最令我感動、欣慰。本章敘述一些孩子及成人找到途徑運用、發揮能力的故事，並探討我們所有人可以如何做到這境界。

　　我讀小學一年級的學期中，我們舉家遷居，於是我突然間轉學至一所新學校，教師、同學、課業，一切都變得不熟悉。最令我擔心的是課業，這個新班級的教學進度超前我原先讀的那個班級，至少在我看來是如此。他們在寫的文字是我還沒有學過的，所有同學都知道一些規矩，只有我不知道，當老師說：「各位同學，把你的姓名寫在紙上正確的地方」，我不知道這個「正確的地方」是指哪裡。

　　於是，我哭了。天天都出現我不知道該如何做的事，每一次出現這種情形，我就感到迷失，招架不住。為何我就不會直接告訴老師：「卡恩女士，我還沒學過這個，您可以教我怎麼

做嗎？」

　　小時候，還有一次，我的父母給我錢，讓我和一群孩子及一個大人一起去看電影。到了街角集合地點，我看到他們全都出發了，就在街區那頭。我沒有立刻跑去追他們，向他們喊道：「等等我！」而是當場愣在那兒，手裡握著銅板，眼睜睜地看著他們愈走愈遠。

　　為何我不試圖喊住他們或追上他們呢？為何我還未嘗試一些簡單方法，就接受失敗了呢？在夢裡，我經常在面臨危險時展現奇蹟或超人似的行為，我甚至有一張我披著自己製作的超人披風的相片呢！但為何在真實生活中，我連向人求助或喊別人等等我這類普通的事情都做不到呢？

　　在我的工作中，我看到很多年幼孩子也是如此，聰明、看起來機智的孩子，被挫折癱瘓。在我們的一些研究中，他們只須採取最簡單的行動，就能使事情改善，但他們沒有這麼做。這些是具有定型心態的孩子，當出了狀況或問題時，他們感到無力、無能。

　　時至今日，每當出了問題，或原本有希望的事情變卦時，我仍然會有無力感。這代表我沒有改變嗎？

　　不，這意味的是，這種改變不像手術。縱使你改變了，舊信念並不像磨損了的髖關節或膝關節被移除、換上新的那樣，而是新的信念置入，和舊信念並存，等到新的信念變得更強大，才會使你用不同的方式去思考、感覺與行動。

信念是影響快樂的關鍵

1960 年代，精神病學家暨精神病醫生艾倫·貝克在治療病患時，突然認知到，他們的問題是他們的信念導致的。在他們感到焦慮或憂鬱來襲的前一刻，他們的腦際閃過某個想法，例如：「貝克醫生認為我不行」，或是「這個治療永遠不會有效，我再也不會好轉。」這類信念不僅導致他們在治療過程中的消極、否定感，在他們生活中也是。[1]

人們通常不會優勢到這類信念，但貝克發現，他可以教導人們去注意和聽到它們。後來，他又發現，他可以教導人們如何應付及改變這類信念。認知治療（cognitive therapy）於焉誕生，這是有史以來最具成效的心理治療方法之一。

不論人們覺察與否，所有人心智裡都有一本關於他們發生什麼事、這代表什麼含義，以及他們應該怎麼做的流水帳。換言之，我們的心智持續不停地在監視與解讀，這是我們得以保持在正軌上運作的方式。但是，有時候，這種解讀流程走偏了，有些人對發生的事給予更極端的解讀，然後產生過大的焦慮、沮喪或憤怒感，或是優越感。

心態建構出人們腦袋裡的那本流水帳，它們指揮我們心智的整個解答流程。定型心態在人的心智裡形成聚焦於評價的獨白：「這意味著我是個魯蛇（失敗者）」；「這代表我比他們優秀」；「這意味我是個糟糕的丈夫」；「這意味我的伴侶是自私

的人。」

我們在幾項研究中，探索定型心態者如何處理接收到的資訊。我們發現，他們對每一則資訊，都給予很強烈的評估與解讀。好的事被他們貼上很強烈的正面標籤，不好的事被他們貼上很強烈的負面標籤。[2]

成長心態者的心智，也持續不停地監視著發生的事，但他們的獨白不是以這種方式在評價自己和他人。他們當然也敏感於正面和負面資訊，但他們注意的是這些資訊中的學習和建設性行動含義：我可以從這件事學到什麼？我可以如何改進？我可以如何幫助伴侶把這件事做得更好？

認知治療基本上教人們去控制他們的極端解讀與評斷，使他們變得更理性。舉例而言，設若阿蘭娜在一次考試中考差了，得出結論：「我是個愚笨的人」，認知治療將教她更仔細檢視事實，思考：「有何證據支持妳的這個結論，有何證據反對妳的結論？」阿蘭娜可能得出一長串她過去有能力的表現，然後，她可能會承認：「看來，我並不像我所想的那麼無能。」

治療師也可能鼓勵她思考，除了愚笨之外，什麼原因使她這次考試考差了，這可能進一步減輕她的負面評價。接著，治療師教導阿蘭娜如何做這樣的思考，使她將來對自己做出負面評價時，能夠自行反駁這種評價，改善她的感受。

認知治療以這種方式來幫助人們做出更切合實際、更樂觀的評價，但並未帶他們走出定型心態，以及這種心態的評斷世

界。認知治療並未正視導致人們經常自我評價的那個根本假
設——人的素質是固定不變的；換言之，認知治療並未護送人
們走出評斷的框架，進入成長的框架。[3]

　　本章要探討的是，把內心獨白從評價性質改變為成長導
向。

來上一堂成長心態的課！

　　光是學習何謂成長心態，就能夠使人們對自己及人生的思
考方式產生很大的改變。因此，我每年在我的大學部課程中教
導這些心態，不僅是因為這些東西是課程的部分主題，也因為
我知道學生們承受的壓力。每年，學生都告訴我，這些觀念改
變了他們人生的所有領域。

　　這是想成為作家的梅姬的感想：

> 我認知到，在藝術或創作方面，我一直抱持著定型心
> 態。我相信藝術或創作是一種與生俱來的能力，無法
> 透過努力改進。這種心態影響了我的人生，因為我一
> 直想成為作家，但害怕去上任何寫作課，或是與他人
> 分享我的創作。這和我的心態有直接關係，因為任何
> 的負評，都會使我覺得自己不是一個天生的作家。我
> 太害怕暴露自己可能不是個天生好手。
>
> 　　但是，在上了妳的課之後，我決定下學期去選修

一門創意寫作課程。我覺得，我已經確實了解到是什麼阻礙我去追求興趣，那是我長久以來祕密夢想。我真的覺得這資訊帶給我力量！

梅姬以前的內心獨白是：別去做，別去上寫作課，別和他人分享妳的作品，不值得冒這個險！妳的冒險很可能被摧毀，好好保護它。現在，她內心的獨白變成：去吧！去實現它，發展妳的技巧，追求妳的夢想。

下列是運動員傑森的感想：

身為哥倫比亞大學的學生運動員，我有十足的定型心態：贏就是一切，學習從來就不是目的。自從上了妳的課之後，我醒悟，這不是好心態。我已經開始在比賽的同時，也致力於學習。我認知到，若我持續改進，縱使是在比賽中，我將變成一名更好的運動員。

傑森以前的內心獨白是：贏、贏、你必須贏，證明自己，一切都靠這個。現在，他的內心獨白變成：觀察、學習、改進，讓自己變成更好的運動員。

最後，是這位重新振作的天才東尼：

高中時，只要一點點用功和睡眠，我就能獲得頂尖成績。我相信一直會如此，因為我天生有優異的理解力

和記憶力。但是，睡眠不足約一年後，我的理解力和記憶力，開始變得不再那麼優異。我的自負向來幾乎完全仰賴我的天賦，而非我的專注力、堅決力或努力。當我的天賦不再那麼有效力時，我陷入個人危機，直到幾週前，妳在課堂上討論到不同的心態。我了解到，我的許多問題是導因於我一心想證明自己的聰穎，避免失敗，這個醒悟對我幫助很大，使我走出我一直在過的自毀式的生活型態。

東尼以前的內心獨白是：我有天賦，我不需要用功，我不需要多少睡眠，我天生就很優越。現在，他的內心獨白變成：別太在意聰穎，別太在意避免失敗，那樣會變得自毀；要開始用功，睡眠充足，認真生活。

當然，這些人將來仍會遭遇挫折與失望，堅持成長心態並非總是易事，但光是知道成長心態，就給了他們另一條路。他們不再被優秀作家、優秀運動員或優秀天才之類的幻想挾持，成長心態帶給他們勇氣，讓他們勇於擁抱自己的目標和夢想。更重要的是，成長心態給他們一條努力朝向實現夢想的途徑。

心態研習營

青春期是許多孩子厭惡、害怕而遠離學校的時期，他們盡所能地逃避學習，我們幾乎可以聽到大批孩子驚恐竄逃時發出

的擾攘聲。這個時期，學生面臨他們年輕人生中的一些最大挑
戰；這個時期，他們重度評價自己，且往往以定型心態來評價
自己。那些驚慌、奔尋掩護、幹勁及成績一落千丈的，正是具
有成長心態的孩子。

過去幾年，我們為這些學生發展出研習營，[4] 教導他們成
長心態，以及如何在他們的課業上應用這種心態。我們告訴這
些學生：

> 許多人認為大腦很神祕，[5] 不大了解智力及其運作方
> 式。一想到智力，許多人認為一個人天生要不就是聰
> 明、平庸或愚笨，而且一輩子都是維持這樣的水準。
> 但是，新研究顯示，大腦更像肌肉，當你使用它時，
> 它會改變，會變得更強壯。科學家們已經證明，當你
> 使用你的大腦時，它會如何成長，並且變得更強壯。

接著，我們說明當人在練習及學習新東西時，大腦如何形
成新連結並成長：

> 當你學習新東西時，大腦裡的這種細微連結會倍增，
> 變得更強壯。你愈挑戰你的心智去學習更多東西，你
> 的大腦細胞成長得愈多。然後，你以前覺得很難，或
> 甚至不可能做到的東西，例如說一種外語或演算代
> 數，將會變得容易。結果是，你的大腦變得更強、更

聰明。

我們告訴這些學生，嬰兒不會說話，但沒有人會因此嘲笑他們，說他們多笨，他們只是還沒學會說話罷了。我們向這些學生展示一些照片，這些照片顯示幼兒在人生頭幾年開始學習注意、研究他們的世界、學習如何做事時，他們大腦裡的連結密度如何改變。

在研習營的幾堂活動與討論中，我們教學生讀書技巧，教他們如何把學到的成長心態，應用在讀書及課業上。學生們很喜愛了解大腦的運作，他們在研習營中熱烈討論，但更大的收穫是聽到他們對自己的評論。我們再回頭看看第 3 章中談到的吉米，那個逃避課業、非常頑固不化的學生。在我們舉辦的第一場研習營中，我們非常驚訝地看到他含淚說：「你們的意思是，我不必一直都很笨嗎？」

你可能認為這些學生完全不在乎了，但我認為，他們從來就未停止在乎過。沒有人會習慣於感覺自己愚笨，我們的研習營告訴吉米：「你是你的頭腦的主人，可以用正確方法幫助它成長。」隨著研習營的進展，吉米的老師如此評論他：

> 從未多做努力、經常不準時交作業的吉米，對這次的作業用功到很晚，花幾小時提早完成並繳交，讓我批改，給他機會修改。這次的作業，他得了 B$^+$，以前

他向來拿 C 或更差的成績。

　　順便提一下，教師們並不是對我們客氣，說好聽的話。這些教師並不知道哪些學生參加了我們的成長心態研習營，因為我們也舉辦另一個研習營，那個研習營的上課次數一樣多，學生學到的讀書技巧更多，他們從支援的輔導老師那兒獲得的關注一樣多。差別在於，在那個研習營中，學生並未學習成長心態及如何應用。

　　教師們不知道哪些學生參加了哪一個研習營，但他們仍然舉出吉米及其他許多參加成長心態研習營的學生為例，告訴我們，他們看到這些學生的學習與改善意願顯著改變。

　　我最近注意到一些學生更看重進步……。學生 R 原本表現低於標準……，他現在學會重視他的成績進步，從 52 分、46 分和 49 分，進步到 67 分、71 分……，他很重視他在數學科目的進步。

　　學生 M 以往的成績低落，過去幾週，她自發性地在午餐休息時間，請我提供更多協助，以改善她的考試表現。她的成績明顯進步，以往總是不及格，最近一次考了 84 分。

　　可以明顯注意到學生 K 和 J 的幹勁與行為出現正面改變，他們開始持續努力。

幾名學生自願參加午餐休息時間和放學後的同儕輔導課，學生 N 和 S 在請求更多協助後，成績及格了，進步激勵了他們。

我們很想知道，研習營是否影響了學生的成績，因此在取得他們同意後，我們檢視他們在學期結束時的最終成績。我們尤其注意他們的數學成績，因為數學成績反映他們是否確實學會困難的新概念。在參加研習營之前，學生的數學成績很糟，但參加研習營後，哇！那些參加成長心態研習營的學生，數學成績大幅躍進，現在的表現明顯優於參加另一個研習營的學生。

成長心態研習營（僅僅八堂課）產生了顯著影響，光是使學生的信念做出這一個調整，就已經釋放他們的腦力潛能，並激發他們努力，有所收穫。當然，還有一個不可忽視的功勞，那就是他們所屬學校的教師，對他們流露出的幹勁做出積極回應，願意多付出努力，幫助他們學習。儘管如此，我們的研究發現，仍然可茲證明改變心態的力量。

參加另一個研習營的學生並未顯現改進，儘管他們也上了八堂課，接受讀書技巧及其他方面的訓練，但對他們並無明顯助益。這是因為他們並未被教導以不同方式去思考自己的腦力，並未被激勵使用這些新學習到的技巧。成長心態研習營使學生去主宰他們的大腦，在擺脫了定型心態的鉗制之後，吉米

及跟他類似的孩子,現在可以更自由、更充分地使用他們的腦力了。

大腦學

舉辦研習營的一個問題是,需要投入大量人力,這無法大規模做到。再者,教師們無法直接參與,但他們在幫助學生持續保持成長心態與進步方面扮演重要角色,因此我們決定把研習營轉化成互動式電腦軟體,讓教師可以在課堂上使用這些軟體來教導學生。

在教育專家、媒體專家,以及大腦專家提供建議與協助下,我們發展出「大腦學」(Brainology™)[6]軟體。這套軟體裡頭的兩位主角,是動畫人物克里斯和達莉雅,他們是七年級學生,優秀,但在課業上遭遇問題,達莉雅在西班牙文課程上有問題,克里斯則是在數學方面有困難。他們拜訪塞瑞布勒斯博士的實驗室,他是有點瘋狂的大腦科學家,他向他們解釋大腦的運作方式,以及如何照料和增強大腦,教他們如何做,可以使大腦有最佳表現(例如睡眠充足、吃正確的食物、使用好的讀書方法),也告訴他們,大腦會隨著他們的學習而成長。

這套電腦軟體向學生展示,克里斯和達莉雅如何把他們從塞瑞布勒斯博士那兒學到的東西,應用在他們的課業上。這套軟體中的互動部分,讓學生進行大腦實驗,觀看影片中真實學生的問題和讀書方法,為克里斯和達莉雅建議讀書計畫,並為

他們本身的問題和讀書計畫寫日誌。

下列是一些七年級學生記述這套電腦軟體是如何改變他們的：

> 上了大腦學後，我現在對事情有新的看待方式了。現在，面對我有困難的學科，我的態度是更用功，熟稔技巧……。我在使用時間上變得更明智了，天天讀書，而且溫習當天在課堂上做的筆記。我很高興參加這項方案，因為它增進了我對大腦的了解。
>
> 我改變了對大腦運作方式的看法。我現在做事的方式不同了，更努力嘗試，因為我知道，只要更努力，你的大腦作用得愈多。
>
> 我只能說，大腦學改變了我的成績，希望一切順利囉！
>
> 大腦學軟體改變我做作業、讀書，以及練習課業的方式。我現在知道自己的大腦是如何運作的，也知道當我學習時，大腦會怎樣。
>
> 感謝你們使我們學習更多，幫助我們增強我們的腦力！我真的想像我的大腦神經元隨著它們建立更多連結而成長呢！

教師告訴我們，以前放棄學業的學生現在言談中，說著大

腦學裡頭教的東西。舉例而言，這套軟體中教導他們，當他們用功、學會某個東西時，這東西就從暫時儲存區（亦即工作記憶：working memory），轉移至永久記憶區（亦即長期記憶：long-term memory）。現在，他們彼此談著：「我得把那個放進我的長期記憶裡」；「抱歉，那東西不在我的長期記憶裡」；「唉，我猜想，我只用了我的工作記憶。」

教師們說，學生也願意練習、用功、做筆記或更專注，以確保他們的大腦神經元建立連結。一名學生說：「大腦學幫助很大……，我每次想不做作業時，就會記起，若我做作業的話，我的大腦神經元可以成長。」

教師們也改變了，他們不僅述說他們的學生如何獲益，也談到本身獲得的有益洞察。他們說，大腦學幫助他們了解到：「所有學生都能夠有效學習，縱使是那些掙扎於數學、沒啥自律可言的學生也一樣」；「我必須更有耐心，因為學習需要很多的時間與練習」；「大腦的運作方式……，每個學習者的學習方式不同，大腦學幫助我根據學生的不同學習模式來教導。」

我們的這套研習營軟體進入二十所學校，一些孩子承認，他們起初抱持懷疑：「我剛開始認為，這只是休閒時間，看看裡頭的卡通影片。但後來，我開始認真聽，開始使用他們教導的方法。」最終，幾乎所有孩子都表示，他們獲得很大的助益。

更多關於改變的例子

改變容易或困難？截至目前為止，聽起來似乎容易。光是學習成長心態，有時就足以促使人們去面對挑戰，堅持不懈。

有一天，我以前的一位研究生告訴我一個故事。先讓我做些背景說明，在我的學術領域，當你向期刊寄出一份研究報告，尋求刊登發表時，這份報告通常已花了你多年的研究。幾個月後，你可能收到期刊方面對你的研究報告的審查，大約是十頁左右、沒有間隔空行的的批評。若期刊編輯仍然認為這份報告有潛力，他們會邀請你進一步修改，再次提交，但前提是，你能對每一個批評做出回應。

我的這名學生向我回憶，當年，她曾經把她的研究論文寄去我們這個領域的頂尖期刊，收到編輯評論時，她受到很大的打擊，她被嚴厲評價——這份研究報告充滿瑕疵，連帶地，她覺得自己也被評價，她的能力充滿瑕疵。過了一段時日，她仍然不敢再去看那份評論，也無法再對她的研究報告下功夫。

我叫她改變心態：「聽著！這並不是在針對妳，那是他們的職責，他們的職責就是要找出每一個可能的瑕疵。妳的職責是從批評中學習，把妳的報告修改得更好。」不到幾個小時，她著手修改那份研究報告，被期刊欣然接受了。她告訴我：「從此以後，我再也不會覺得自己受到評斷了。每當我接收到批評時，我總是告訴自己：『喔，那是他們的職責』，然後立刻

開始盡我的職責。」

　　不過，改變有時很相當難。當人們緊抱著定型心態時，通常有其原因。有時候，在他們的生活中，定型心態對他們有好處，定型心態告訴他們，他們是誰，或他們想成為怎樣的人（例如：一個聰慧、有才能的孩子），定型心態也告訴他們如何做到（例如，表現優秀。）這為他們提供裡一條自尊心公式，以及一條贏得他人的愛與敬重的途徑。

　　對孩子來說，被視為有用的人，被愛，這是很重要的。若一個孩子不確定自己是否被重視或被愛，定型心態便會提供一條讓他們去贏得重視與愛的簡單途徑。心理學家凱倫・霍尼（Karen Horney）和卡爾・羅傑斯（Carl Rogers），在 1990 年代中期分別提出有關孩童情緒發展的理論，[7] 他們相信，當年幼的孩子不確定自己是否被父母接納、肯定時，會心生強烈的焦慮感，他們會感覺自己在一個複雜的世界裡迷失、孤單。由於他們只有幾歲大，無法丟棄他們的父母，說：「我想，我會獨自過活。」因此，他們得找個使自己感到安全、贏得父母肯定的方法。

　　霍尼和羅傑斯都相信，孩子採行的做法是，創造或想像他們的父母可能更喜歡的另一個「自我」。他們認為，父母喜歡看到那樣的他們——新自我，那樣的新自我或許可以贏得父母的接受與肯定。

　　在當時的家庭境況下，這些步驟往往是好的調適，能帶給

孩子一些安全感及希望。問題是，這個新自我──孩子努力嘗試變成的那個非常有能力、優秀的自我，很可能是一個具有定型心態的自我。歷經時日，此人可能認定他／她具有什麼固定不變的素質，證明這些素質可能成為他們的自尊心的主要來源。

改變心態的觀念要求人們揚棄這個，你可以想像，要你擺脫那個你多年來感覺的「自我」，那個帶給你自尊心的「自我」，這並不容易。尤其是，要你改換成另一種心態，這新的心態叫你去擁抱挑戰、奮鬥、批評、挫折等令人感到危險、害怕的東西，這特別不容易。

當我在嘗試以成長心態替換我的定型心態時，我強烈感到不安。舉例而言，我在前文中提過，身為定型心態者，我天天注意我所有的成功，在表現良好的一天結束時，檢視這些成果（我的智力、個性等等「收銀櫃」裡的數值），我就對自己感到滿意。當我改採成長心態，停止追蹤這些時，有些晚上，我仍然會去點數我腦袋裡的「收銀櫃」，發現它們是空的，不能把我的勝利加總起來，這令我感到不安。更糟的是，由於我嘗試冒更多的險，有時候，回顧一天時，看到種種錯誤與挫折，我感到難過。

再者，定型心態並不想優雅地離去。若長久以來，定型心態一直主宰你的內心獨白，當它靠那些「收銀櫃」空空如也時，它可能對你說出一些激烈的話：「你一文不值」，這可能使你想

要立即衝出去，搶一些高分。定型心態曾經為你提供一個免於那些感覺的庇護所，現在它再度對你提供這庇護所，千萬不要接受！

此外，你還會擔心你不再是從前的自己了。你可能會覺得，定型心態彷彿帶給你雄心、優勢、個人特色，你也許會害怕自己將變成像個無任何特色的乏味齒輪，跟人人一樣平凡。

但是，敞開自己，擁抱成長，將使你變得更像自己，而非變得更不像自己。我們在前文中看到的那些成長導向的科學家、藝術家、運動員、執行長，他們絕對不是進化版的猿人，他們是充分展現個人特色和潛力的人。

敞開自己，擁抱成長

本書剩下的內容大多是談「你」。首先，是一些心態練習，請你和我一起進入一些困境，在每一個困境中，你將會先看到定型心態的反應，接著再看成長心態的解方。

第一個困境 想像你已經申請研究所，你只申請了一所學校，因為你已經決心要讀這所學校，你也有信心你會被接受，因為許多人都認為你的申請函件既原創、又出色。但是，你被拒絕了。

定型心態的反應 起初，你告訴自己，這間研究所非常競爭，因此，被拒絕其實並不能反映你這個人，可能是他們收到的頂尖申請函件數，超過他們的錄取名額。但接著，你腦海裡

出現聲音，告訴你，你在自欺，你在為自己找理由。這個聲音告訴你，審核委員會認為你的申請函件平庸。過了一會兒，你告訴自己，這或許是真的，你的申請函件平凡、平庸，他們看出了，他們是專家，判決已出，你沒有資格。

　　你做了一些努力，說服自己回到第一個比較過得去、比較討人喜歡的結論，使自己好過一點。在定型心態下（以及在多數的認知治療法中），這樣就結束了，你重拾自尊，這就完事了。但在成長心態下，這只是第一步，你已經做完對自己的談話，接下來是學習和自我改進的部分。

　　成長心態的行動　思考你的目標，思考你可以做什麼，以使自己保持在達成此項目標的路上。你可以採取什麼行動，來幫助自己成功？你可以蒐集什麼資訊？

　　或許，你下回可以多申請幾所學校。或許，在此同時，你可以蒐集更多有關如何製作優秀申請函的資訊：審核委員會想看到什麼？他們重視什麼經驗？你可以在申請之前取得那些經驗。

　　由於這是一個真實故事，我知道那位被拒者採取了什麼行動。她獲得了成長心態的建議，幾天後，她打電話給那所學校，找到了相關人員後，告訴他情況。她說：「我並不是要爭論你們的決定，我只是想要知道，如果我決定未來再次申請，該如何改進申請資料。如果你能夠提供我一些建議，我會非常感激。」

　　沒有人會嘲笑誠懇請求有助益的建議者，幾天後，他打電話給她，決定錄取她。這其實是死裡逃生，在重新考慮她的申請後，該研究所決定那個學年可以多錄取一人。再者，他們喜歡她的主動精神。

　　她主動去尋求能夠讓她從經驗中學習、以在未來改進的資訊。結果，在這個例子中，她不必改進未來的申請函了，直接進入那所研究所，展開新的學習。

　　你會執行的計畫／你不會執行的計畫　這位研究所申請人的反應當中，最關鍵的部分是她打電話去那所學校尋求更多資訊，這並不容易。很多人天天計畫著要做不同的事，但並未付諸行動，他們心想：「明天做」，他們對自己發誓明天一定要做。心理學教授彼得・高爾維澤（Peter Gollwitzer）及其同事的研究顯示，[8] 發誓，甚至是發重誓，往往沒用。明日復明日，明日何其多。

　　真正能有所幫助的是一份生動、具體的計畫，例如：「明天休息時段，我要準備一杯咖啡，把我的辦公室的門關起來，打電話給那間研究所。」或者，換個例子：「週三早上，起床、刷完牙後，我要馬上坐在書桌前，開始寫我的報告。」或是，「今天晚上，洗完碗後，我要和太太在客廳坐下來，討論這件事。我要對她說：『親愛的，我想跟妳談談我認為將使我們變得更快樂的事。』」

　　想想你必須做的事，或是你想學的東西，或是你必須面對

的一個問題，那是什麼？現在，研擬一份具體計畫，你打算何時執行你的計畫？在何地執行？如何執行？思考生動的細節。

　　這類你可以想像有關於何時、何地及如何做某件事的具體計畫，才能產生高度的貫徹執行，提高成功的可能性。所以，你不能只是研擬一份成長心態計畫，還必須具體地想像你要如何付諸執行。

　　雖然難過，但是做正確的事　咱們回到前文，你被申請的研究所拒絕了，設若你試圖使自己心情好轉，但失敗了，你仍然可以採取成長心態行動。在難過之中，你仍然可以去尋求能夠幫助你改進的資訊。

　　有時，在遭遇挫折後，我會使用對自己說話的流程，探索這挫折的含義，以及我打算如何應付它。一切似乎好了，其實不然，我帶著它入睡。我經常夢到損失、失敗、被拒……，視我在實際生活中的遭遇而定。有一次，我歷經一個損失，然後睡覺時，我做了這個夢：我的頭髮掉了，牙齒掉了，我有個孩子，但他死了等。另一次，我感覺自己被拒，然後我的夢裡出現無數拒的情境，有真實的、有想像的。每一次，一個世界觸發一個主題，我那太活躍的想像力，會把這個主題的種種情境集合於一地，夢醒後，我感覺彷彿歷經了戰爭。

　　若事情沒發生，該有多好，但事情已經發生了，想這個也於事無補。若我心情好一點，沒那麼難過，或許更容易採取行動，但這麼想，也同樣於事無補，計畫仍然是計畫，端坐在那

兒，沒動靜。還記得那些具有成長心態的受挫學生嗎？他們愈是難過，就愈加去做有建設性的事；他們愈覺得不喜歡，就愈要求自己去做。重點在於：研擬具體的成長導向計畫，付諸執行，貫徹下去。

選秀狀元

上一個困境似乎艱辛，但基本上，一通電話就解決了。現在，想像你是一名前途無量的四分衛，事實上，你是大學美式足球最高榮譽海斯曼獎（Heisman Trophy）得主，你是費城老鷹隊（Philadelphia Eagles）的選秀狀元，你一直冒險加盟這支球隊。所以，你到底陷入什麼困境呢？

第二個困境 壓力大得不得了，你渴望上場比賽，但每次他們讓你上場試身手，你就變得焦慮，失去專注力。你向來在壓力下很鎮靜、沉著，但這是職業隊，現在你只看到一堆壯碩的傢伙向你衝過來。這幾名總重約一千兩百磅的壯漢想把你撕裂，這些壯碩傢伙的行動速度快得令你難以置信，你憂慮不安，徬徨無助。

定型心態的反應 你一心想著，四分衛是領導者，但你不像個領導者。這個想法折磨、啃蝕著你，你無法專注地傳個好球，或是衝鋒挺進幾碼，又如何能夠激勵隊友的信心呢？雪上加霜的是，轉播員不同地問：那個神童怎麼了？

為了減輕羞辱，你開始自閉，為了避開轉播員，比賽一結

束，你就躲進更衣室。喂，這是成功的處方嗎？你可以採取什麼行動，使情況好轉？想想你可以使用的資源，以及你可以如何使用它們。但首先，改變你的心態。

成長心態的行動　在成長心態下，你告訴自己，進入職業隊是一大步，需要做出很多的調適和學習，有很多你不可能已經知道的東西，你最好開始去了解和學習。

試著花更多時間向老鳥四分衛討教，和他們一起觀看錄影帶。別隱藏你的不安，跟他們談談職業隊和大學隊的差別，他們會告訴你，那正是他們當年的感覺。事實上，他們將會跟你分享他們感到羞辱的故事。

請教他們如何克服一開始的差異，他們會教你他們的身心技巧。伴隨你開始覺得更融入團隊，你會發現，你是組織的一分子，這個組織想幫助你成長，而非評價和鄙視你。別再擔心他們對你的能力付出過高酬勞，開始用高度努力和團隊精神來回報他們，使他們付出的錢花得值得。

不想改變的人

許多定型心態者認為，需要改變的是這個世界，不是他們。他們覺得自己理應獲得更好的東西——更好的工作、房子或配偶，他們認為這世界應該要賞識他們的特別素質，並因此善待他們。且讓我們進入下一個困境，想像你身處此境況。

下一個困境　你心想：「做這麼低級的工作，真是貶低

我。以我的才能，不應該做這種工作才對。我應該跟上層那些高官在一起，享受好生活才對。」你的主管認為你態度很差，當她需要一個人肩負更多責任時，她不找你；升遷部屬的時候，她也不把你納入。

定型心態的反應　你尖酸說道：「她視我為威脅。」你的定型心態告訴你，你的才能了得，應該被自動晉升到公司高層。你認為人們應該要賞識你的才能，當他們沒能做到時，那是不公平，你為何要改變？你只是想得到你應得的。

但是，若你改為成長心態，你可以有什麼新的思考方式？你可以採取什麼行動？舉例而言，你可以想到什麼新的努力方式？新的學習方式？你可以在你的工作中，如何採取這種新思維？

你可以考慮工作得更賣力，更樂於幫助同事。你可以利用時間學習更多專業，而不是對你的低地位不停地發牢騷。我們來看看可能的情境。

成長心態的行動　首先，得弄清楚一點，長久以來，一想到要丟棄「我是個優越者」的想法，就令你感到害怕，你可不想當個普普通通、不出色的人。若你並沒有比那些你瞧不起的人更有價值，你要如何對自己有好感覺呢？

你會開始想，一些人之所以能夠脫穎而出，是因為他們的投入與努力。於是，你漸漸做出多一點的努力，看看能否如願獲得多些回報。確實，你獲得了。

　　雖然，你可能慢慢地接受了「努力是必要」的觀念，你仍然無法接受的是，努力竟然不能保證你一定獲得晉升。光是必須努力這一點，就已經令你覺得有損尊嚴了，更何況，你努力了，竟然還不能讓你如願以償，這就真的不公平了。這意味的是，你努力，但獲得晉升的是別人，這太不像話了。

　　必須經過很長的時間，你才會開始享受努力；必須經過很長的時間，你才會開始從學習的角度去思考。此時，你不再把你待在公司職階底層的時間視為一種屈辱，你漸漸看出，在底層你可以學到很多，在你逐步晉升至高層的過程中，那些你在底層學到的東西對你幫助很大。學習公司的基層東西，在未來可以帶給你大益處，所有成長心態的執行長，都對自家公司裡裡外外、上上下下瞭若指掌。

　　你不再把你和同事的討論，視為花時間取得你想要的，你開始了解建立關係的觀念，甚至開始幫助你的同事發展，令他們覺得受益。這可能成為你的滿足感的新源頭，你可以說，你正在追隨比爾‧莫瑞腳步，以及他在電影《今天暫時停止》中的體驗。

　　伴隨你變成一個更具成長心態的人，你會驚訝地發現，人們開始幫助你、支援你，看起來不再像是敵人，否定你應得的。他們愈來愈常和你通力合作，朝向共同目標。有趣的是，你開始想改變別人的行為，而且你做到了。

　　最終，許多定型心態者了解到，他們那自覺特別的披風，

其實只是用來使自己感覺安全、強壯、尊貴的一套盔甲罷了。這副盔甲或許在早期保護了他們，但後來卻限制了他們的成長，把他們送到自我挫敗的戰場上，使他們無法建立滿意的相互關係。

否認：我的人生是完美的

定型心態者往往逃避問題，因為若他們的人生有瑕疵，那就意味他們有瑕疵。對他們來說，相信一切都沒問題，這樣比較容易。來看看下面這個困境。

困境　你似乎擁有一切，事業有成，婚姻美滿，孩子出息，朋友忠實。但這其中有一點不真確，你並不知道，你的婚姻已經走到盡頭了。其實，並非沒有徵兆，只是你選擇錯誤解讀它們。你在實踐你的「男人角色」或「女人角色」觀念，未能聽到你的配偶渴望更多溝通，渴望分享你的更多生活。等到你清醒、注意到時，已經太遲了，你的配偶已經對這段婚姻關係沒感情了。

定型心態的反應　你向來對離婚者、被棄者感到難過，現在卻成為其中一個，你失去了所有價值感，對你知之甚詳的配偶不要你了。

有好幾個月的時間，你覺得過不下去了，甚至相信沒有你，你的孩子會過得更好。過了好一陣子，你才稍微振作一點，覺得自己或許還是個有用或有能力的人，或是懷抱這樣的

希望。接下來是困難的部分，因為儘管你對自己的感覺稍微好
轉一點，卻仍然保持定型心態，開始無盡的評斷。當好事發生
時，你內心的聲音說：「或許我還不錯。」當發生糟糕的事時，
你內心的聲音說：「或許我的配偶是對的。」你遇見的每一個
人，也被你評斷為潛在的背叛者。

　　你該如何從成長心態的角度，來重新思考你的婚姻、你本
身，以及你的人生？為何你害怕傾聽配偶的心聲？你原本可以
怎麼做？現在，你應該做什麼？

　　成長心態的行動　　首先，並不是你以往認為天作之合的這
段婚姻，突然間證實原來一直都是一段孽緣。婚姻出問題，都
是漸漸演變、形成的，因為缺乏滋養，關係停止發展了。你必
須思考，你和另一半是如何造成這樣的局面，尤其是，你的配
偶要求更親近，更多的分享，為何你未能聽到這個聲音。

　　探索後，你認知到，在你的定型心態下，你把另一半的要
求看成是對你的批評，不想聽到這些批評。你也認知到，在某
種程度上，你害怕自己無法做到另一半要求的親近。於是，你
逃避，不想和另一半探討這些問題，開始裝聾作啞，希望這些
問題自然消失。

　　當關係變糟時，這些是我們必須深入探討的問題，不要因
為出了問題而自我評斷，應該克服恐懼，學習溝通技巧，以在
未來建立、維持更好的關係。成長心態使人不帶著評斷及怨恨
向前走，而是帶著新的了解與新技巧往前進。

在你的生活裡，是否有人試圖告訴你什麼，但你拒絕傾聽呢？請進入成長心態，再次傾聽吧！

改變孩子的心態

我們的許多孩子——我們最珍貴的資源，陷入定型心態裡，你可以自己給他們上上大腦學研習營。來看看一些做法。

多數產生定型心態的孩子，直到童年後期，這種信念才會變得很強烈。但是，有些孩子在更早年，就已經具有這種強烈信念。

困境　想像你的年幼兒子某天放學回家告訴你：「有些孩子聰明，有些孩子愚笨，那些笨孩子的頭腦差。」你大吃一驚問：「是誰告訴你這個的？」你打算向學校申訴，但兒子驕傲地回答：「是我自己想出來的。」他看到一些小孩能夠讀寫字母，把很多數字加起來，其他小孩不會，他自行得出這結論，而且堅信。

你的兒子在定型心態的所有方面都早熟，不久這種心態就盛開了，他憎惡努力，他想要自己的聰明頭腦為他快速搞定，而且他經常都能如願。

學西洋棋，他很快就上手，你的配偶想要啟發他，便租了電影《天生小棋王》（*Searching for Bobby Fischer*），這部片描述一位年幼冠軍棋手的故事。你的兒子從這部影片學到的啟示是，你可能會輸，那就再也不是冠軍了，於是他就此退出，向

大家宣布：「我是西洋棋冠軍」，一個不參賽的冠軍。

　　由於他現在已經知道輸是什麼，便進一步採取行動來避免輸這件事。他開始在糖果樂園（Candy Land）、蛇棋，以及其他遊戲中作弊。

　　他經常談到所有他能夠做到、其他小孩做不到的事，你和你的配偶告訴他，其他小孩並不笨，他們只是還沒像他練習得那麼多，他拒絕相信。他在學校細心觀察，回家後報告：「就連老師教我們新東西時，我也能做得比他們好，我不需要練習。」

　　這個小男孩對他的頭腦非常感興趣，但不是想使它成長，而是大力吹捧它。你已經告訴他，重要的是練習和學習，不是聰明或愚笨，但他就是不相信。你還能怎麼辦？有什麼別的方法，可以說服他？

　　成長心態的行動　你決定，與其勸說他擺脫定型心態，必須實踐成長心態給他看。每天晚餐時，你和你的配偶用成長心態來架構談話，問每個孩子（也問彼此）：「你今天學到什麼？」；「你今天犯了什麼錯，讓你從中學到東西？」；「你今天做了什麼努力？」你們圍著餐桌逐一詢問，熱烈討論你本身及每一個人的努力、方法、挫折及學習。

　　你談論今天透過練習而學會的新技能；你生動地敘述你犯了什麼錯，但因而找到解決方法，把它描繪得像個神祕故事；你敘述你奮鬥於什麼事情，做出進展，樂在其中。很快地，孩

子們等不及每晚晚餐時刻講述他們的故事，你興奮地說：「喔，天哪，你今天一定變得更聰明了！」

　　當那個定型心態的兒子，講述他表現得比其他小孩更好的故事時，大家都說：「沒錯，但是你學到什麼呢？」當他說到學校裡的一切對他而言多麼輕鬆容易時，你們全都說：「喔！那可真糟，你沒有學到新東西，能不能找到更困難的事，讓自己學得更多？」當他誇耀自己是冠軍時，你說：「最努力的人才是冠軍，你也可以成為冠軍，明天請告訴我，你做了什麼事而成為冠軍。」可憐的男孩，這是大家串通好的，長此以往，他根本逃不了。

　　當他做家庭作業，說作業太簡單、乏味時，你教他設法使它變得更有趣，更有挑戰性。若他必須寫單字，例如「boy」，你問他：「你能想出多少個和 boy 韻腳相同的字？把它們寫在另一張紙上，我們稍後可以嘗試寫個句子，把所有這些字包含在內。」等他寫完作業後，你和他玩同韻字遊戲：「The boy threw the toy into the soy sauce.」（那個男孩把玩具丟進醬油裡），或是「The girl with the curl ate a pearl.」（那個捲髮女孩吃了一顆珍珠。）後來，他開始自行想出使他的家庭作業更具挑戰性的方法。

　　你不只鼓勵孩子們談論學校或運動，也鼓勵他們談論學到哪些交友方法，或是學到如何了解和幫助他人。你必須向孩子們溝通，你重視的，不只是智力或體能方面的本領。

有很長一段時間，你兒子仍然受到定型心態吸引，他喜愛他天生特別這個想法，不喜愛必須天天努力，以在技能或知識上有點小收穫的這個想法。他認為，明星不應該這麼累。但是，伴隨一家人的價值觀轉向成長心態，他想成為其中的一分子。所以，起初，他只是言所當言（雖然一邊抱怨著），後來他開始行所當行（雖然有點遲疑），最後他變成心態的監視者。每當有家人不小心落入定型心態時，他就欣喜地逮住他們，你跟你的配偶會彼此開玩笑說：「許願時，可得小心啊！」

定型心態非常誘人，它彷彿在對孩子許諾，只要端坐在那裡，當個原原本本的他們，他們就能獲得一輩子的價值、成功、眾人欽羨。因此，要將可能已經生根的定型心態調整為成長心態，可能得費很大的功夫。

太努力可能也有問題

有時候，孩子的問題不在於努力得太少，而是努力得太多，而且是為了錯的目標而努力。我們全都聽過學童熬夜苦讀的情事，或是家長送孩子去補習，以使他們在班上勝出。這些孩子很努力，但他們通常不是抱持成長心態，他們不是聚焦於愛上學習，他們通常只是向父母證明自己。

在一些例子中，父母可能喜歡這種高度努力的收穫：好成績，獲獎，進入頂尖學校。我們來看看如何應付下列這個困境。

困境 你的女兒令你感到驕傲，她是班上最優秀的學生，科科都拿 A，她是長笛樂手，受教於全美最優的老師，你很有信心，她將能進入市內頂尖的私立學校。但是，每天早上上學前，她總是胃痛，有時還會嘔吐，你給她愈來愈溫和的食物，以舒緩她敏感的胃，但都沒幫助。你從未想她是精神過度緊張焦慮。

當醫生診斷出你的女兒有胃潰瘍時，就應該是一記警醒鐘了，但你和你的配偶仍然沉睡，你們仍然繼續認為這是腸胃問題。但醫生堅持你們應該去找家庭心理諮商師，他說這是你女兒的治療必要項目之一，並且給你們家庭心理諮商師的姓名及電話。

定型心態的反應 諮商師要你們讓女兒放鬆，讓她知道，不必這麼努力也沒關係，並且確保她有更多的睡眠。你們盡責地遵照囑咐，讓女兒每晚十點前上床，但這反而使情況變得更糟，這下她能用來完成所有期望她完成之事的時間變少了。

儘管諮商師說了很多，你完全沒想過，她可能想要你的女兒別總是爭取全班第一名，或是別那麼努力於長笛上的成就，或是冒未能進入頂尖學校之虞。這些哪是為她好呢？

諮商師認知到，她得花費好一番功夫。她的第一個目標，就是使你們充分了解問題的嚴重性，第二個目標是讓你們了解，你們在這個問題中扮演的角色。你和你的配偶必須看出，你們的要求完美，導致了這個問題。若非你們的女兒害怕失去

你們的肯定，就不至於把自己搞到如此精疲力竭。第三個目標
是研擬具體計畫，讓你們一家人實行。

　　你能想出一些具體行動，來幫助你的女兒進入成長心態，
使她放鬆，從生活中獲得一些樂趣嗎？

　　成長心態的行動　諮商師建議的計畫，讓你的女兒開始去
享受她所做的事。長笛課暫停，告訴你的女兒，她想練多練少
都行，純粹把它當成享受音樂，不為別的。

　　告訴她，讀學校的教材是為了學習，不是把所有東西硬塞
進腦袋裡。諮商師為她介紹一位家教，教導她如何為了解而讀
書，家教老師也以有趣的方式和她討論教材。現在，讀書有了
新的意義，不是為了獲得最優秀的成績，向父母證明自己的聰
慧與價值，而是為了學習東西，以有趣的方式去思考它們。

　　你女兒的學校老師也參與其中，支持她轉為聚焦在成長
上。諮商師請這些學校老師和你的女兒討論（及讚美）她的學
習過程，而非討論她的考試成績。例如：「我可以看出，妳確
實了解如何在寫作中使用隱喻」，或是「我可以看出，妳真的
很投入在這項印加民族的研究報告上。我在讀這份報告時，感
覺自己彷彿置身於古代的祕魯。」諮商師請你們做父母的，在
和她討論任何事情時，也用同樣的方式。

　　最後，諮商師強烈建議你的女兒，去讀一所壓力比你們期
望進入的那所私立學校低的高中，還有其他更聚焦於學習、不
那麼聚焦於成績和測驗分數的好學校。你們帶女兒造訪每所學

校，她和你們及諮商師討論哪些學校令她最感興趣，而且輕鬆自在。

漸漸地，你們學會區別自己的需求和她的渴望。你們或許需要一個樣樣都拿第一的女兒，但她需要別的：來自父母的肯定，以及自由成長。在你們鬆手之後，她變得更真誠地投入自己所做的事了。她是為了興趣和學習去做這些事的，事實上，她做得非常好。

你的孩子是否試圖告訴你什麼，但你不想聽？你看過這個廣告吧！廣告中問：「你知道你的孩子現在在哪裡嗎？」若你不傾聽你的孩子試圖告訴你什麼（不論是透過言語或行為），你就不知道孩子「現在在哪裡」。請進入成長心態，更認真傾聽他們的內心感受。

心態與意志力

有時候，我們不想改變自己太多，我們只想減掉幾公斤，或是戒菸，或是克制自己的憤怒。

有些人以定型心態來思考這類事：若你堅強，有堅定的意志力，你可以做到；但若你軟弱，沒有堅定的意志力，你就做不到。[9]抱持這種思維的人，可能下定決心去做某件事，但他們不會使用特別的方法來確保成功，這些人最終會說：「戒除很容易，我做過一百次了。」[10]

這就像我們在前文中提到的化學課學生，那些具有定型心

態的學生說：「若我有這個能力，我就會表現得好；若我沒這能力，我就不會有好表現。」因此，他們沒有使用好方法來幫助自己，他們只是以認真、但表淺的方法用功，懷抱著樂觀希望。

當定型心態者未能透過考驗時——化學考試、減肥、戒菸或克制憤怒，他們自責，認為自己是個無能、軟弱或差勁的人。接下來呢？

我朋友納生的第二十五年高中同學會快到了，想到前女友會出席，納生決心要減去他的大肚腩。高中時代的他英俊、結實，他不想以肥胖中年男人的模樣現身。

納生向來嘲笑女性和她們愛減肥，哪有那麼難？只需要一點自制力就行了。為了減重，他決心節食，只吃部分盤飧就好。但是，每次用餐時，盤飧總被一掃而光。「我又搞砸了！」，他每次都這麼說，感覺自己像個失敗者，然後又點了一塊飯後甜點，以此確認失敗，或是振作心情。

我告訴他：「納生，這樣行不通的。你需要更好的方法，何不一開始就把部分食物取出來，擺到一邊，或是請餐廳幫你打包呢？或者，何不多點些熟菜，讓它看起來像是有更多食物？你還有很多別的方法可以嘗試。」他回答：「不，我需要的是更堅強的意志力。」

最後，納生訴諸液體快速減肥法，成功減掉體重去參加同學會，但之後又胖回來，而且胖更多。我不懂，為何這麼做是

「堅強」，使用一些簡單方法就是「軟弱」。

下一回，當你試著減肥時，請想起納生。記得，意志力並不是你有或沒有的東西，意志力需要幫助，我稍後會再回頭探討這點。

怒氣管理

很多人都有克制不了怒氣的問題，某件事引發他們的怒氣，他們就火山爆發，管不住自己的嘴巴，或是做出更糟的行為。事後，他們可能會發誓，下次不能再這樣。克制憤怒是伴侶之間、父母與孩子之間的一大問題，不僅僅是因為伴侶或孩子做了使我們惱怒的事，也是因為我們可能認為自己有更大的權力對他們發洩。來看看下列這個困境。

困境　想像你平時是個和氣、有愛心的人，或許你真的是這樣的人，你愛你的另一半，覺得有他／她為伴，自己很幸運。但是，當他／她違反了你的某條規定時，例如垃圾桶裡的垃圾滿出來了，還不拿去倒，你就覺得被辜負、背叛了，開始批評。

一開始是：「我告訴你一千次了……」，然後是：「你沒有一件事做對。」若對方似乎仍然無動於衷，彷彿受辱得還不夠，你更火大，開始侮辱對方的腦袋（「可能你腦袋不好吧！記不得要倒垃圾」），接著抨擊對方的個性（「要不是你這麼不負責任的話，你早就……」；「若你不是這麼自私，只想到自

己，不考慮別人的話，你早就⋯⋯。」）火冒三丈之下，你搬出所有你想得到、可以支持你繼續批評的東西：「我爸也是，他從來就不信任你」，或是「你老闆說你能力有限，真是一點也沒錯！」你的另一半得離開現場，躲開你的熊熊怒火。

定型心態的反應　好一會兒，你覺得你的憤怒有埋，但後來，你認知到，自己做得過分了。你突然想起另一半的種種體貼與支持，你心生強烈內疚。但接著，你又回頭對自己緩頰，心想，你也是個和善的人，只是一時失控罷了。「我已經學到教訓，以後不會再犯了！」

但是，只要相信你從此以後能夠當個和善的人，你就不會去思考下次可以用什麼方法，來克制自己的怒氣。這也是很多人的怒火會一再爆發，舊事重演的原因。

成長心態與自制

有些人以成長心態去思考減肥或克制憤怒，他們認知到，想成功，就必須學習和練習對他們有幫助的方法。這跟擁有成長心態的化學課學生一樣，他們使用更好的讀書方法，慎重規劃讀書時間，保持學習幹勁。換言之，他們使用種種可能的方法，來確保自己成功。

跟他們一樣，成長心態者不會只是在新年時許個願望，看自己能否堅持下去。成長心態知道，想減肥，需要計畫，他們可能得拒絕甜點進入家裡，或是事先想想在餐廳該點什麼餐，

或是安排一週犒賞自己一次，或是考慮做更多運動。

他們積極思考維持成效的方法，例如，必須養成什麼習慣，以維持現有效果？

還有挫折，他們知道挫折將無可避免，他們不會因此自責，而是思考：「我可以從中學到什麼？下次再碰到這種境況，我該如何做？」這是一種學習過程，不是介於糟糕的你和良好的你之間的戰役。

在上一個困境中，你該如何處理你的憤怒呢？首先，想想看，你為何會如此激動？當你的另一半規避事務或違反你的規定時，你可能覺得被貶低或不被尊重，彷彿他／她在對你說：「你不重要，你的需求不重要，我不想理你。」

你的初始反應是生氣地提醒對方，這是他／她應盡的義務。但接下來，就是你的報復，產生類似這樣的想法：「好啊！你認為你那麼重要的話，那就來嚐嚐這個。」

你的另一半非但沒有證實你的重要性，還乾脆直接面對你的抨擊。這看在你的眼裡，你認為就是在證明他／她自覺優越，無異於火上澆油。

可以怎麼做呢？有幾點。第一，另一半無法讀你的心，因此當發生令你惱怒的情況時，你必須就事論事，告訴對方你的感受。「我不知道為什麼，當你這樣做時，令我感覺好像我不重要，好像你根本不在乎做對我而言重要的事。」

你的另一半大概會向你重申，他／她很在乎你的感受，所

以之後會試著更加留意。（你大概會說：「拜託！他／她絕對不會這樣做。」喔，那你可以直接要求，就像我有時就直接對我的先生說：「拜託你告訴我，你在乎我的感受，你會試著更加留意。」）

你可以學著這麼做：當你覺得自己的脾氣快爆發時，暫時先離開現場，把你最糟的想法寫下來，再寫出可能的實際情形，例如：「她不了解這對我的重要性」，或「當我開始發怒時，他不知道該怎麼做。」等你覺得夠冷靜時，再回到現場。

你也可以學著放寬一些規定，因為這些規定並不是用來檢驗對方是否尊重你。假以時日，搞不好你還可以用點幽默感來對待這些規定。例如，若你的另一半把幾隻臭襪子留在客廳，或是把垃圾放進不對的資源回收桶裡，你可以指著這些東西，嚴肅地問：「這個意思是？」你們甚至可能開懷大笑。

擺脫定型心態滋生出來的「好 & 壞」和「堅強 & 軟弱」思維，你就更能夠學習自制的實用方法。不是每項錯誤、過失都意味著世界末日，在成長心態下，過錯是在提醒你，你不是完人，過錯提供你下次改進的線索。

持續改變

不論是為了推進自己的事業、走出傷痛、幫助孩子成功、減肥或克制憤怒而改變心態，你都必須試著維持改變。奇怪的是，只要問題改善一點，人往往會停止做那些促成改善的行

為。例如，身體好一點了，你就會停止吃藥。

　　但是，不能這樣對待你已經做到的改變。你已經減重了，問題並未就此消失。你的孩子開始愛上學習，並不代表問題就永遠解決了。你和另一半開始有更好的溝通，這不是終點。這些改變全都必須持續，否則它們消失的速度，將比發生的速度還要快。

　　或許，這正是匿名戒酒會（Alcoholics Anonymous）之所以告訴人們：「一日酒鬼，終身酒鬼」的原因。這樣，他們才不會志得意滿，停止做那些幫助自己保持清醒的事。這是換個方式在說：「你永遠是脆弱的。」

　　所以，如果要改變心態，並不是習得幾項訣竅就沒事了。事實上，若一個人內心仍是定型心態，只是使用了一些成長心態的方法，有可能會引發逆火。

　　魏斯是個具有定型心態的老爸，他已經黔驢技窮了，每天下班回到家，已經精疲力盡，他兒子米基仍然讓他不得安寧。魏斯想要安靜，米基吵鬧；魏斯警告他，米基依舊我行我素。魏斯覺得這個兒子頑固不化、難管教，不尊重他這個為父的權利。情況經常演變成大吼大叫，然後米基受到處罰。

　　最終，魏斯決定嘗試一些成長導向策略，他覺得，若不成功，也沒啥損失。他對米基做出的努力給予尊重，當米基展現同理心或聽話時，魏斯讚美他的行為，米基的行為明顯改變。

　　但米基改變行為後，魏斯就停止使用他的策略了，他已經

得到他想要的，認為米基會繼續新行為。但當米基故態復萌時，魏斯更生氣了，對米基的懲罰也比以往重，因為米基曾經表現出他能乖巧聽話，現在他拒絕這麼做，魏斯認為他是故意的。

相同的情形，也經常發生在溝通略有改善的定型心態夫婦身上。瑪琳和史考特是我和我先生稱為「拌嘴夫妻」的典型，總是吵個不停：「你為什麼從來不收拾自己的東西？」，「要不是妳這麼愛嘮叨，我可能已經收好了」，「如果你把該做的做好，我就不必嘮叨了」，「妳憑什麼決定我該做什麼？」

接受婚姻諮商後，這對夫妻不再老是互挑對方的毛病，開始去看對方的體貼行為和努力，結果他們原本以為已經消失的愛與柔情又回來了。但是，愛與柔情一復還，他們又故態復萌。定型心態認為，事情不該需要這麼辛苦費力，好人就應該會自動表現好行為，好關係就應該會自動好好地展開。

當鬥嘴的情況復發時，情況變本加厲了，因為這反映了他們的希望破滅。

心態改變並不是這裡學幾點、那裡學幾點，而是以新方式去看待事情。當夫婦、教練與運動員、經理人與員工、父母與孩子、教師與學生調整為成長心態時，他們從「評價與被評價」的框架，改變為「學習與幫助學習」的框架。他們承諾於成長，而成長需要很多的時間、努力及相互扶持，才能做到並且維持。

邁向成長心態的旅程

第 7 章曾經談到「偽成長心態」，我的同事蘇珊·麥基見到一些人聲稱自己具有成長心態，但仔細檢視後發現，其實不然。在被提醒後，我開始發現，偽成長心態到處可見，我了解為何會發生這種現象。人人都想顯得開明，通情達理，也許，父母、師長、教練或商業專業人士被期望具有成長心態，或是具有這種心態將受到欣賞。

又或者，這是我的錯。我是不是把改變為成長心態，講成似乎很容易做到的事，致使人們未能了解到這需要一趟旅程呢？或者，人們可能不知道要如何走這趟旅程？所以，讓我們再多談談這趟旅程。

旅程步驟 1　你大概會很訝於我說的這句話：**第一步是擁抱你的定型心態**。我們必須面對事實，所有人或多或少都有定型心態，我們全都混合了成長心態和定型心態，我們必須認知到這一點。這不是什麼丟臉的事，這就好比是歡迎來到人類世界。不過，儘管我們必須承認自己的內心存在某種程度的定型心態，卻不必接受它的出現次數，也不必接受它帶來的蹂躪與傷害。

旅程步驟 2　**第二步是小心別觸發你的定型心態**。你的定型心態何時會出現來害人害己？

• 可能是當你考慮接受一項新的重大挑戰時，你的定型心態可

能就會出現，對你耳語：「你可能沒有這種能耐喔！別人會
發現的。」

- 可能是當你為某件事掙扎奮鬥、不斷陷入困境時，你的定型
心態可能會闖進來提議：「放棄吧！再這樣下去，只會使你
感到沮喪、丟臉。去做更容易的事。」

- 可能是當你覺得自己已經徹底失敗時，例如被炒魷魚、失去
一段珍貴的關係，或是徹底搞砸了某件事。鮮少有人不曾歷
經定型心態發作時，我們全都很熟悉定型心態對我們說過的
話：「你不是你以為的那種人，你永遠不會成為那種人。」

- 可能是當你遇到某個在你自豪的領域遠比你優秀的人時。此
時，定型心態向你說什麼？是不是告訴你，你永遠不可能像
他那麼優秀？這是不是使你更恨那個人？

- 可能是我們不經意用定型心態來對待他人時。若你是教師，
在一項重要的測驗結束後，你是否評斷哪些學生聰明、哪些
學生不聰明？若你是經理人，在一項重大專案執行中與結束
後，你是否會評估你的員工？若你是為人父母者，你是否施
壓孩子證明他們比別人聰穎，令他們覺得自己被成績和分數
評斷？

　　想想看，你最近一次被觸發進入定型心態是什麼時候？發
生了什麼事，召喚出你的定型心態？它對你說了什麼，使你產
生什麼感覺？

　　我詢問人們，他們的定型心態通常在何時出現，下列是一

些人的回答。[11]

「當我承受壓力時，我的定型心態就會出現。他讓我的腦袋充滿噪音，使我無法專注在必須做的事情上，然後我感覺好像什麼事情都做不成。焦慮感及悲傷也會吸引他出現，當我已經感到消沉、低落時，他會試圖更加削弱我的力量，對我說類似這樣的話：『妳沒有能力理解困難的概念，妳已經達到極限了！』」（這個人是女性，把她的定型心態想成一個男性。）

「每當我懶惰、拖延時，每當我和某人有歧見時，每當我在派對上太害羞而不敢跟任何人交談時，我的定型心態就會出現。他告訴我：『你的失敗不會定義你』，他把『失敗』這兩個字喊得特別大聲，其餘的話則是低聲呢喃。」

「每當我未能遵守她——我的定型心態——為我編造的形象時，她就會使我感受到壓力、防衛心重、沒幹勁。她可不容許我冒可能會危及自己是成功人士聲譽的險，不讓我說出自己害怕犯錯，還強迫我表現得像個不需費力，就能了解和做好一切的人。」

「當我們有工作截止期限、整個團隊倍感壓力時，我的定型心態就會坐在審判席上。我不但沒對我的團隊注入活力，反而變成一個嘮叨的完美主義者——沒有

改變心態　361

一個人做對，沒有一個人做得夠快，突破性的好點子都到哪兒去了？我們絕對沒辦法完成。結果，我往往接手，自己做很多工作。不用說，這對團隊士氣一點幫助也沒有。」（稍後，我們將聽到這個團隊領導者和他的團隊成員說更多話。）

在你充分了解你的定型心態及出現時機之前，別做出批判，只要觀察就行了。

旅程步驟 3 現在，**請為你的定型心態「人物」取個名字。**你沒聽錯，我請你為你的定型心態人物取個名字。

我觀看蘇珊‧麥基輔導一群財務主管，他們為自己的定型心態人物取了名字。他們談論什麼情況會引發這個人物現身，其中的領導人說：「每當我們處於緊要關頭時，杜恩就會出現，他使我變得對人人吹毛求疵，我變得跋扈、苛刻，而不是支持鼓勵。」一位女性團隊成員立刻回應：「沒錯！當你的杜恩現身時，我的伊安尼就呼嘯而出，他是個大男人主義者，令我感覺自己沒能力。所以，你的杜恩引出我的伊安尼，我變得畏縮、焦慮不安，惹得杜恩勃然大怒。」生動的談話繼續，這些精明、幹練的專業人士，談論他們的定型心態人物（個個都有名字）何時出現，帶給他們什麼感覺，促使他們做出什麼行為，如何影響周遭人士。在了解彼此的定型心態人物之後，他們便能夠把彼此的互動提升到另一個層次，這支團隊的士氣

大幅躍進。

　　每年秋季，我教授一個新生專題討論課程，十六名史丹佛大學的新生充滿興致，非常緊張。我每週給他們一個作業，讓他們繳一篇短報告：找出你想改變的、有關你本身的一個重要事物，採取第一步⋯⋯。做一件極其成長心態的事，以促進你想要做出的改變⋯⋯。想像二十五年後的你，寫封信告訴我，那個二十五年後的你是什麼模樣，這二十五年來，你歷經了什麼掙扎奮鬥、失望、艱辛、失敗。

　　今年，我做了一個新嘗試。往年，我都會要求學生交一份作業報告，反省他們的心態，總是有一些學生敘述他們長久以來的十足成長心態。今年，我改而要求學生辨識他們的定型心態，為他們的定型心態人物取個名字。我看到了非常引人入勝的內容，沒有一個學生說自己沒有定型心態，他們全都能夠生動且痛苦地描述自己的定型心態人物及其影響。

> 「來會會葛楚（Gertrude），我那狡猾、矯揉造作、自我膨脹的定型心態人物。她偷偷摸摸地進入我的潛意識裡，暗中傷害我。葛楚這個名字意指『長矛』，反映她那牢固的自然力量。她憎惡辛勤努力、屈居第二、不完美，任何一點點的失敗或不完美，都會引起葛楚現身介入。在游泳比賽中慢了三秒？妳沒有資格進入大學游泳隊！自畫像畫得不如班上另一個女孩？

妳沒有藝術才能！能夠使用的艱澀詞彙數量不如妳的
姊姊？妳永遠不如她聰明！葛楚說服我相信，失敗具
有決定性影響，一個錯誤可能導致我未來的成功灰飛
煙滅。」

「簡直就像夫妻似地，我知道，不論甘苦，生病或健
康，生或死，糖心爹地都會長伴我左右。當我踏出自
己的安適區、受到批評時，或是經歷失敗時，他都會
現身，導致我變得防衛心很重，會痛罵別人，或是消
沉。糖心爹地從不離開他的安適區，他覺得待在那
裡，安安穩穩。但他的觀點和我的觀點愈來愈不合，
他的死板原則試圖把我框限在他的停滯世界裡。」

「失敗，尤其是當眾失敗，亨莉耶塔就會出現了。她
是愛挑剔我的祖母，定型心態使我覺得自己就像她，
但是我往往不願承認。我的定型心態人物亨莉耶塔，
總是急於歸咎他人，以維護她的自尊。她拒絕承認失
敗，而非擁抱失敗。使我擔心，如果有人看到我失
敗，就會認定我是個失敗者。」

「我的定型心態人物是 Z，是我的名字首字母 S 的鏡
像。當我最不需要她時，例如嘗試過後失敗、被拒絕
時、錯失一個機會時，她就會現身。我向來熱愛寫
作，曾在高中通訊刊物當編輯，剛出版了一本小說，
因此有機會成為校刊《史丹佛日報》(*The Stanford*

Daily）的編輯群時，我興奮地申請。我非常認真地爲申請函件撰寫文章，我覺得這些文章寫得很不錯。一個週五早上，七點左右，我被急切的敲門聲吵醒。聽到門外有人喊道：『史丹佛日報』，我的心臟快樂地跳動。我室友打開門，校刊的代表喊道：『歡迎加入《史丹佛日報》！』但這句話是對她說的，不是對我，此時Z也大叫：『蠢、蠢、蠢，妳怎麼會以爲妳有能力進入校刊編輯群呢？』Z尤其激動的是，我室友只花了半小時寫她的申請函件文章，還詢問我對這些文章的看法呢！」（PS. 在後來的作業（做一件極爲成長心態的事）中，S洽詢《史丹佛日報》，看看他們是否還需要一位新的撰稿人，他們確實需要，並且錄取她！我至今仍然對她勇於面對被拒絕的痛苦感到興奮。）

「任何觸發自我懷疑的事情，都會引發我的定型心態，然後又引發更強烈的自我懷疑。我決定把我的這個懷疑傢伙，取名爲戴爾·丹頓（Dale Denton），他是賽斯·羅根（Seth Rogen）在《菠蘿快遞》（Pineapple Express）這部電影中飾演的角色。想像我的定型心態人物是個懶惰、笨手笨腳、邋遢的傢伙，坐在我大腦的一個角落，這麼想像可以幫助我對付他。戴爾經常說出刺激我懷疑的話，每次我獲得成功的結果時，他

就對我耳語：『萬一你再也無法創造這樣的成功呢？』當一件事情似乎朝向不妙的方向發展時，戴爾總是現身，助長懷疑。」

花點時間仔細想想你的定型心態人物，你想以人生中的某人來為它命名嗎？抑或一本書或一部影片中的某個角色？還是用你的小名，因為它只是你的一部分，不是主要部分？或者，你可以給它取個你不喜歡的名字，好提醒你，你不想成為這樣的人。

旅程步驟 4 在了解你的定型心態，苦惱察覺到它對你造成的影響、為它命名之後，接下來呢？**請試著教育它，帶它一起走上你的成長旅程。**

你愈警覺於定型心態何時出現，就愈能避免它對你產生影響。若你正要踏出安適區，請留意它可能會現身，警告你停止腳步，別踏出你的安適區。謝謝它的意見，但告訴它，你為何想踏出這一步，邀請它和你同行：「聽好了！我知道或許不會成功，但我真的想試試看。能否請你對我有點耐心呢？」

當你遭遇挫折時，它極可能又會現身，別壓抑或禁止它，就讓它做它想做的事吧！讓它唱歌跳舞，等它稍微安靜下來時，告訴它，你打算從挫折中學習，繼續前進。「是，我知道，或許我在這方面還不是那麼行，但我想，我知道接下來怎麼做，我們就試試看吧！」

當你承受壓力，擔心團隊將令你失望時，告訴他們，你的杜恩已經蓄勢待發了，問他們需要你如何幫助他們。試著了解並尊重他們的處境與想法，試著支持和指導他們，繼續和你的杜恩交談，使他冷靜下來，幫你別那麼嚴苛對待他們，對團隊合作做出一些貢獻。

記得，你的定型心態人物生來是為了保護你、維護你的安全的，但它已經發展出一些非常限制性的方法來做這些保護的工作。所以，你應該用新的成長心態方式教育它，使它能夠支持你，幫助你接受挑戰、堅持不懈，從失敗中振作，並且幫助並支持其他人成長。了解你的定型心態人物的觀點，但漸漸開導它，教它使用不同的思考方式，帶它一起走上旅程，邁向成長心態。

了解人人都有一個定型心態人物，可使我們對他人有更多的同情心，幫助我們了解他人的掙扎。在上一章中提到，我很難過得知，一些教師責罵孩子的定型心態行為，這些教師在班上指著心態圖，叫孩子們好好表現。

來看看下面這位不一樣的老師。這位小學老師讓她班上的學生，談談他們的定型心態，為他們的定型心態人物取名字。有個男孩不肯做，這跟他的很多行為一樣，有很多事情，不論這位老師如何耐心、溫柔地鼓勵他，他就是不肯做。有好幾週的時間，當班上其他學生在談論及描繪他們的定型心態人物——害怕的莎莉、懶惰的賴利、焦慮不安的安迪、無助的漢

娜時，這個男孩坐著悶不吭聲。但是，這位老師讓他知道，她隨時等待他開始行動。

　　有一天，男孩突然開口：「廢物丹。」老師問：「什麼？」他重複一次：「廢物丹。不論做什麼，我都會做錯，我什麼事都做不好，所以大家都唾棄我。」每當他試圖做功課時，廢物丹就會對他大喊，使他無法繼續做下去。這位老師立刻走到他旁邊，幫助他和廢物丹，最後廢物丹讓步，給他一些空間，讓他做事。之後，這個孩子顯著成長。

　　有多少學生或員工被視為能力差、頑固或反抗？其實，他們只是不知道在目前的環境下，該如何運作得宜？我們有多常威脅、懲罰或放棄這些人，而不是幫助他們度過難關，或是幫助他們找到可以茁壯、成功的環境？

　　我們每個人，都有必須走的旅程。

- 首先，我們必須接受，所有人都有兩種心態。
- 學習辨識自己的定型心態。失敗？批評？截止期限？歧見？
- 了解自己的定型心態人物出現時，會發生什麼情形？這人物是誰？叫什麼名字？使我們產生什麼想法、感覺或行為？如何影響周遭的人？
- 重要的是，我們可以漸漸學習停留在成長心態，不用擔心定型心態一直出現干擾，因為我們可以教育定型心態人物，邀請它一起走上邁向成長心態的旅程。
- 最理想的是，我們主動學習更多有關如何幫助他人走上成長

心態之路的方法。

學習與幫助他人學習

　　設若你為自己的定型心態人物取了名字，也馴服它了。很好，但是，請別認為你的旅程已經完成了。為了使你的成長心態保持良好作用，你必須持續訂定目標——成長的目標。天天都有可供你成長及幫助你關心的人成長的機會，你要如何記得去尋找這些機會呢？

　　首先，把下一頁由傑出美術設計師尼格爾・霍姆斯（Nigel Holmes）繪製的兩種心態摘要圖影印一份，貼在你的鏡子上頭。每天早上，用它來提醒你這兩種心態的差別。接著，在思考這一天的行程時，自問下列問題。

　　今天，有什麼機會可以學習、成長？我自己的機會？旁人的機會？

　　在思考這些機會的同時，研擬一份計畫，然後思考下列這個問題：

　　我將在何時、何地，如何展開計畫？

　　思考何時、何地及如何，可以使你的計畫更具體一點。思考「如何」，將讓你考慮種種實踐計畫以產生學習和成長的

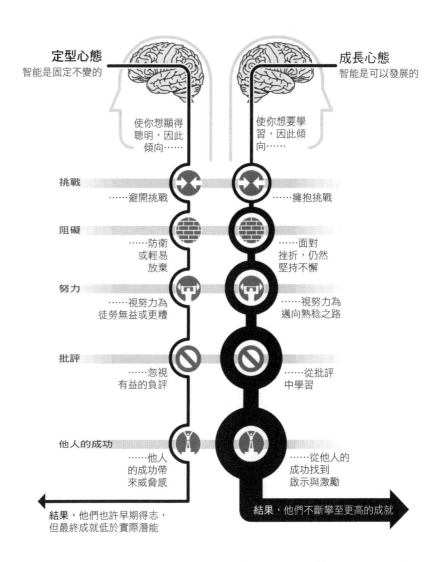

製圖者：尼格爾・霍姆斯（Nigel Holmes）

方式。

當遭遇無可避免的阻礙及挫折時，你必須建構一個新計畫，請再度思考這個問題：

我將在何時、何地，如何執行我的新計畫？

不論你可能感覺多糟，請和你的定型心態人物聊聊天，然後開始去做！

當你成功時，也別忘了思考下列的問題：

我必須做什麼，以保持成長？

切記，如同棒球好手「A-Rod」艾力士‧羅德里奎茲所言：「不進則退」，往哪一個方向走，進步抑或退步？決定者都是你自己。

展望前路

改變或許艱辛，但我從未聽過任何人說它不值得。或許，他們只是在合理化，但歷經過這些艱苦開始的人，通常都會說很值得。已經改變的人可以告訴你，他們的生活如何改進；他們可以告訴你，現在擁有什麼原本不可能獲得的；他們可以告訴你，現在有什麼原本不可能獲得的感受。

那麼，改變為成長心態，解決我所有的問題了嗎？沒有。

但是，我知道，因為成長心態，我擁有不同的生活，更充實、豐富的生活。因為成長心態，我變成一個更有活力、勇氣、更開放的人。

現在是不是你做出改變的合適時機，這得由你來判斷與決定，也許是，也許不是。無論如何，請記得成長心態，日後當你遇上阻礙時，可以求助於它，它會隨時等候你的差遣，指引你邁向未來之路。

注釋

第1章　心態

1. 這是我和Dick Reppucci和Carol Diener共同進行的研究。

2. 有關人們如何嘗試從內在生理特質來解釋人類外在表現差異的研究史，請參見：Steven J. Gould, *The Mismeasure of Man* (New York: Norton, 1981)。

3. Alfred Binet (Suzanne Heisler, trans.), *Modern Ideas About Children* (Menlo Park, CA: Suzanne Heisler, 1975) (original work, 1911). See also: Robert S. Siegler, "The Other Alfred Binet," *Developmental Psychology* 28 (1992), 179–190; René Zazzo, "Alfred Binet," *Prospects: The Quarterly Review of Comparative Education* 23 (1993), 101–112.

4. Binet, *Modern Ideas,* 105–107.

5. Gilbert Gottlieb, "Normally Occurring Environmental and Behavioral Influences on Gene Activity: From Central Dogma to Probabilistic Epigenesis," *Psychological Review* 105 (1995), 792–802.

6. Robert Sternberg, "Intelligence, Competence, and Expertise." In Andrew Elliot and Carol S. Dweck (eds.), *The Handbook of Competence and Motivation* (New York: Guilford Press, 2005).

7. 這是我和Wenjie Zhao及Claudia Mueller共同進行的研究。

8. 參見David Dunning的研究論述。

9.　這是我和Joyce Ehrlinger共同進行的研究。

10.　Howard Gardner, *Extraordinary Minds* (New York: Basic Books, 1997).

11.　Robert J. Sternberg (ed.), *Handbook of Creativity* (New York: Cambridge University Press, 1999).

12.　這些評量方法是我和Sheri Levy、Valanne MacGyvers、C. Y. Chiu，以及Ying-yi Hong等人一起發展出來的。

第2章　心態深探

1.　Carole Hyatt and Linda Gottlieb, *When Smart People Fail* (New York: Penguin Books, 1987/1993), 232.

2.　這是我和Charlene Hebert共同進行的研究，後續研究是我和Pat Smiley、Gail Heyman，以及Kathy Cain共同進行的。

3.　這段話出自Nancy Kim，在此向她致謝。

4.　這是我和Ying-yi Hong、C. Y. Chiu、Derek Lin，以及Wendy Wan共同進行的研究。

5.　這項研究是我和Jennifer Mangels和Catherine Good共同進行的研究，由美國教育部提供研究經費。

6.　這是我和Stephanie Morris和Melissa Kamins共同進行的研究。

7.　Doron Levin, *Behind the Wheel at Chrysler: The Iacocca Legacy* (New York: Harcourt Brace, 1995).

8.　參見此書：Jim Collins, *Good to Great: Why Some Companies Make the Leap . . . and Others Don't* (New York: HarperCollins, 2001), 20.

9.　Albert Dunlap with Bob Andelman, *Mean Business: How I Save Bad Companies and Make Good Companies Great* (New York: Fireside/Simon & Schuster, 1996); John A. Byrne, "How Al Dunlap Self-Destructed," *Business Week,* July 6, 1998.

10.　Lou Gerstner, *Who Says Elephants Can't Dance? Inside IBM's Historic Turnaround* (New York: HarperCollins, 2002).

11.　Mia Hamm with Aaron Heifetz, *Go for the Goal: A Champion's Guide to*

Winning in Soccer and in Life (New York: HarperCollins, 1999), 3.

12. Judy Battista, "A Tiny Female Pioneer for Olympic Wrestling," *The New York Times,* May 16, 2004.

13. Christopher Reeve, *Nothing Is Impossible: Reflections on a New Life* (New York: Random House, 2002).

14. 這是我和 Heidi Grant 共同進行的研究。

15. 這是我和 Claudia Mueller 共同進行的研究。

16. Margaret Henry, "Passion and Will, Undimmed by 80 Years of Ballet," *The New York Times,* January 10, 1999.

17. 這是我和 Elaine Elliott 共同進行的研究，後續研究是我和 Valanne MacGyvers 共同進行的。

18. Stephen Glass, *The Fabulist* (New York: Simon & Schuster, 2003). 這是格拉斯把他的故事寫成小說時的回憶記述。

19. 這是我和 Jeremy Stone 共同進行的研究。

20. 參見：Steve Young, *Great Failures of the Extremely Successful* (Los Angeles: Tallfellow Press, 2002).

21. 同注釋 20，47。

22. 這項問卷調查是我和 Catherine Good 及 Aneeta Rattan 共同進行的。

23. Charles C. Manz, *The Power of Failure* (San Francisco: Berrett-Koehler, 2002), 38.

24. Jack Welch with John A. Byrne, *Jack: Straight from the Gut* (New York: Warner Books, 2001).

25. John McEnroe with James Kaplan, *You Cannot Be Serious* (New York: Berkley, 2002).

26. 同注釋 25，159。

27. 同注釋 25，160。

28. 同注釋 25，158。

29. From Janet Lowe, *Michael Jordan Speaks: Lessons from the World's Greatest Champion* (New York: John Wiley, 1999), 95.

30. Tom Wolfe, *The Right Stuff* (New York: Bantam, 1980), 31. Also cited in Morgan W. McCall, *High Flyers: Developing the Next Generation of Leaders* (Boston: Harvard Business School Press, 1998), 5.

31. Chuck Yeager and Leo Janos, *Yeager* (New York: Bantam, 1985), 406. Also cited in McCall, *High Flyers,* 17.

32. Amy Waldman, "Why Nobody Likes a Loser," *The New York Times,* August 21, 1999.

33. Clifton Brown, "Out of a Bunker, and Out of a Funk, Els Takes the Open," *The New York Times,* July 22, 2002.

34. Amy Dickinson, "Skinny Envelopes," *Time,* April 3, 2000.（感謝Nellie Sabin讓我注意到這篇文章。）

35. Young, *Great Failures of the Extremely Successful,* 7–11.

36. Elaine Ganley, "Top Chef's Death Shocks France, Sparks Condemnation of Powerful Food Critics," Associated Press, February 25, 2003.

37. 這是我和Lisa Sorich Blackwell及Kali Trzesniewski共同進行的研究。

38. 這是我和David Nussbaum共同進行的研究。

39. Collins, *Good to Great,* 80.

40. McEnroe, *You Cannot Be Serious.*

41. John Wooden with Steve Jamison, *Wooden: A Lifetime of Observations and Reflections On and Off the Court* (Lincolnwood, IL: Contemporary Books, 1997), 55.

42. Bethany McLean and Peter Elkind, *The Smartest Guys in the Room: The Amazing Rise and Scandalous Fall of Enron* (New York: Penguin Group, 2003), 414.

43. Welch, *Jack,* 224.

44. 這是我和Allison Baer及Heidi Grant共同進行的研究。

45. 這是葛拉威爾在2002年8月受邀在美國心理學會（American Psychological Association）於芝加哥進行的年會上演講的內容。

46. "Report of the Steering Committee for the Women's Initiative at Duke

University," August 2003.

47. Jack Smith, "In the Weight Rooms of Paris, There Is a Chic New Fragrance: Sweat," *The New York Times,* June 21, 2004.

48. Laura Hillenbrand, *Seabiscuit: An American Legend* (New York: Random House, 2001).

49. Laura Hillenbrand, "A Sudden Illness," *The New Yorker,* July 7, 2003.

50. Nadja Salerno-Sonnenberg, *Nadja, On My Way* (New York: Crown, 1989); Barbara L. Sand, *Teaching Genius: Dorothy DeLay and the Making of a Musician* (Portland, OR: Amadeus Press, 2000).

51. Salerno-Sonnenberg, *Nadja,* 49.

52. 同注釋51，50。

53. 同注釋52。

54. Hyatt and Gottlieb, *When Smart People Fail,* 25–27.

55. 同注釋54，27。

56. 同注釋54，25。

57. Billie Jean King with Kim Chapin, *Billie Jean* (New York: Harper & Row, 1974).

58. Hyatt and Gottlieb, *When Smart People Fail,* 224.

59. 馬汀‧塞利格曼（Martin Seligman）針對這個主題寫了一本很有趣的書：*What You Can Change... And What You Can't* (New York: Fawcett, 1993).

60. Joseph J. Martocchio, "Effects of Conceptions of Ability on Anxiety, Self-Efficacy, and Learning in Training," *Journal of Applied Psychology* 79 (1994), 819–825.

61. Richard Robins and Jennifer Pals, "Implicit Self-Theories in the Academic Domain: Implications for Goal Orientation, Attributions, Affect, and Self-Esteem Change," *Self and Identity* 1 (2002), 313–336.

62. Clifton Brown, "An Education with Hard Courses," *The New York Times,* January 13, 2004.

63. Clifton Brown, "Wie Shows Power but Her Putter Let Her Down," *The New*

York Times, January 16, 2004.

第3章　關於能力與成就的真相

1. Paul Israel, *Edison: A Life of Invention* (New York: John Wiley & Sons, 1998).

2. Howard E. Gruber, *Darwin on Man: A Psychological Study of Scientific Creativity,* 2nd ed. (Chicago: University of Chicago Press, 1981); Charles Darwin, *Autobiographies* (Michael Neve and Sharon Messenger, eds.)(New York: Penguin Books, 1903/2002).

3. Robert W. Weisberg, "Creativity and Knowledge." In Robert J. Sternberg (ed.), *Handbook of Creativity* (New York: Cambridge University Press, 1999).

4. 這是我和Lisa Sorich Blackwell及Kali Trzesniewski合作的研究，同時也要感謝Nancy Kim協助蒐集學生發表的感想。

5. Told by George Danzig in Cynthia Kersey, *Unstoppable* (Naperville, IL: Sourcebooks, 1998).

6. John Holt, *How Children Fail* (New York: Addison Wesley, 1964/1982), 14.

7. 這是我和Heidi Grant共同進行的研究。

8. Ellen Winner, *Gifted Children: Myths and Realities* (New York: Basic Books, 1996).

9. 同注釋8，21。

10. Jay Matthews, *Escalante: The Best Teacher in America* (New York: Henry Holt, 1998).

11. Marva Collins and Civia Tamarkin, *Marva Collins' Way: Returning to Excellence in Education* (Los Angeles: Jeremy Tarcher, 1982/1990).

12. 同注釋11，160。

13. Marva Collins, *"Ordinary" Children, Extraordinary Teachers* (Charlottesville, VA: Hampton Roads Publishing, 1992), 4.

14. Benjamin S. Bloom, *Developing Talent in Young People* (New York: Ballantine Books, 1985).

15. 同注釋14，4。

16. Falko Rheinberg, *Leistungsbewertung und Lernmotivation* [Achievement Evaluation and Motivation to Learn] (Göttingen: Hogrefe, 1980), 87, 116. 這項研究也發表於美國教育研究學會（American Educational Research Association）在2001年4月於西雅圖舉行的研討會。

17. Collins and Tamarkin, *Marva Collins' Way*, 19.

18. Betty Edwards, *The New Drawing on the Right Side of the Brain* (New York: Tarcher/Putnam, 1979/1999), 18–20.

19. Elizabeth Frank, *Pollock* (New York: Abbeville Press, 1983); Evelyn Toynton, "A Little Here, A Little There," *The New York Times Book Review,* January 31, 1999.

20. *The Creative Habit* (New York: Simon & Schuster, 2003).

21. 同注釋20，7。

22. 這是我和Claudia Mueller及Melissa Kamins共同進行的研究。

23. Jesse Green, "A Complicated Gift," *The New York Times Magazine,* July 6, 2003.

24. Claude M. Steele and Joshua Aronson, "Stereotype Threat and the Intellectual Test Performance of African-Americans," *Journal of Personality and Social Psychology* 68 (1995), 797–811.

25. 這是我和Bonita London共同進行的研究。

26. 這是我和Catherine Good及Aneeta Rattan共同進行的研究，由美國國家科學基金會（National Science Foundation）提供補助金贊助。另外，請參考Gregory Walton的精闢研究：Gregory M. Walton and Geoffrey L. Cohen, "A Question of Belonging: Race, Social Fit, and Achievement," *Journal of Personality and Social Psychology* 92 (2007), 82–96。

27. Tomi-Ann Roberts和Susan Nolen-Hoeksema從事這方面的研究。

28. 這是我和William Davidson、Sharon Nelson，以及Bradley Enna共同進行的研究。

29. Frances K. Conley, *Walking Out on the Boys* (New York: Farrar, Straus & Giroux, 1999).

30. 同注釋29，65。

31. Michael J. Ybarra, "Why Won't Women Write Code?" *Sky,* December 1999.

32. Carlin Flora, "The Grandmaster Experiment," *Psychology Today,* August 2005.

第4章　運動界：冠軍心態

1. Michael Lewis, *Moneyball: The Art of Winning an Unfair Game* (New York: Norton, 2003).

2. 同注釋1，9。

3. 同注釋1，48。

4. 同注釋1，46。

5. 同注釋1，47。

6. Felix Dennis and Don Atyeo, *Muhammad Ali: The Glory Years* (New York: Hyperion, 2003).

7. 同注釋6，14。

8. 同注釋6，92。

9. 同注釋6，96。

10. 同注釋6，74。

11. 同注釋6，14。

12. Janet Lowe, *Michael Jordan Speaks: Lessons from the World's Greatest Champion* (New York: John Wiley, 1999).

13. 同注釋12，7。

14. 同注釋12，29。

15. 同注釋12，35。

16. Robert W. Creamer, *Babe: The Legend Comes to Life* (New York: Penguin Books, 1974/1983).

17. 同注釋16，301。

18. 同注釋16，109。

19. Stephen J. Gould, *Triumph and Tragedy in Mudville: A Lifelong Passion for Baseball* (New York: Norton, 2003).

20. Tom Biracree, *Wilma Rudolph* (New York: Chelsea House, 1988).

21. 同注釋20，107。

22. Jackie Joyner-Kersee with Sonja Steptoe, *A Kind of Grace* (New York: Warner Books, 1997).

23. 同注釋22，60。

24. Clifton Brown, "On Golf: It's Not How for Tiger, It's Just by How Much," *The New York Times,* July 25, 2000.

25. Cynthia Kersey, *Unstoppable* (Naperville, IL: Sourcebooks, 1998).

26. 同注釋25，152。

27. 同注釋25，153。

28. Buster Olney, "Speedy Feet, but an Even Quicker Thinker," *The New York Times,* February 1, 2002.

29. Mike McGovern and Susan Shelly, *The Quotable Athlete* (New York: McGraw-Hill, 2000), 113.

30. Gould, *Triumph and Tragedy in Mudville.*

31. Jack Curry, "After Melee, Spin Control Takes Over," *The New York Times,* October 13, 2003.

32. Dan Shaughnessy, "It Is Time for Martinez to Grow Up," *The New York Times,* October 13, 2003. 在這場世界大賽，《波士頓環球報》記者的專欄文章出現在《紐約時報》，《紐約時報》記者的專欄文章出現在《波士頓環球報》。

33. William Rhoden, "Momentous Victory, Most Notably Achieved," *The New York Times,* July 10, 2000.

34. Joyner-Kersee, *A Kind of Grace,* 280.

35. 同注釋34，298。

36. King, *Billie Jean,* 236.

37. 同注釋36，78。

38. Joyner-Kersee, *A Kind of Grace*, 63.

39. Mia Hamm with Aaron Heifetz, *Go for the Goal: A Champion's Guide to*

Winning in Soccer and in Life (New York: HarperCollins, 1999), 31.

40. 同注釋39，36。

41. 同注釋39，3。

42. Tom Callahan, *In Search of Tiger: A Journey Through Gold with Tiger Woods* (New York: Crown, 2003), 24.

43. John Wooden with Jack Tobin, *They Call Me Coach* (Waco, TX: Word Books, 1972), 63–65.

44. John Wooden with Steve Jamison, *Wooden* (Lincolnwood, IL: Contemporary Books, 1997), 99.

45. "Goal Orientation and Conceptions of the Nature of Sport Ability in Children: A Social Cognitive Approach," *British Journal of Social Psychology* 35 (1996), 399–414; "Motivation for Physical Activity in Young People: Entity and Incremental Beliefs About Athletic Ability," *Journal of Sports Sciences* 21 (2003), 973–989. See also Yngvar Ommundsen, "Implicit Theories of Ability and Self-Regulation Strategies in Physical Education Classes," *Educational Psychology* 23 (2003), 141–157; "Self-Handicapping Strategies in Physical Education Classes: The Influence of Implicit Theories of the Nature of Ability and Achievement Goal Orientations," *Psychology of Sport and Exercise* 2 (2001), 139–156.

46. 這是比德爾及其同事的研究發現。

47. Joyner-Kersee, *A Kind of Grace,* 60.

48. Wooden, *Wooden,* 53.

49. Dave Anderson, "No Regrets for Woods," *The New York Times,* April 4, 1998.

50. Callahan, *In Search of Tiger*, 219.

51. 同注釋50，220。

52. Hamm, *Go for the Goal,* 201.

53. 同注釋52，243。

54. John McEnroe with James Kaplan, *You Cannot Be Serious* (New York: Berkley, 2002), 10.

55. 同注釋54，155。

56. Ommundsen, "Implicit Theories of Ability," 141–157.

57. Lowe, *Michael Jordan Speaks,* 99.

58. 同注釋57，107。

59. Wooden, *Wooden*, 100.

60. McEnroe, *You Cannot Be Serious*, 112.

61. 同注釋60，259。

62. 同注釋60，119。

63. 同注釋60，274。

64. Callahan, *In Search of Tiger*, 164, 169.

65. Ommundsen, "Implicit Theories of Ability and Self-Regulation Strategies," *Educational Psychology* 23 (2003), 141–157; "Self-Handicapping Strategies," *Psychology of Sport and Exercise* 2 (2001), 139–156.

66. Lowe, *Michael Jordan Speaks,* 177.

67. Callahan, *In Search of Tiger*, 75.

68. 同注釋67，237。

69. 同注釋67，219。

70. 同注釋67，300。

71. 同注釋67，23。

72. 同注釋67，25。

73. McEnroe, *You Cannot Be Serious*, 166.

74. 同注釋73，29。

75. 同注釋73，207。

76. 同注釋73，190。

77. Lowe, *Michael Jordan Speaks*, 37.

78. Wooden, *Wooden*, 113.

79. 同注釋78，78。

80. Charlie Nobles, "Johnson Is Gone, So Bucs, Move On," *The New York Times,* November 20, 2003; Dave Anderson, "Regarding Johnson, Jets Should Just

Say No," *The New York Times,* November 21, 2003.

81. Anderson, "Regarding Johnson."

82. Kersey, *Unstoppable,* 212.

83. Viv Bernstein, "The Picture Doesn't Tell the Story," *The New York Times,* January 24, 2004.

84. Ira Berkow, "Stardom Awaits a Prodigy and Assist Goes to Her Father," *The New York Times,* January 20, 2004.

第5章 企業界：心態與領導力

1. Malcolm Gladwell, "The Talent Myth," *The New Yorker*, July 22, 2002.

2. 這項研究是我和Ying-yi Hong、C. Y. Chiu、Derek Lin，以及Wendy Wan共同進行的。

3. 這項研究是我和Claudia Mueller共同進行的。

4. Jim Collins, *Good to Great: Why Some Companies Make the Leap . . . and Others Don't* (New York: HarperCollins, 2001).

5. 同注釋4，75。

6. Robert Wood and Albert Bandura, Impact of Conceptions of Ability on Self-Regulatory Mechanisms and Complex Decision Making," *Journal of Personality and Social Psychology* 56 (1989), 407–415.

7. Collins, *Good to Great*, 26.

8. 同注釋7，65–69。

9. James Surowiecki, "Blame Iacocca: How the Former Chrysler CEO Caused the Corporate Scandals," *Slate,* July 24, 2002.

10. Warren Bennis, *On Becoming a Leader* (Cambridge, MA: Perseus Publishing, 1989/2003), xxix.

11. Lee Iacocca with William Novak, *Iacocca: An Autobiography* (New York: Bantam Books, 1984).

12. 同注釋11，101。

13. 同注釋11，83。

14. 同注釋11，101。

15. 同注釋11，144。

16. Doron P. Levin, *Behind the Wheel at Chrysler: The Iacocca Legacy* (New York: Harcourt Brace, 1995), 31.

17. 同注釋16，231。

18. Iacocca, *Iacocca*, xvii.

19. Levin, *Behind the Wheel at Chrysler.*

20. 同注釋19，312。

21. "Iacocca, Spurned in Return Attempts, Lashes Out," *USA Today,* March 19, 2002.

22. Albert J. Dunlap with Bob Andelman, *Mean Business: How I Save Bad Companies and Make Good Companies Great* (New York: Fireside/Simon & Schuster, 1996).

23. 同注釋22，21。

24. 同注釋22，199。

25. 同注釋22，62。

26. 同注釋22，107–108。

27. 同注釋22，196。

28. 同注釋22，26。

29. John A. Byrne, "How Al Dunlap Self-Destructed," *Business Week,* July 6, 1998.

30. Bethany McLean and Peter Elkind, *The Smartest Guys in the Room: The Amazing Rise and Scandalous Fall of Enron* (New York: Penguin Group, 2003).

31. 同注釋30，92。

32. 同注釋30，89。

33. 同注釋30，69。

34. 同注釋30，233。

35. 同注釋30，40。

36. 同注釋30，121。

37. Alec Klein, *Stealing Time: Steve Case, Jerry Levin, and the Collapse of AOL Time Warner* (New York: Simon & Schuster, 2003).

38. 同注釋37，171。

39. Morgan W. McCall, *High Flyers: Developing the Next Generation of Leaders* (Boston: Harvard Business School Press, 1998), xiii. 麥考也在這本書中分析，相信天賦、不相信發展潛力，將對企業文化造成什麼影響。他說：「本書想傳達的訊息是，領導力是可以學習的。創造一個支持人才發展的環境，可以成為公司的競爭優勢源頭。培育及發展領導人才，這項工作本身就是領導者的責任。」（xii）

40. Harvey A. Hornstein, *Brutal Bosses and Their Prey* (New York: Riverhead Books, 1996), 49.

41. 同注釋40，10。

42. 同注釋40，54。

43. Collins, *Good to Great,* 72.

44. James C. Collins and Jerry I. Porras, *Built to Last: Successful Habits of Visionary Companies* (New York: HarperCollins, 1994/2002), 165

45. 同注釋44，166。

46. 同注釋44，166。

47. John C. Maxwell, *Developing the Leaders Around You* (Nashville, TN: Thomas Nelson, 1995), 15.

48. Bennis, *On Becoming a Leader*, 19.

49. "Overvalued: Why Jack Welch Isn't God," *The New Republic*, June 11, 2001. 這篇文章儘管解釋何以不該把威爾許看成神一般的人物，但仍然詳述他的非凡成就。

50. 同注釋49。

51. Steve Bennett, "The Boss: Put It in Writing Please," *The New York Times*, May 9, 2004.

52. Jack Welch with John A. Byrne, *Jack: Straight from the Gut* (New York:

Warner Books, 2001), ix.

53. 同注釋52，439。

54. 同注釋52，42。

55. 同注釋52，36。

56. 同注釋52，228–229。

57. 同注釋52，384。

58. 同注釋52，27。

59. 同注釋52，54。

60. 同注釋52，97–98。

61. 同注釋52，189。

62. 同注釋52，186。

63. Louis V. Gerstner, *Who Says Elephants Can't Dance? Inside IBM's Historic Turnaround* (New York: HarperCollins, 2002), 16.

64. 同注釋63，78。

65. 同注釋63，v。

66. 同注釋63，24。

67. 同注釋63，57。

68. Betsy Morris, "The Accidental CEO," *Fortune*, June 23, 2003.

69. "Most Powerful Women in Business 2004," *Fortune*, October 18, 2004.

70. Morris, "The Accidental CEO."

71. 同注釋70。

72. 同注釋70。

73. 同注釋70。

74. "Most Powerful Women in Business 2004."

75. Eryn Brown, "How Can a Dot-Com Be This Hot?" *Fortune*, January 21, 2002; Patricia Sellers, "eBay's Secret," *Fortune*, October 18, 2004.

76. Robert E. Wood, Katherine Williams Phillips, and Carmen Tabernero, "Implicit Theories of Ability, Processing Dynamics and Performance in Decision-Making Groups," Australian Graduate School of Management, Sydney, Australia.

77. Irving Janis, *Groupthink*, 2nd ed. (Bos-ton: Houghton Mifflin, 1972/1982).

78. 同注釋77，35。

79. 同注釋77，38。

80. Collins, *Good to Great*, 71.

81. McLean and Elkind, *The Smartest Guys in the Room*, 241.

82. 同注釋81，230。

83. Janis, *Groupthink,* 71. From Peter F. Drucker, *The Effective Executive* (New York: Harper & Row, 1966).

84. Janis, *Groupthink*, 71.

85. Levin, *Behind the Wheel*, 102–103.

86. David Packard, *The HP Way: How Bill Hewlett and I Built Our Company* (New York: HarperCollins, 1995).

87. Jean M. Twenge, *Generation Me: Why Today's Young Americans Are More Confident, Assertive, Entitled—and More Miserable Than Ever Before* (New York: Free Press, 2007).

88. Laura Kray and Michael Haselhuhn, "Implicit Theories of Negotiating Ability and Performance: Longitudinal and Experimental Evidence." *Journal of Personality and Social Psychology* 93 (2007), 49–64.

89. Peter Heslin, Gary Latham, and Don VandeWalle, "The Effect of Implicit Person Theory on Performance Appraisals," *Journal of Applied Psychology*, 90 (2005), 842–56; Peter Heslin, Don VandeWalle, and Gary Latham,"Keen to Help? Managers' IPT and Their Subsequent Employee Coaching," *Personnel Psychology* 59 (2006), 871–902.

90. Bennis, *On Becoming a Leader*, xxix.

91. 同注釋90，xxxii。

92. John H. Zenger and Joseph Folkman, *The Extraordinary Leader: Turning Good Managers into Great Leaders* (New York: McGraw-Hill, 2002).

93. McCall, *High Flyers.*

94. 這是我和Mary Murphy、Jenny Chatman，以及Laura Kray共同進行的研

究，並且獲得Heidrick & Struggles公司的Senn Delaney提供協助。

第6章 人際關係：愛的心態

1.　這是我和Israela Silberman共同進行的研究。

2.　Shown on *Weddings Gone Wild*, ABC, June 14, 2004.

3.　Benjamin S. Bloom, *Developing Talent in Young People* (New York: Ballantine Books, 1985).

4.　Daniel Goleman, *Emotional Intelligence: Why It Can Matter More than IQ* (New York: Bantam, 1995).

5.　Aaron T. Beck, *Love Is Never Enough* (New York: Harper & Row, 1988), 202.

6.　John Gottman with Nan Silver, *Why Marriages Succeed or Fail* (New York: Fireside/Simon & Schuster, 1994), 69.

7.　Elayne Savage, *Don't Take It Personally: The Art of Dealing with Rejection* (Oakland, CA: New Harbinger, 1997).

8.　C. Raymond Knee, "Implicit Theories of Relationships: Assessment and Prediction of Romantic Relationship Initiation, Coping, and Longevity," *Journal of Personality and Social Psychology* 74 (1998), 360–370.

9.　Gottman, *Why Marriages Succeed or Fail*, 155.

10.　Raymond Knee做了這方面的研究，我和Lara Kammrath所做的研究也獲得此一發現。亦可參考Frank Fincham的研究。

11.　定型心態可能傷害關係，這概念也見諸Roy Eidelson和Norman Epstein的研究報告，以及Susan Hendrick和Clyde Hendrick的研究報告。約翰‧高曼的著作中探討了批評 —— 抨擊伴侶的個性或性格 —— 將導致瞧不起伴侶。

12.　Daniel B. Wile, *After the Honeymoon: How Conflict Can Improve Your Relationship* (New York: John Wiley & Sons, 1988).

13.　Beck, *Love Is Never Enough*.

14.　同注釋13，36。

15.　同注釋14。

16. 同注釋13，246。

17. 同注釋13，199。

18. Hillary Rodham Clinton, *Living History* (New York: Simon & Schuster, 2003), 465.

19. Bill Clinton, *My Life* (New York: Knopf, 2004); Bill Clinton on *The Charlie Rose Show,* June 23, 2004.

20. H. R. Clinton, *Living History.*

21. Jennifer S. Beer, "Implicit Self-Theories of Shyness," *Journal of Personality & Social Psychology* 83 (2002), 1009–1024. 另外，也可參考Phil Zimbardo對於羞怯所做的精闢研究。

22. Scott Wetzler, *Is It You or Is It Me? Why Couples Play the Blame Game* (New York: HarperCollins, 1998).

23. 同注釋22，134。

24. Brooks Brown and Rob Merritt, *No Easy Answers: The Truth Behind Death at Columbine* (New York: Lan-tern Books, 2002).

25. 參見David Yeager及其同事的近期研究：e.g., D. S. Yeager, K. H. Trzesniewski, K. Tirri, P. Nokelainen, and C. S. Dweck, "Adolescents' Implicit Theories Predict Desire for Vengeance After Remembered and Hypothetical Peer Conflicts: Correlational and Experimental Evidence," *Developmental Psychology* 47 [2011], 1090–1107, and D. S. Yeager, K. Trzesniewski, and C. S. Dweck, "An Implicit Theories of Personality Intervention Reduces Adolescent Aggression in Response to Victimization and Ex-clusion," *Child Development* 84 [2012], 970–988.

26. Brooks Brown and Rob Merritt, *No Easy Answers.*

27. 同注釋26，47。

28. 同注釋26，107。

29. 同注釋26，263。

30. 同注釋26，21。

31. Stan Davis, *Schools Where Everyone Belongs: Practical Strategies for*

Reducing Bullying (Wayne, ME: Stop Bullying Now, 2003). See also Dan Olweus, *Bullying at School* (Malden, MA: Blackwell, 1993).

32. 同注釋31，34。

33. Haim G. Ginott, *Teacher and Child* (New York: Macmillan, 1972), 167.

34. Jane Gross, "Hot Topic at Summer Camps: Ending the Rule of the Bullies," *The New York Times,* June 28, 2004.

第7章　父母、師長與教練：心態從何而來？

1. Haim G. Ginott, *Between Parent & Child* (New York: Avon Books, 1956), 22–24.

2. 這是我和Claudia Mueller及Melissa Kamins共同進行的研究。

3. Haim G. Ginott, *Between Parent & Teenager* (New York: Macmillan, 1969), 88.

4. 這是我和Chauncy Lennon及Eva Pomerantz共同進行的研究。

5. 這是我和Gail Heyman及Kathy Cain共同進行的研究，參見：Gail D. Heyman, Carol S. Dweck, and Kathleen Cain, "Young Children's Vulnerability to Self-Blame and Helplessness," *Child Development* 63 (1992), 401–415.

6. 這是我和Gail Heyman共同進行的研究，參見：Gail D. Heyman and Carol S. Dweck, "Children's Thinking About Traits: Implications for Judgments of the Self and Others," *Child Development* 64 (1998), 391–403.

7. Mary Main and Carol George, "Responses of Abused and Disadvantaged Toddlers to Distress in the Day Care Setting," *Developmental Psychology* 21 (1985), 407–412.

8. John McEnroe with James Kaplan, *You Cannot Be Serious* (New York: Berkley, 2002), 31.

9. 同注釋8，30。

10. Tom Callahan, *In Search of Tiger: A Journey Through Gold with Tiger Woods* (New York: Crown, 2003), 213.

11. Tiger Woods, *How I Play Golf* (New York: Warner Books, 2001), 302.

12. Barbara L. Sand, *Teaching Genius: Dorothy DeLay and the Making of a Musician* (Portland, OR: Amadeus Press, 2000).

13. 同注釋12，79。

14. 同注釋12，144。

15. 同注釋12，153。

16. 這是我和Bonita London共同進行的研究。

17. Ginott, *Between Parent & Teenager*, 132.

18. Sheila Schwartz, "Teaching's Unlettered Future," *The New York Times,* August 6, 1998.

19. Marva Collins and Civia Tamarkin, *Marva Collins' Way: Returning to Excellence in Education* (Los Angeles: Jeremy Tarcher, 1982/1990); Marva Collins, *"Ordinary" Children, Extraordinary Teachers* (Charlottesville, VA: Hampton Roads Publishing, 1992).

20. Collins, *"Ordinary" Children*, 43–44.

21. Collins and Tamarkin, *Marva Collins' Way*, 160.

22. 同注釋21，47。

23. 同注釋21，21–22。

24. 同注釋21，68。

25. Rafe Esquith, *There Are No Shortcuts* (New York: Pantheon, 2003).

26. Sand, *Teaching Genius*, 23.

27. 同注釋26，54。

28. 同注釋26，70。

29. 同注釋26，201。

30. 同注釋26，85。

31. Collins and Tamarkin, *Marva Collins' Way*, 19.

32. Benjamin S. Bloom, *Developing Talent in Young People* (New York: Ballantine Books, 1985).

33. Collins, *"Ordinary" Children.*

34. Esquith, *There Are No Shortcuts,* 53.

35. Sand, *Teaching Genius*, 219.

36. Esquith, *There Are No Shortcuts*, 40.

37. Collins and Tamarkin, *Marva Collins' Way*, 21.

38. Sand, *Teaching Genius*, 64.

39. 同注釋38，114。

40. Collins and Tamarkin, *Marva Collins' Way*, 208.

41. 同注釋40，85–88。

42. 同注釋40，159。

43. 同注釋40，165。

44. 同注釋40，87。

45. Michael Lewis, "Coach Fitz's Management Theory," *The New York Times Magazine,* March 28, 2004.

46. Bob Knight with Bob Hammel, *Knight: My Story* (New York: St. Martin's Press, 2002); Steve Alford with John Garrity, *Playing for Knight* (New York: Fireside/Simon & Schuster, 1989); John Feinstein, *A Season on the Brink: A Year with Bobby Knight and the Indiana Hoosiers* (New York: Fireside/Simon & Schuster, 1987).

47. Feinstein, *Season on the Brink*, 3.

48. 同注釋47，3–4。

49. 同注釋47，7。

50. 同注釋47，4。

51. 同注釋47，25。

52. Alford, *Playing for Knight*, 101.

53. 同注釋52，169。

54. 同注釋52，63。

55. Feinstein, *Season on the Brink,* xi.

56. 同注釋55，8–9。

57. John Wooden with Jack Tobin, *They Call Me Coach* (Waco, TX: Word Books, 1972); John Wooden with Steve Jamison, *Wooden: A Lifetime of Observations*

and Reflections On and Off the Court (Lincolnwood, IL: Contemporary Books, 1997).

58. Wooden, *Wooden*, 11.

59. 同注釋58，56。

60. 同注釋58，55。

61. 同注釋58，119。

62. 同注釋58，95。

63. 同注釋58，67。

64. 同注釋58，141–142。

65. 同注釋58，ix。

66. 同注釋58，xii。

67. 同注釋58，xiii。

68. Wooden, *They Call Me Coach*, 9–10.

69. Wooden, *Wooden*, 117.

70. Pat Summitt with Sally Jenkins, *Reach for the Summit* (New York: Broadway Books, 1998).

71. Wooden, *Wooden.*

72. Pat Riley, *The Winner Within* (New York: Putnam, 1993).

73. Summitt, *Reach for the Summit*, 237.

74. 同注釋73，5。

75. 同注釋73，6。

76. Tyler Kepner, "The Complete Package: Why A-Rod Is the Best in Business, Even While Learning a New Position," *The New York Times,* April 4, 2004.

77. E. A. Gunderson, S. J. Gripshover, C. Romero, C. S. Dweck, S. Goldin-Meadow, and S. C. Levine, "Parent Praise to 1- to 3-Year-Olds Predicts Children's Motivational Frameworks 5 Years Later," *Child Development* 84 (2013), 1526–1541.

78. K. Haimovitz and C. S. Dweck, "What Predicts Children's Fixed and Growth Intelligence Mindsets? Not Their Parents' Views of Intelligence but Their

Parents' Views of Failure," *Psychological Science* (2016).

79. K. L. Sun, *There's No Limit: Mathematics Teaching for a Growth Mindset* (doctoral dissertation; Stanford, CA: Stanford University, 2015).

80. 80.　　S. H. Yang, K. Haimovitz, C. Wright, M. Murphy, and D. S. Yeager, *Transmitting Organizational Theories of Intelligence Is Easier Done Than Said: Evidence from a Multi-level Analysis at Ten High Schools*（unpublished manuscript, University of Texas at Austin, 2016）.

第8章　改變心態

1.　　Aaron T. Beck, "Thinking and Depression: Idiosyncratic Content and Cognitive Distortions, *Archives of General Psychology* 9 (1963), 325–333; *Prisoners of Hate: The Cognitive Basis of Anger, Hostility, and Violence* (New York: HarperCollins, 1999).約莫在同一時間，心理治療學家Albert Ellis也獲得類似發現：信念是左右人們感覺的關鍵。

2.　　這是我和Ying-yi Hong、C. Y. Chiu，以及Russell Sacks共同進行的研究。

3.　　請參見下列研究：Jeffrey E. Young and Janet Klosko, *Reinventing Your Life* (New York: Plume/Penguin, 1994)。雖然Young和Klosko兩位心理學家，研究與使用的是傳統的認知治療，但他們的方法和他們用以教導患者的方法，一項核心假設是：人可以做出非常根本面的改變。

4.　　這個研習營是我和Lisa Sorich Blackwell在威廉・格蘭特基金會及史賓瑟基金會的贊助下發展出來的，參見：L. S. Blackwell, C. S. Dweck, and K. Trzesniewski, *Implicit Theories of Intelligence Predict Achievement Across an Adolescent Transition: A Longitudinal Study and an Intervention,* 2003.　　在此，我也想表彰自行推出學生研習營教導成長心態的其他心理學家，包括教育改革組織功效研究機構（Efficacy Institute）的創辦人Jeff Howard，紐約大學和哥倫比亞大學的學者Joshua Aronson、Catherine Good，以及Michael Inzlicht。

5.　　這是Lisa Sorich Blackwell為研習營撰寫的。

6.　　「大腦學」電腦軟體，也是我和Lisa Sorich Blackwell在格蘭特基金會的

贊助下發展出來的。

7. Karen Horney, *Neurosis and Human Growth: The Struggle Toward Self-Realization* (New York: Norton, 1950); *Our Inner Conflicts: A Constructive Theory of Neurosis* (New York: Norton, 1945); Carl R. Rogers, *Client-Centered Therapy* (New York: Houghton Mifflin, 1951); *On Becoming a Person* (New York: Houghton Mifflin, 1961).

8. Peter M. Gollwitzer, "Implementation Intentions: Strong Effects of Simple Plans," *American Psychologist* 54 (1999), 493–503.

9. 我正在和Abigail Scholer、Eran Magen，以及James Gross共同研究這個。

10. 參見Veronika Job及其同事的近期研究，例如：V. Job, G. M. Walton, K. Bernecker, and C. S. Dweck, "Implicit Theories About Willpower Predict Self-Regulation and Grades in Everyday Life," *Journal of Personality and Social Psychology* 108 (2015), 637–647.

11. 為了簡單及匿名起見，這些及後面的例子中，有一些被編輯改述。

延伸閱讀

Beck, Aaron T. *Love Is Never Enough*. New York: Harper & Row, 1988.

———. *Prisoners of Hate*. New York: HarperCollins, 1999.

Beck, Judith S. *Cognitive Therapy*. New York: Guilford Press, 1995.

Bennis, Warren. *On Becoming a Leader*. Cambridge, MA: Perseus Publishing, 1989/2003.

Binet, Alfred (Suzanne Heisler, trans.). *Modern Ideas About Children*. Menlo Park, CA: Suzanne Heisler, 1975 (original work, 1909).

Bloom, Benjamin S. *Developing Talent in Young People*. New York: Ballantine Books, 1985.

Collins, Jim. *Good to Great: Why Some Companies Make the Leap ... and Others Don't*. New York: HarperCollins, 2001.

Collins, Marva, and Civia Tamarkin. *Marva Collins' Way: Returning to Excellence in Education*. Los Angeles: Jeremy Tarcher, 1982/1990.

Csikszentmihalyi, Mihaly. *Flow: The Psychology of Optimal Experience.* New York: Harper & Row, 1990.

Davis, Stan. *Schools Where Everyone Belongs: Practical Strategies for Reducing Bullying.* Wayne, ME: Stop Bullying Now, 2003.

Edwards, Betty. *The New Drawing on the Right Side of the Brain.* New York: Tarcher/Putnam, 1979/1999.

Ellis, Albert. *Reason and Emotion in Psychotherapy.* Secaucus, NJ: Citadel, 1962.

Ginott, Haim G. *Between Parent & Child.* New York: Avon Books, 1956.

———. *Between Parent & Teenager.* New York: Macmillan, 1969.

———. *Teacher and Child.* New York: Macmillan, 1972.

Goleman, Daniel. *Emotional Intelligence: Why It Can Matter More than IQ.* New York: Bantam, 1995.

Gottman, John, with Nan Silver. *Why Marriages Succeed or Fail.* New York: Fireside/Simon & Schuster, 1994.

Gould, Stephen J. *The Mismeasure of Man.* New York: Norton, 1981.

Holt, John. *How Children Fail.* New York: Addison Wesley, 1964/1982.

Hyatt, Carole, and Linda Gottlieb. *When Smart People Fail.* New York: Penguin Books, 1987/1993.

Janis, Irving. *Groupthink,* 2nd ed. Boston: Houghton Mifflin, 1972/1982.

Lewis, Michael. *Coach: Lessons on the Game of Life.* New York: Norton, 2005.

———. *Moneyball: The Art of Winning an Unfair Game.* New York: Norton, 2003.

McCall, Morgan W. *High Flyers: Developing the Next Generation of Leaders.* Boston: Harvard Business School Press, 1998.

McLean, Bethany, and Peter Elkind. *The Smartest Guys in the Room: The Amazing Rise and Scandalous Fall of Enron.* New York: Penguin Group, 2003.

Olweus, Dan. *Bullying at School.* Malden, MA: Blackwell, 1993.

Reeve, Christopher. *Nothing Is Impossible: Reflections on a New Life.* New York: Random House, 2002.

Sand, Barbara L. *Teaching Genius: Dorothy DeLay and the Making of a Musician.* Portland, OR: Amadeus Press, 2000.

Seligman, Martin E. P. *Learned Optimism: How to Change Your Mind and Your Life.* New York: Knopf, 1991.

Tharp, Twyla. *The Creative Habit.* New York: Simon & Schuster, 2003.

Wetzler, Scott. *Is It You or Is It Me? Why Couples Play the Blame Game.* New York: HarperCollins, 1998.

Wooden, John, with Steve Jamison. *Wooden: A Lifetime of Observations and Reflections On and Off the Court.* Lincolnwood, IL: Contemporary Books, 1997.

財經企管 BCB608

心態致勝 全新成功心理學
Mindset: The New Psychology of Success

作者 —— 卡蘿·杜維克 博士 Carol S. Dweck, Ph.D.
譯者 —— 李芳齡

事業群發行人／ CEO ／總編輯 —— 王力行
資深副總編輯 —— 吳佩穎
書系主編暨責任編輯 —— 邱慧菁
封面完稿 — FE 設計 葉馥儀

出版者 —— 遠見天下文化出版股份有限公司
創辦人 —— 高希均、王力行
遠見·天下文化·事業群 董事長 —— 高希均
事業群發行人／ CEO —— 王力行
出版事業部副社長／總經理 —— 林天來
版權部協理 —— 張紫蘭
法律顧問 —— 理律法律事務所陳長文律師
著作權顧問 —— 魏啟翔律師
社址 —— 臺北市 104 松江路 93 巷 1 號
讀者服務專線 —— 02-2662-0012 ｜傳真 — 02-2662-0007；02-2662-0009
電子信箱 —— cwpc@cwgv.com.tw
直接郵撥帳號 —— 1326703-6 號 遠見天下文化出版股份有限公司

電腦排版 —— bear 工作室
製版廠 —— 中原造像股份有限公司
印刷廠 —— 中原造像股份有限公司
裝訂廠 —— 中原造像股份有限公司
登記證 —— 局版台業字第 2517 號
總經銷 —— 大和書報圖書股份有限公司 ｜電話／ (02) 8990-2588
出版日期 —— 2017 年 03 月 31 日第一版第一次印行
　　　　　　2017 年 06 月 27 日第一版第六次印行

定價 —— NT$380

ISBN: 978-986-479-189-7
書號 —— BCB608
天下文化書坊 —— bookzone.cwgv.com.tw
本書如有缺頁、破損、裝訂錯誤，請寄回本公司調換。
本書僅代表作者言論，不代表本社立場。

天下‧文化**35**週年

Believe in Reading 相信閱讀